"十二五"普通高等教育本科国家级规划教材

《财务报表分析(第6版·立体化数字教材版)》案例分析与学习指导

钱爱民　张新民　编著

STUDY GUIDE TO FINANCIAL STATEMENT ANALYSIS

高等学校经济管理类核心课程教材

中国人民大学出版社
·北京·

前　言

本书是中国人民大学出版社出版的《财务报表分析（第 6 版・立体化数字教材版）》的配套教学用书。

作者在长期从事各类学生"财务报表分析"或"财务报告分析"课程的教学与研究的同时，出版了多部集理论创新与案例分析于一体的相关教材。《财务报表分析》第 1 版、第 2 版、第 3 版、第 4 版和第 5 版分别于 2008 年、2011 年、2014 年、2017 年和 2019 年出版，每版多次重印，受到业内同行的广泛欢迎和普遍好评。该书目前已经成为众多大学的首选教材。《财务报表分析（第 5 版・立体化数字教材版）》曾获首届全国教材建设奖全国优秀教材一等奖，"十二"普通高等教育本科国家级规划教材。

应中国人民大学出版社之约，作者在第 5 版教材的基础上，按照《企业会计准则》的最新变化，对教材的核心内容——理论框架与分析方法做了进一步的完善，更新和添加了大量案例，编写并出版了《财务报表分析（第 6 版・立体化数字教材版）》。我们志在向广大读者推出一套自成体系并日趋完善，适应本土案例分析情境，集理论性、实用性、时效性于一身的财务分析领域的精品教材。

本书结合教材的内容，更新了选择题、判断题的相关内容并调整了参考答案；对教材各章的关键术语、思考题、案例讨论与分析均给出了分析提示，并应广大教师要求，在现有案例之外，每章新增了一些案例分析，教师和学生在授课和学习的过程中可以灵活把握。同时，本书延续了上一版的主要特点：

第一，内容完整，训练充分。每一章均包括知识点回顾、补充练习题及案例分析题、补充练习题答案及案例分析提示、教材关键术语和思考题参考答案，以及教材案例讨论与分析提示等项内容。上述内容既是对教材和课程内容的总结和提炼，也是复习和延伸学习的重要帮手。只要将课程、教材和本配套教学用书有机地结合在一起，学生定会取得较为满意的学习效果。

第二，展示清晰，易于学习。在知识点回顾部分，我们特地针对教材内容本身的特点，采用图解的方式展示各章的主要知识点。这样既可以凸显内容之间的内在联系，又避免了形式上的简单重复。这种方式简洁明了，在同类书籍中并不多见。根据我们的实践经验，这种图解的方式非常有助于学生把握课程的整体框架和具体内容，从而提高学生的学习兴趣和学习效率。

第三，分析全面，视野宽广。学习指导书上新增的案例分析提示，以及教材案例讨论与分析提示部分，是本书最具思想性的精华所在。对案例的分析较为全面，分析的视野也在一定程度上超越了财务信息本身，“既跳出报表，又回归报表”。这部分内容凝聚了作者多年在财务报表分析领域积累的知识和经验。每一个案例均具有较强的代表性和时效性，读者应该认真体会分析要点中所包含的具有普遍适用性的思想内涵，并在分析中结合自身实践经验加以灵活运用。

第四，新增免费题库。为便于学生学习和教师组卷，我们还将客观题（包括单项选择题、多项选择题、判断题）制作成线上题库，读者除了在纸质书上练习外，还可以随时随地扫码做题，提交后不仅可查看分数、答案，还可以看到每道题的详细解析和难易程度等。对教师来说，线上题库不仅方便教师安排课堂小测验，也有助于教师利用组卷系统在线生成试卷，线上布置作业、测试和考试；试卷自动打分，教师可随时查看班级作业完成情况，方便教师做好过程考核。

题库使用教程

网页版题库（tk. rdyc. cn）还支持无限次在线随堂测、期中期末组卷并导出，教师用手机号加验证码登录即可使用。具体使用详情见二维码。

特别提醒读者注意的是，中国人民大学出版社为广大读者学习“财务报表分析”课程和知识，对《财务报表分析》的教材、课件、案例分析与学习指导书以及视频资料等进行了立体化建设。相信这些建设能够对广大读者提高学习质量提供直接帮助。

由于水平所限，书中错误在所难免，恳请广大读者批评指正。广大读者的批评、建议和需求，就是我们建设本课程的动力和源泉。

目　录

第1章

财务报表分析基础

第1节 知识点回顾

- 起源和演进
  - 信用分析
  - 投资分析
  - 内部分析

- 概念
  - 狭义：仅以企业对外提供的财务报表以及报表附注为主要依据，运用比率分析、项目质量分析等方法，对决定企业财务状况的偿债能力、盈利能力与营运能力等各主要方面加以分析判断，从而为报表使用者的经济决策提供财务信息支持的一种分析活动。
  - 广义：以狭义概念为基础，强调进一步补充企业财务报表之外的其他信息来源，进行更广泛的企业战略制定与实施情况分析、管理模式与质量分析、行业竞争格局与自身竞争优势分析、未来风险与挑战分析、发展前景与投资价值分析等。

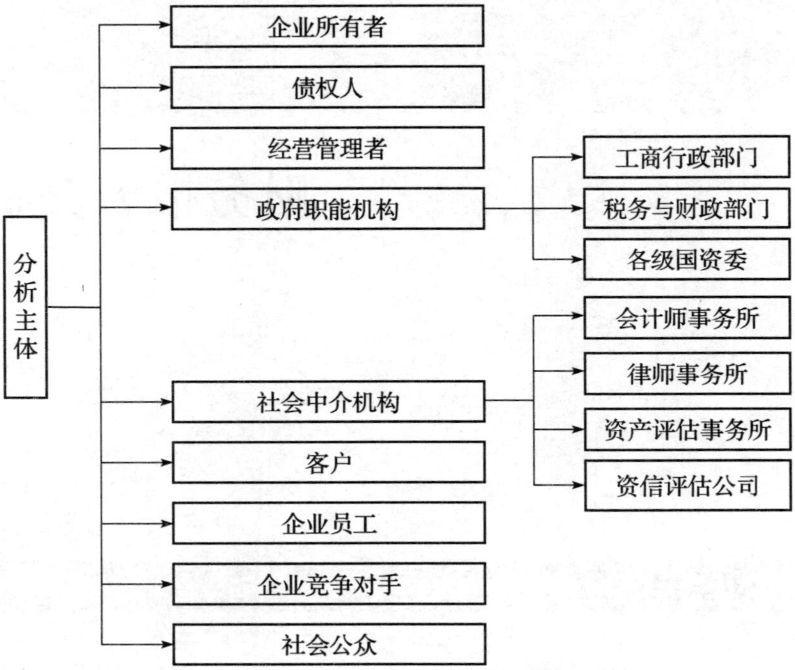
分析主体
企业所有者
债权人
经营管理者
政府职能机构
工商行政部门
税务与财政部门
各级国资委
社会中介机构
会计师事务所
律师事务所
资产评估事务所
资信评估公司
客户
企业员工
企业竞争对手
社会公众

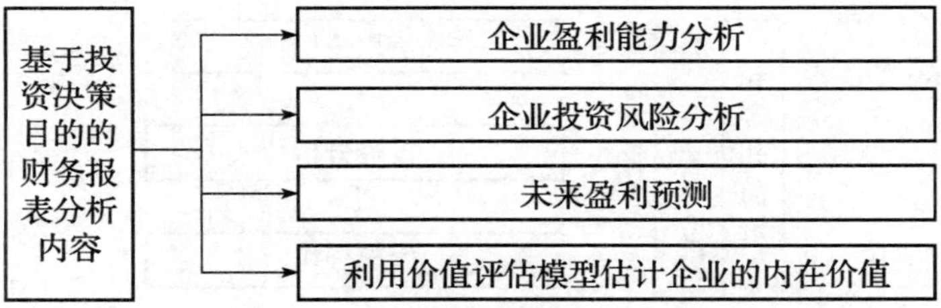
基于投资决策目的的财务报表分析内容
企业盈利能力分析
企业投资风险分析
未来盈利预测
利用价值评估模型估计企业的内在价值

基于信贷决策目的的财务报表分析内容
企业偿债能力分析
企业创造现金流量的能力分析
企业的信用状况分析
企业发展前景预测和财务危机预警
企业综合信用风险评估

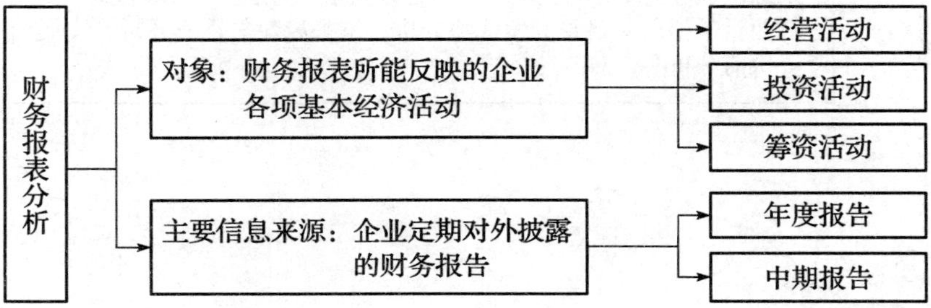
财务报表分析
对象：财务报表所能反映的企业各项基本经济活动
经营活动
投资活动
筹资活动
主要信息来源：企业定期对外披露的财务报告
年度报告
中期报告

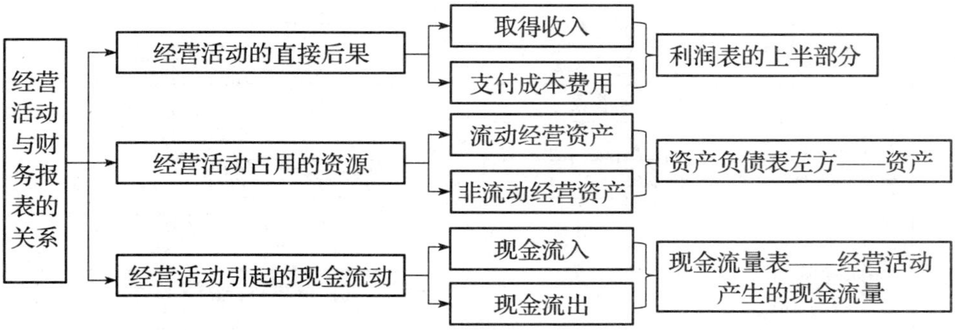
经营活动与财务报表的关系
经营活动的直接后果
取得收入
支付成本费用
利润表的上半部分
经营活动占用的资源
流动经营资产
非流动经营资产
资产负债表左方——资产
经营活动引起的现金流动
现金流入
现金流出
现金流量表——经营活动产生的现金流量

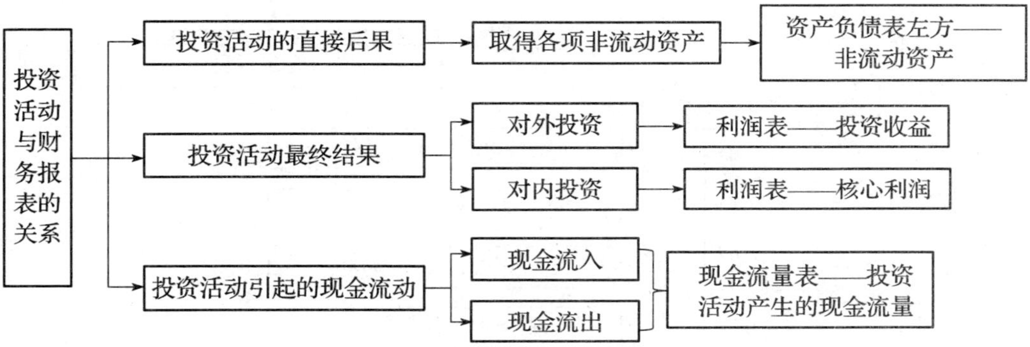
投资活动与财务报表的关系
投资活动的直接后果
取得各项非流动资产
资产负债表左方——非流动资产
投资活动最终结果
对外投资
利润表——投资收益
对内投资
利润表——核心利润
投资活动引起的现金流动
现金流入
现金流出
现金流量表——投资活动产生的现金流量

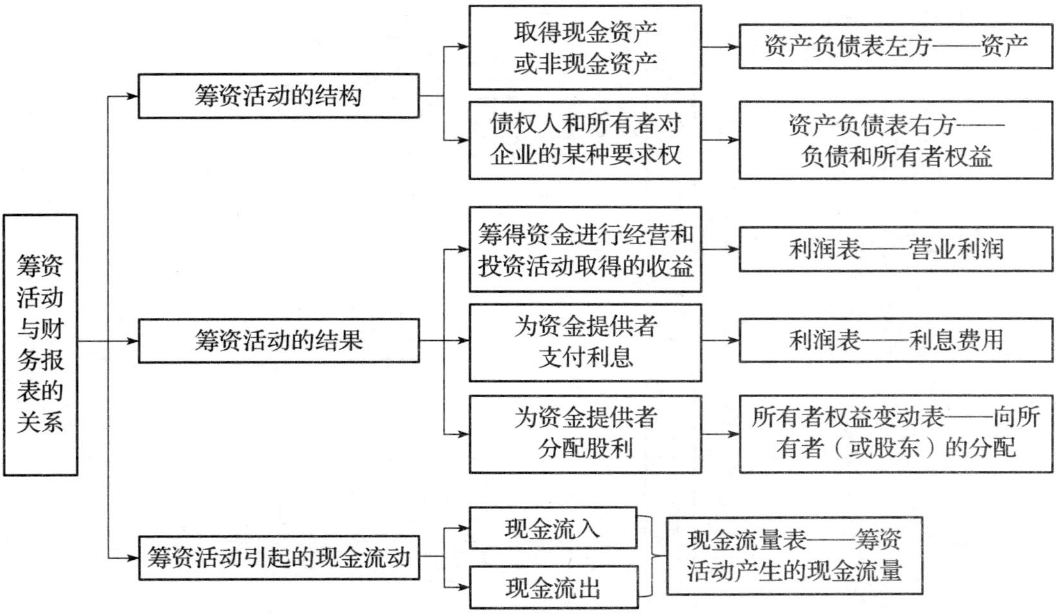
筹资活动与财务报表的关系
筹资活动的结构
取得现金资产或非现金资产
资产负债表左方——资产
债权人和所有者对企业的某种要求权
资产负债表右方——负债和所有者权益
筹资活动的结果
筹得资金进行经营和投资活动取得的收益
利润表——营业利润
为资金提供者支付利息
利润表——利息费用
为资金提供者分配股利
所有者权益变动表——向所有者（或股东）的分配
筹资活动引起的现金流动
现金流入
现金流出
现金流量表——筹资活动产生的现金流量

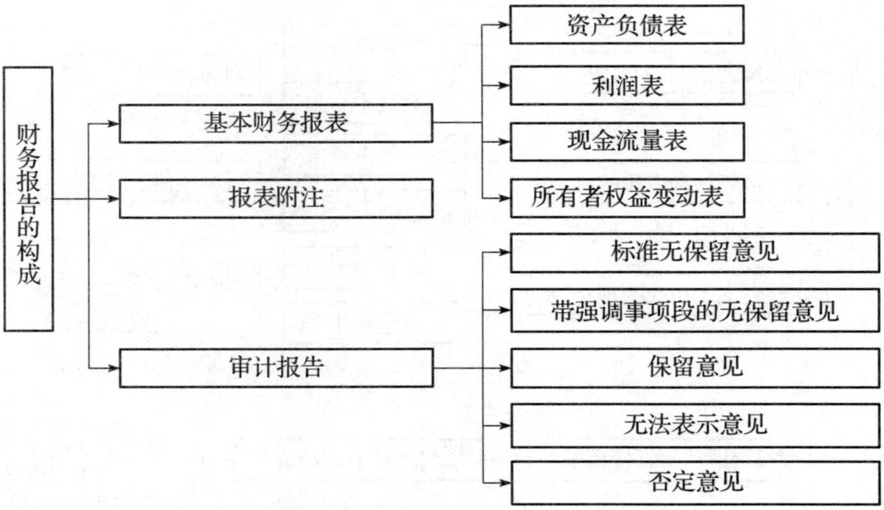
财务报告的构成
基本财务报表
报表附注
审计报告
资产负债表
利润表
现金流量表
所有者权益变动表
标准无保留意见
带强调事项段的无保留意见
保留意见
无法表示意见
否定意见

财务报表的局限性
财务报表的不完整性
财务报表的滞后性和无关性
财务报表口径的差异性
财务报表的主观性

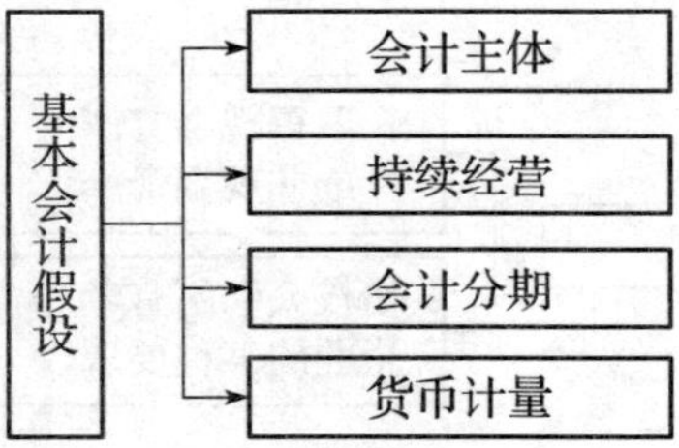
基本会计假设
会计主体
持续经营
会计分期
货币计量

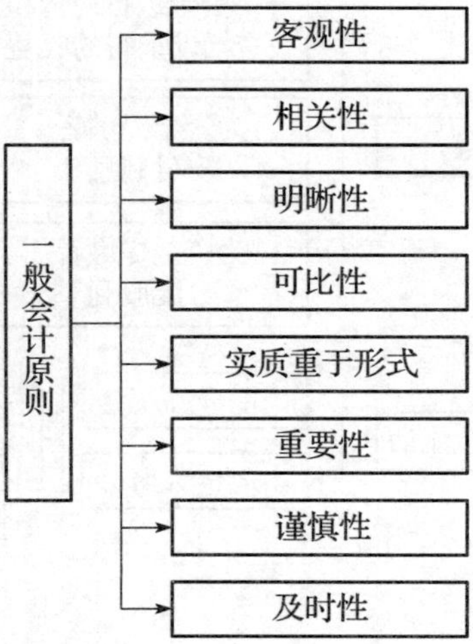
一般会计原则
客观性
相关性
明晰性
可比性
实质重于形式
重要性
谨慎性
及时性

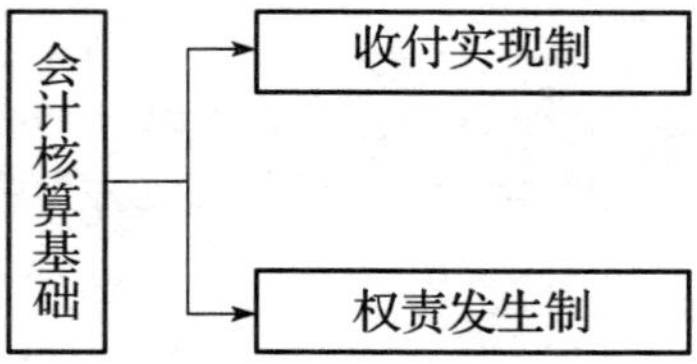
会计核算基础
收付实现制
权责发生制

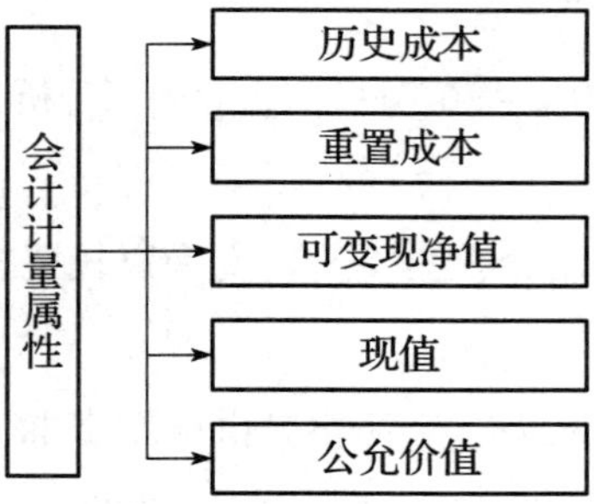
会计计量属性
历史成本
重置成本
可变现净值
现值
公允价值

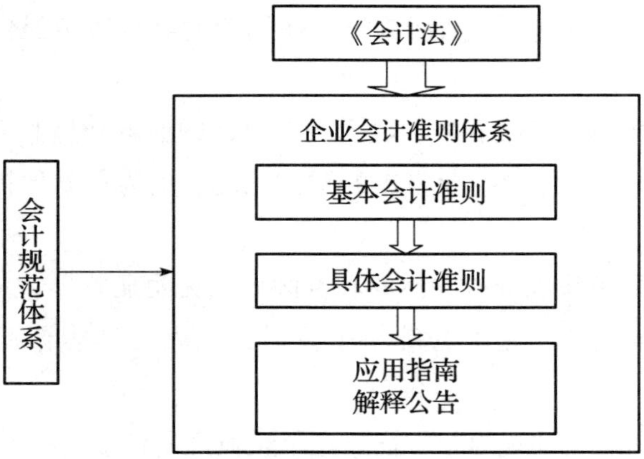
《会计法》
企业会计准则体系
会计规范体系
基本会计准则
具体会计准则
应用指南
解释公告

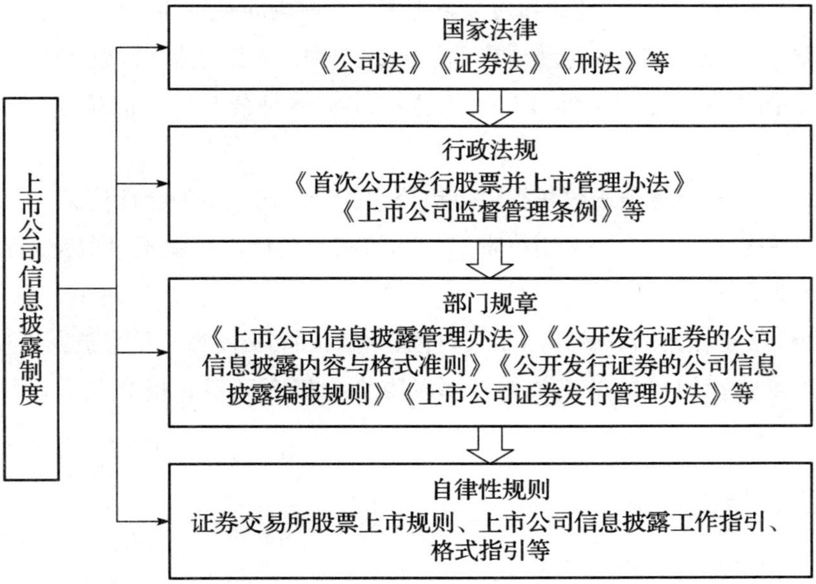
上市公司信息披露制度
国家法律
《公司法》《证券法》《刑法》等
行政法规
《首次公开发行股票并上市管理办法》
《上市公司监督管理条例》等
部门规章
《上市公司信息披露管理办法》《公开发行证券的公司信息披露内容与格式准则》《公开发行证券的公司信息披露编报规则》《上市公司证券发行管理办法》等
自律性规则
证券交易所股票上市规则、上市公司信息披露工作指引、格式指引等

第2节 补充练习题及案例分析题

第1章
即测即评

一、判断题

1. 信用分析、投资分析与企业内部分析是几乎同时发展起来的。（　　）

2. 从以信用分析为重心转变为以投资分析为重心，是后者对前者的否定。（　　）

3. 财务报表分析就是以企业对外提供的财务报表以及报表附注为主要依据，运用比率分析等方法，对决定企业财务状况的偿债能力、盈利能力与营运能力等各主要方面加以分析判断，从而为报表使用者的经济决策提供财务信息支持的一种分析活动。（　　）

4. 应该力争将财务报表分析融入企业具体的业务环境和管理模式中，这有利于更为恰当、深入地评价企业整体的财务状况，更为科学地评估企业价值和预测企业的前景。（　　）

5. 不同的财务报表分析主体的利益倾向存在明显差异，与企业的利益关系也各不相同，这就决定了他们在分析企业财务报表时必然有不同的分析目的和侧重点。（　　）

6. 企业对外投资的规模与特征决定了企业经营活动的规模、类型和运营方式，是企业开展经营活动的基础和前提条件，它影响着企业的生产经营能力、技术装备水平和工艺特点，甚至还会影响企业的组织架构、成长能力和经营风险。（　　）

7. 保留意见说明审计师认为财务报表整体是公允的，但是存在影响重大的错报。（　　）

8. 母公司财务报表仅仅提供上市公司的母公司自身的会计信息。（　　）

9. 一般来说，只要采用权责发生制原则，会计核算就不可避免地存在主观判断和人为因素。（　　）

10. 信息披露的评价标准是及时性、有效性和重要性。信息披露制度的目的与证券市场监管的目标是一致的，都以维护投资者利益、提高证券市场的效率为宗旨。（　　）

二、单项选择题

1. 财务报表分析这门学科真正建立起来的标志是（　　）。

A. 有专门的分析内容
B. 有专门的分析路径
C. 有专门的分析方法
D. 有专门的分析框架
E. 有专门的分析语言

2. 随着大数据时代的来临以及互联网技术的迅猛发展，人们对包括财务数据在内的企业业务数据的获取将更加快捷和准确，数据分析和提炼的手段将更加先进，财务报表分析的信息基础将会发生根本性的变化，财务报表分析的内涵和外延都会不断拓展，最终演变成（　　）。

A. 价值分析
B. 精准的风险分析
C. 大数据分析
D. 模型分析
E. 机器学习

3. 企业为了在激烈的市场竞争中求生存、图发展，不得不借助财务报表所提供的有关资料进行资讯导向、目标管理、利润规划及前景预测，企业财务报表分析开始向（　　）拓展。

A. 信用分析
B. 盈利分析
C. 价值分析
D. 外部分析
E. 内部分析

4. 财务报表分析的对象是（　　）。

A. 企业财务报表
B. 财务报表所能反映的企业各项基本经济活动
C. 企业的各项经营活动
D. 企业的各项投资活动
E. 企业的各项融资活动

5. 经营活动的直接后果是取得收入和支出各项成本、费用，它们反映在利润表的上半部分，通常是企业（　　）的主要来源。

A. 营业利润
B. 投资收益
C. 营业外收入
D. 其他收益
E. 其他综合收益

6. 筹资活动的结果，一方面是取得现金资产（有时也包括非现金资产），它们反映在资产负债表的左方——资产中；另一方面是产生债权人和所有者对企业的（　　），它们反映在资产负债表的右方——负债和所有者权益中。

A. 债权
B. 所有权

C. 经营权　　D. 分配权

E. 要求权

7. 审计报告是注册会计师在完成审计工作后向（　　）提交的最终产品，是注册会计师与财务报表使用者沟通所审计事项的主要手段。

A. 企业　　B. 投资者

C. 社会公众　　D. 委托人

E. 债权人

8. 投资活动的直接后果是取得各项（　　）。

A. 流动资产　　B. 非流动（或长期）资产

C. 固定资产　　D. 资产

E. 投资性资产

9.（　　）是指反映母公司及其全部子公司所形成的企业集团的整体财务状况、经营成果和现金流量的财务报表。

A. 母公司财务报表　　B. 汇总财务报表

C. 合并财务报表　　D. 集团报表

E. 总公司报表

10. 若财务报表严重歪曲了被审计单位的财务状况、经营成果和现金流动情况，而且被审计单位拒绝进行调整，注册会计师应对其出具（　　）的审计报告。

A. 无保留意见　　B. 保留意见

C. 否定意见　　D. 拒绝表示意见

E. 不确定意见

三、多项选择题

1. 财务报表分析的主体主要包括（　　）。

A. 企业所有者　　B. 企业债权人

C. 经营管理者　　D. 社会中介机构

E. 政府职能机构

2. 财务报表分析可以进一步补充企业财务报表之外的其他信息来源（包括公开和不公开的财务信息与非财务信息），进行更广泛的（　　）分析。

A. 企业战略制定与实施情况分析

B. 管理模式与质量分析

C. 行业竞争格局与自身竞争优势分析

D. 未来风险与挑战分析

E. 发展前景与投资价值分析

3. 基于投资决策目的的财务报表分析的内容主要包括（　　）。

A. 企业盈利能力分析　　B. 企业投资风险分析

C. 基于会计利润的未来盈利预测　　D. 基于现金流量的未来盈利预测

E. 利用适当的价值评估模型估计企业的内在价值

4. 由于对于企业债权人来说，最重要的事情是确保其债权的安全，即能否按期收回本金和利息，因此他们非常关注企业（　　）方面的信息。

A. 偿债能力　　B. 盈利能力

C. 营运能力　　D. 资本结构

E. 投资能力

5. 为满足不同利益主体的需要，协调各方面的利益关系，经营管理者必须对涉及企业财务状况的各个方面予以详尽了解和掌握，以便（　　）。

A. 进行科学的投融资决策

B. 制定和调整资源配置战略、资本引入战略等各方面战略

C. 完善资金管控、费用管控等各方面管理模式

D. 对企业的各个部门和员工进行业绩评价

E. 为日后的生产经营编制科学的预算，实现高效的控制与监督

6. 影响企业财务报表披露结果的主要因素包括（　　）。

A. 宏观经济环境　　B. 行业环境

C. 企业战略　　D. 会计准则

E. 管理者的动机

7. 合并财务报表至少应当包括（　　）

A. 合并资产负债表　　B. 合并利润表

C. 合并现金流量表　　D. 合并所有者权益变动表

E. 合并利润分配表

8. 以制造业企业为例，其经营活动主要包括（　　）等活动。

A. 研究与开发　　B. 采购

C. 生产　　D. 销售

E. 分配股利

9. 中期财务报告包括（　　）。

A. 月度财务报告　　B. 季度财务报告

C. 半年度财务报告　　D. 年度财务报告

E. 年初至本中期末的财务报告

10. 允许企业采用谨慎性原则的情况有（　　）。

A. 对各种质量下降的资产计提减值准备

B. 对企业进行预计负债的账务处理

C. 对部分固定资产可以采用加速折旧法

D. 对低值易耗品的核算采用一次摊销法

E. 对商誉计提减值准备

四、案例分析题

中小股东与大股东关心的一样吗?

几年前，某上市公司（下称A公司）准备到异地设立子公司以拓展自己的业务。从财力来看，A公司完全可以设立全资子公司，但A公司担心自己在子公司所在地设立公司后，在开展业务过程中难以适应子公司所在地的人文环境，就寻找了一位在准备设立子公司地区非常有影响力的企业家，请他入资子公司并持有子公司40%的股份（下称股东B)。双方一拍即合，合资公司C很快设立，并在短时间内完成了固定资产建设，开始生产和销售产品。

在产生利润的第一年，股东B很高兴，希望能够按照出资比例把利润分走。当他提出分红的建议后，得到的A公司的回复是：企业刚刚获得的利润并不高，分不分意义不大。等明年获得更多的利润后，再进行分配吧。

到了第二年年末，企业果然获得了更多的利润。见此情景，股东B又高兴了，就又提出分红的建议。这次他得到的A公司的回复是：企业现在的利润可以分，但现在市场很不错。这些利润如果不分可以继续投在扩大市场上。如果分了，还要去贷款。考虑到融资成本问题，建议先将利润再投资。等明年获得更多的利润后，再进行分配。

无奈，股东B又白欢喜一场。

到了第三年，企业又获得了更多的利润。还没等股东B向A公司提出利润分配的建议，A公司就派人联系股东B了：公司现在发展势头非常好，我们这边决定了，要继续向公司追加投资，咱们按照6：4再向企业入资吧。

股东B听了非常不高兴：企业没利润与我无关，有利润也与我无关。现在市场好我不但不能分红，还要继续追加投资！不行，我没钱。你们看着办吧！

A公司本来也没希望股东B再追加投资。A公司的意图很明显，通过自己单独追加入资的方式，稀释股东B的股份。

但问题是：A公司新增加的入资占C公司的股份必须以C公司在接受新的入资前的评估价值为基础。但从此开始，股东B总是以各种理由，不承认评估机构的评估价值。在经营方面，股东B也开始不断破坏C公司的经营活动。

在股东B的不断破坏下，C公司的经营迅速陷入停顿乃至亏损。

要求：请以本案例内容为背景讨论，股东设立企业，大股东与其他股东关心的是否一样。

第3节　补充练习题答案及案例分析提示

一、判断题

1. ×	2. ×	3. ×	4. √	5. √
6. ×	7. √	8. ×	9. √	10. ×

二、单项选择题

1. C	2. C	3. E	4. B	5. A
6. E	7. D	8. B	9. C	10. C

三、多项选择题

1. ABCDE	2. ABCDE	3. ABCDE	4. AD	5. ABCDE
6. ABCDE	7. ABCD	8. ABCD	9. ABCE	10. ABCE

四、案例分析提示

中小股东与大股东关心的一样吗？

笼统地说，所有者或股东作为企业的投资人，是企业收益的最终获得者和风险的最终承担者。但从股权结构来看，由于持股比例不同，大股东和其他股东在获取收益的规模、途径以及所承担的风险等方面均存在显著差异，因此，他们投资的目的以及在随后企业发展过程中所关心的主要方面通常也各不相同。一般而言，控股股东主导着企业的战略选择和各项经营决策与财务政策，通过扶持企业不断成长来获取更大规模的投资收益（当然也可能通过资金占用、关联方交易等手段转移企业的资源），然而，在企业经营失败时也将面临更大程度的投资损失，因此他们往往更注重企业的长远发展，更强调企业战略的运行方向和实施效果，对企业整体的财务状况和未来发展前景尤为关注；其他股东（主要指中小股东）则更希望通过当期现金分红等方式来获取投资收益（如果是上市公司则还可以通过股价短期上涨来获取投资收益），因而他们更关注企业的短期获利水平、现金流量状况与股利分配政策等方面的信息。

在本案例中，A公司和股东B分别作为控股股东和其他股东，在企业分红政策的选择以及基于未来发展预期的追加投资等方面存在意见分歧实属正常现象。A公司似乎更有意愿承受较大的风险来追求更高的投资收益，从C公司长远发展的角度出发选择近期不分红并继续追加投资；而股东B却更倾向于规避风险，将投资利益通过现金分红的方式及时获取到手。由此可见，大股东和其他股东在投资目的和获取投资收益的途径上确实是存在很大不同的。

第4节 教材关键术语和思考题参考答案

一、关键术语解释

1. 财务报表分析：企业财务报表分析的概念有狭义与广义之分。狭义的概念是指仅以企业对外提供的财务报表以及报表附注为主要依据，运用比率分析、项目质量分析等方法，对决定企业财务状况的偿债能力、盈利能力与营运能力等各主要方面加以分析判断，从而为报表使用者的经济决策提供财务信息支持的一种分析活动。广义的概念则以此为基础，强调进一步补充企业财务报表之外的其他信息来源（包括公开和不公开的财务信息与非财务信息），进行更广泛的企业战略制定与实施情况分析、管理模式与质量分析、行业竞争格局与自身竞争优势分析（地域、资源、政策、行业、人才、管理等）、未来风险与挑战分析、发展前景与投资价值分析等。

2. 基本财务报表：一般而言，基本财务报表是会计信息的载体，是对企业财务状况、经营成果和现金流量的结构性表述，是对企业各种经济活动财务后果的综合性反映。从基本财务报表的发展、演变过程来看，世界各国的报表体系逐渐趋于形式上的一致（尽管其概念内涵、指标口径等在各国有不同程度的差异）。目前，世界各国的基本财务报表一般包括资产负债表、利润表、现金流量表和所有者（股东）权益变动表。

3. 报表附注：是有关资产负债表、利润表、现金流量表和所有者（股东）权益变动表等报表中列示项目的文字描述或明细资料，以及对未能在这些报表中列示项目的说明等。现代企业经营活动日益复杂，财务报表越来越难以满足利益相关者充分了解企业实际情况的需求，作为表外信息的报表附注因此越来越受到报表编写者和使用者的重视。报表附注要求披露的信息非常广泛，除了要对报表编制的基础、所采用的固定资产折旧方法、存货盘存和计价方法等会计政策进行明晰外，还要对关联方交易、或有负债等不便于用单纯用数字表达的重要内容加以说明，也要对表内信息做进一步的拓展，如对营业收入和营业成本的构成、应收账款的账龄分布和前五大客户的占比以及存货各组成部分的增减变动等详细信息进行披露，因此，附注信息是财务报表信息的有力补充。

4. 审计报告：审计人员（即注册会计师）根据独立审计准则，在为被审计单位（即上市公司）制定审计计划的基础上，实施必要的审计程序，就被审计事项做出审计结论，提出审计意见和审计建议的书面文件。审计报告是注册会计师在完成审计工作后向委托人提交的最终产品，是注册会计师与财务报表使用者沟通所审计事项的主要手段，相当于财务报表和报表附注的“质量鉴定书”，它具有法定证明效力，对增加会计信息的可靠性起着至关重要的作用。

5. 合并财务报表：反映母公司及其全部子公司所形成的企业集团的整体财务状况、经营成果和现金流量的财务报表。其中，母公司是指有一个或一个以上子公司的企业（或主体，下同）；子公司是指被母公司控制的企业。合并财务报表至少应当包括下列组成部分：合并资产负债表、合并利润表、合并现金流量表、合并所有者权益变动表，上市公司针对合并财务报表通常会披露相应的报表附注。合并财务报表应当由母公司负责编制。

6. 母公司财务报表：反映集团中的母公司（通常是上市公司）自身财务状况、经营成果和现金流量的财务报表。

7. 年度财务报告：是指以整个会计年度为基础编制的财务报告。根据《公司法》《证券法》等相关法律规范规定，上市公司应当在每一会计年度终了时编制财务会计报告，并在依法经会计师事务所审计后对外公开披露。公司年度报告中的财务会计报告必须经具有证券期货相关业务资格的会计师事务所审计，审计报告须由该所至少两名注册会计师签字。

8. 中期财务报告：是指以中期为基础编制的财务报告。中期是指短于一个完整的会计年度（自公历 1 月 1 日起至 12 月 31 日止）的报告期间，它可以是一个月、一个季度或者半年，也可以是其他短于一个会计年度的期间，如 1 月 1 日至 9 月 30 日等。因此，中期财务报告包括月度财务报告、季度财务报告、半年度财务报告，也包括年初至本中期末的财务报告。

9. 基本会计假设：是指会计机构和会计人员对那些未经确认或无法正面论证的经济业务或会计事项，根据客观的正常情况或变化趋势所做出的合乎情理的判断。基本会计假设包括会计主体假设、持续经营假设、会计分期假设和货币计量假设。

10. 一般会计原则：是从会计实践中逐渐发展起来的，被公认为公正、妥善和有用的系统化的惯例，是会计人员据以辨认、计量和记录经济业务，提供财务报告的指南。一般会计原则包括客观性原则、相关性原则、明晰性原则、可比性原则、实质重于形式原则、重要性原则、谨慎原则和及时性原则等。

11. 会计的确认基础：在财务会计理论和实务中，会计确认是一个十分重要的环节，它决定了会计核算主体何时将本单位具体的经济业务记录为何种要素，从而实现向企业外部的利益集团提供符合要求的会计信息这一根本目标。目前，无论从财务会计的理论还是实务来看，可选择的会计确认基础一般只有两个，即收付实现制和权责发生制。

12. 会计计量属性：会计计量是为了将符合确认条件的会计要素登记入账并列报于财务报表而确定其金额的过程。企业应当按照规定的会计计量属性进行计量，确定相关金额。从会计的角度看，计量属性反映的是会计要素金额的确定基础。按照《企业会计准则——基本准则》，会计计量属性主要包括历史成本、重置成本、可变现净值、现值以及公允价值等几种。

13. 信息披露制度：信息披露制度也称公示制度或公开披露制度，是上市公司为保障投资者利益、接受社会公众的监督，依照法律规定将自身的财务变化、经营状况等信息和资料向证券管理部门和证券交易所报告，并向社会公开或公告，以便投资者充分了解情况的制度。上市公司信息披露的内容主要分为两类：一是投资者评估公司状况所需要的信息；二是对股价运行有重要影响的事项。从上市公司披露信息的时段来看，包括上市前会计信息和上市后会计信息两部分内容。

二、思考题参考答案

1. 财务报表分析经历了怎样的演进过程，发展趋势如何？

财务报表分析始于西方银行家对贷款者的信用分析，之后又广泛应用于投资领域与公司内部。从财务报表分析产生与发展的过程不难发现，该学科的理论与实务一直是在外部市场环境的影响下不断加以完善。概括起来说，财务报表分析大体经历了如下三个阶段：

（1）信用分析阶段。企业财务报表分析起源于美国银行家对企业进行的所谓信用分析。银行为确保发放贷款的安全性，一般要求企业提供资产负债表等资料，以便对企业的偿债能力进行分析，其主要任务是对企业经营的稳定性进行分析。

（2）投资分析阶段。为确保和提高投资收益，广大投资者纷纷利用银行对不同企业及行业的分析资料进行投资决策。于是，财务报表分析由信用分析阶段进入投资分析阶段，其主要任务也从稳定性分析过渡到收益性分析。

（3）内部分析阶段。企业在接受银行的分析与咨询过程中，逐渐认识到了财务报表分析的重要性，开始由被动地接受分析逐步转变为主动地进行自我分析。通过财务报表分析掌握企业的财务状况，进而判断企业的经营状况，已经成为现代企业及社会的一大要求。

需要说明的是，这三种分析阶段并不是后者对前者的否定，而是以后者为补充的三者在分析中的并存。无论是外部分析还是内部分析，他们所用的资料都主要来源于对外公布的财务报表。随着大数据时代的来临以及互联网技术的迅猛发展，人们对包括财务数据在内的企业业务数据的获取将更加快捷和准确，数据分析和提炼的手段将更加先进，财务报表分析的信息基础将会发生根本性的变化，财务报表分析的内涵和外延都会不断拓展，最终演变成大数据分析。这将极大地提高财务报表分析在企业内部管理中的地位和作用，同时也为企业财务报表分析内容的拓展、方法的完善、质量的提升带来更大的空间。

2. 如何理解财务报表分析的概念？

企业财务报表分析的概念有狭义与广义之分。狭义的概念是指仅以企业对外提供的财务报表为主要依据，运用比率分析等手段，对企业的偿债能力、盈利能力与营运能力加以判断，并有重点、有针对性地对其有关项目进行质量分析，从而对企业整体的财务状况质量进行评价，为报表使用者的经济决策提供财务信息支持的一种分析活动。广义的概念是在此基础上还要依据企业财务报表之外的其他信息来源（包括公开和不公开的财务信息与非财务信息），进行更为广泛的企业战略制定与实施情况分析、管理特征与质量分析、行业竞争格局与自身竞争优势分析（地域、资源、政策、行业、人才、管理等）、未来风险与挑战分析、发展前景与投资价值分析等。

如果说财务报表的产生过程是一种"综合"，把企业各个方面、各个部分、各种因素的变化所产生的经济业务，按照一定的规则加以分类、汇总，从而在整体上反映企业的财务状况和经营成果，那么财务报表分析则是更进一步的"综合"，通过专门的分析方法与手段，将财务报表所反映的信息做进一步的提炼、处理与加工，揭示出企业的各种经营活动和管理活动与企业财务状况之间的内在联系、企业各种战略的制定与实施对企业财务状况造成的影响，从而有利于更为恰当地评价企业整体的财务状况质量，更为科学地预测企业未来的发展趋势。

3. 财务报表分析的主体通常有哪些？各自有什么分析目的？

企业财务报表分析的不同主体由于利益倾向的差异，决定了在对企业进行财务报表分析时，必然有着共同的要求和不同的侧重点。财务报表分析的主体包括：企业所有者、债权人、企业管理者、政府经济管理机构、商品和劳务供应商、顾客、企业雇员、社会公众以及企业的竞争对手等。

所有者或股东作为企业的投资人，是企业收益的最终获得者和风险的最终承担者。因此他们既高度关注有关企业营运能力和盈利能力等方面的信息（这将决定着他们对企业投资的回报率），也高度关注有关企业的资产结构与质量、资本结构与质量以及现金流量结构与质量等方面的信息（这将决定着他们对企业投资的风险水平）。同时，企业所有者又是企业委托——代理关系中的委托人，需要通过分析企业的财务状况来对经营管理者的受托责任履行情况进行评价。控股股东控制着董事会，主导企业的各项经营决策与财务决策，通过扶持企业不断成长来获取大规模的投资收益，而在企业经营失败时也将面临最大的投资损失，因此他们往往更注重企业的长远发展，更强调企业战略的实施效果和运行方向，对企业在资产质量、资本结构质量、盈利质量以及现金流量质量等方面所体现的财务状况质量尤为关注。中小股东则主要是通过股价短期上涨、当期现金分红等方式来获取投资收益，因而他们更为关注企业的短期获利水平、现金流量状况与股利分配政策等方面的信息。

债权人因为不能参与企业剩余收益分配，决定了债权人必须对其贷款的安全性首先予以关注。对于短期债权人来说，比较关心企业资产的流动性和现金充足程度；而对于长期债权人，考虑更多的则是企业整体的负债水平、盈利能力以及企业未来的发展前景。企业管理者必须对企业经营理财的各个方面，包括营运能力、偿债能力、盈利能力及社会贡献能力的全部信息予以详尽的了解和掌握，以便及时发现问题、采取对策，进行科学的投融资决策，规划和修订市场定位目标，制定和调整资源配置战略、资本引入战略等各方面战略，进一步挖掘潜力，为经济效益的持续稳定增长奠定基础。同时，经营管理者还需要借助财务报表分析对企业内部的各个部门和员工进行业绩评价，并为日后的生产经营编制科学的预算，实现高效的控制与监督。

政府考核企业经营理财状况，不仅需要了解企业资金占用的使用效率，预测财务收入增长情况，有效地组织和调整社会资金资源的配置，还要借助财务报表分析，检查企业是否存在违法违纪、浪费国家财产的问题，最后通过综合分析，对企业的发展后劲以及对社会的贡献程度进行分析考察。

商品和劳务供应商与企业的贷款提供者的情况类似。他们在向企业赊销商品或提供劳务后即成为企业的债权人。大多数商品和劳务供应商对企业的短期偿债能力感兴趣。而某些供应商可能与企业存在较为持久的、稳固的经济联系，在这种情况下，他们又对企业的长期偿债能力感兴趣。顾客则关心企业的长期发展前景及有助于对此做出估计的获利能力指标与财务杠杆指标等。企业的雇员通常与企业存在长久、持续的关系。他们关心工作岗位的稳定性、工作环境的安全性以及获取报酬的前景。因而，他们对企业的获利能力和偿债能力均感兴趣。社会公众对特定企业的关心也是多方面的。一般而言，他们关心企业的就业政策、环境政策、产品政策以及社会责任履行情况等方面。对这些方面的分析，往往可以借助获利能力的分析。竞争对手希望获取关于企业财务状况的会计信息及其他信息，借以判断企业间的相对效率与竞争优势。同时，还可为未来可能出现的企业兼并提供信息。因此，竞争对手可能把企业作为接管目标。因而他们对企业财务状况的各个方面均感兴趣。

尽管不同利益主体进行财务报表分析有着各自的侧重点，但我们可以从中得出以下结论：财务信息使用者所要求的信息大部分都是面向未来的；不同的信息使用者各有其不同的目的，因此，即使对待同一对象，他们所要求得到的信息也是不同的；不同的信息使用者所需的信息的深度和广度不同；企业财务报表中并不包括使用者需要的所有信息。

4. 如何理解财务报表分析的对象？如何获取反映企业经济活动的财务信息？

财务报表是以货币作为计量单位，将企业内外部资源在企业既定战略及既定运营和管理模式下的配置与运用成果，依据会计准则进行确认、计量、记录和报告后的数字化表现形式，是企业各项活动经济后果的综合反映。换句话说，通过会计核算系统，上市公司纷繁复杂的各类经济活动被转化成财务信息，并以财务报表的形式对外呈现。而财务报表分析就是主要从财务报表中获取符合信息使用者分析目的的信息，以便全面了解企业的基本面，分析企业的竞争优势和潜在的风险，从而更加科学地预测企业未来的发展趋势。因此，财务报表分析的对象就是财务报表所能反映的企业各项基本经济活动，展示企业这些经济活动的主要信息来源便是企业（主要指上市公司）定期对外披露的财务报告。通常情况下，上市公司对外披露财务信息的载体是财务报告，其中既包括财务报表，也包括报表附注和审计报告，但出于习惯和为简便起见，本书在涉及这一内容时只提及"财务报表"一词，而财务报表分析实则为财务报告分析，甚至是整个上市公司年报分析。

但必须强调的是，财务信息往往展示的只是经济活动的最终财务后果，且存在种种局限性，因此，在财务报表分析中，只有将财务信息与产生财务信息背后的经济活动逻辑结合起来才能使其变得鲜活起来，并且还要尽可能地利用大量非财务信息来对其加以完善和补充。企业经营和发展的根本目的是为股东创造价值（最新的提法是为利益相关者创造价值）。为了不断创造价值，企业必须开展各种经济活动：经济活动需要以资产为物质基础，企业为取得各项资产通常需要动用资金（以货币资金为主）通过外购（或并购）和自制（或自创、自建）等各种途径，即从事各类投资活动；而投资活动所需资金，除了通过自身赚取以外，通常还需要通过从各种渠道来筹集，即从事各类筹资活动。因此，企业开展的经营活动、投资活动和筹资活动便成为财务报表中主要包含的三项经济活动。

5. 企业财务报告有哪些组成部分？如何理解财务报表的局限性？

一般认为财务报表是指用货币形式表现企业一定时期财务状况、经营成果和现金流量的书面文件，通常包括资产负债表、利润表、现金流量表和所有者（股东）权益变动表等。本书的财务报表分析所涉及的内容较为广泛，与通常所说的企业财务报告一致。企业财务报告是指企业（本书主要指上市公司）对外提供的反映企业某一特定日期的财务状况和某一会计期间的经营成果、现金流量等会计信息的文件。财务报告包括基本财务报表和其他应当在财务报告中披露的相关信息和资料，如审计报告、报表附注等。

财务报表作为基于企业会计准则编制的数字化的书面文件，其格式的固定性、内容的有限性以及时效的滞后性等特征决定了它所披露的信息在诸多方面存在一定的局限性。具体地说，主要体现在以下四个方面：

（1）财务报表的不完整性。财务报表以货币计量作为计量单位，因此，很多有价值的资源，如企业的人力资源、历史悠久的企业账外存在的大量无形资产（自行开发取得的专利和未申请专利的专有技术等）、大数据资源、客户资源以及自创商誉等，由于难以用货币计量，都无法在报表中予以列示，也就是说，报表中仅仅反映了企业有价值的经济资源的一部分。

（2）财务报表的滞后性和无关性。财务报表中呈现的历史成本极有可能在企业决策中沦落为“沉没成本”；在会计信息处理过程中，通常将不同时点的货币数据进行简单相加，这样就会使信息使用者不知晓他们所面对的会计信息的实际含义，更难以对其现在和未来的经济决策形成实质性的参考价值。

（3）财务报表口径的差异性。由于企业可能在不同会计年度间变更不同的会计方法（尽管已经披露了变更的原因和影响）以及不同企业有可能采用不同的会计方法（当然是在准则允许的范围内），这样生成的信息在口径上还是具有一定程度的差异性的。

（4）财务报表的主观性。由于会计核算是基于权责发生制和配比原则，这就不可避免地在业务处理和生成财务报表的过程中掺杂进大量的估计和主观判断因素，甚至在企业对外披露财务报表之前，一些信息提供者（主要是管理层）突破职业道德底线，这样极有可能使信息使用者所看到的报表信息与企业实际状况有一定差距，甚至会导致信息使用者做出错误的决策。

因此，基于财务报表存在的上述局限性，用于全面展示企业经济活动的信息来源，除了包括财务报表中所体现的能够用货币计量的财务信息，还应包括财务报表之外大量无法用货币计量的非财务信息。随着大数据时代的到来，借助不断迭代、进化的信息技术与手段，相信财务报表的时效性和相关性将会得到大大增强；同时，业财融合的程度会不断加深，这使得报表分析中大量地使用非财务信息作为有力补充会变得越来越可行和必要。

6. 基本会计假设与一般会计原则对财务信息质量具有哪些影响？

概括起来说，会计主体假设限定了财务报表信息披露的空间范围，只有首先从空间上对会计工作的具体核算范围予以界定，资产、负债、所有者权益、收入、费用和利润等会计要素才有了空间归属，才能独立反映特定主体的财务状况、经营成果及其现金流量，企业的投资人、债权人以及企业管理人员才有可能从会计记录和会计报表中得到有意义的会计信息，从而做出决策，并管理、控制经济活动；持续经营假设是生成报表信息时选择不同会计方法的前提条件，为企业在编制报表时会计方法的选择奠定了基础，在此假设前提下，企业的会计核算便可以采用诸如历史成本原则、权责发生制原则、固定资产计提折旧、费用摊销等一系列财务会计确认和计量的原则和方法；会计分期假设限定了财务报表信息披露的时间范围，为企业进行会计处理计算损益和编制财务报表限定了时间区域，由于受会计分期假设的影响，许多会计概念具有鲜明的"时期"特性，比如，利润总额、收入、费用等均带有鲜明的时期特色；货币计量假设限定了财务报表信息的价值含义，虽然解决了在编制财务报表时将不同质的资产相加以反映企业资产总体规模等问题，但同时也给财务报表带来了一些固有的局限性，如只有能用货币反映的经济活动，才能纳入会计系统中，在通货膨胀的情况下由于货币购买力发生变动使得不同年度间的会计信息不同程度地失去了可比性，一些实物资产以何种价值反映于财务报表之上，这便涉及资产计量属性的取舍问题等。

一般会计原则是从不同方面对报表信息质量做出限定和保证，如客观性原则保证报表信息的真实可靠；相关性原则保证报表信息与信息使用者相关，对信息使用者的决策有用；明晰性原则保证报表信息清晰明了，便于信息使用者的理解和利用；可比性原则保证报表信息便于信息使用者进行企业间和年度间的分析比较；实质重于形式原则保证报表信息尽可能反映企业经济业务的"实质"，便于信息使用者"去伪存真"；重要性原则保证报表信息反映企业财务状况、经营成果和现金流量等方面所有的重要交易和事项，尽量减少非重要信息的"干扰"；谨慎原则保证报表信息"不高估资产和收益、不低估费用和损失"，防止信息使用者对企业的经营现状过于乐观，而是适当保守地预测企业的发展前景；及时性原则保证报表信息的时效性，增加报表信息的使用价值。

7. 企业财务报表编制遵循的法规体系包括哪些？

企业财务报表的编制，如果没有一定的强制性、约束性的法规的制约，将会给报表信息使用者的使用带来极大障碍。从世界各国的实际情况来看，各国大多对企业财务报表的编制与报告内容制定了一些法规，使报表信息的提供者——企业在编制报表时操纵报表信息的可能性受到限制。

在我国，制约企业财务报表编制的法规体系包括会计规范体系以及约束上市公司信息披露的法规体系。它们相辅相成，共同制约和规范着企业的财务报表编制行为。

从目前的情况来看，制约我国企业编制财务报表法规体系中的会计规范体系主要包括下列内容：《会计法》、企业会计准则基本准则、企业会计准则具体准则、企业会计准则应用指南和企业会计准则解释公告。它们分为三个层次：第一层次是《会计法》；第二层次是企业会计准则；第三层次是应用指南和解释公告。上一层次对下一层次起着统驭作用，即上一层次是下一层次的基础和制定依据，下一层次对上一层次予以细化和补充。

8. 上市公司的信息披露制度对保证财务信息质量具有什么意义和作用?

信息披露制度也称公示制度或公开披露制度，是上市公司为保障投资者利益、接受社会公众的监督，依照法律规定将自身的财务变化、经营状况等信息和资料向证券管理部门和证券交易所报告，并向社会公开或公告，以便投资者充分了解情况的制度。

上市公司信息披露的内容主要分为两类：一是投资者评估公司状况所需要的信息；二是对股价运行有重要影响的事项。从上市公司披露信息时段来看，可分为上市前和上市后会计信息两部分内容。我国现行的上市公司信息披露规范体系主要由证券发行信息披露制度和持续性信息披露制度（定期报告制度和临时报告制度等）两个方面所组成。具体而言，会计信息披露文件一般包括招股说明书、上市公告书、年度报告、中期报告（包括半年度报告和季度报告）以及临时报告（包括重大事件公告和收购与合并公告）；前两者构成首次披露，后三者构成持续披露。

信息披露的评价标准是及时性、有效性和充分性。信息披露制度的目的与证券市场监管的目标是一致的，都以维护投资者利益、提高证券市场的效率为宗旨。从各市场经济国家证券市场监管的实践来看，信息披露制度是每一个国家证券监管制度不可分割的组成部分。为了应对证券市场中欺诈行为和内幕交易等市场失灵的现象，改善市场中客观存在的不公平竞争状态，世界上几乎所有国家的证券法规都规定，一切已经上市的和即将上市的股份有限公司都负有公开、公平和及时地向投资者和潜在的投资者披露一切有关公司重要信息的持续性责任。因此，历来的证券监管都把信息披露监管作为重中之重。

第5节 教材案例讨论与分析提示

是什么决定了公司的发展方向？——以格力电器和美的集团为例

格力电器和美的集团是我国家电行业的两大巨头，长期以来尤其在空调领域一直处于公然较量的状态，实力难分伯仲。然而，进入2020年以来，格力电器的空调营业收入逐渐被美的集团超越，格力电器的股价和市值也与美的集团逐渐拉开了距离。当然，这在很大程度上与两家公司的资源配置战略和扩张战略的选择（是走专业化的发展道路还是实施多元化经营，是选择自我发展还是选择并购扩张）有着直接关系，但从根本上说与两家公司的公司治理结构以及控股股东（或核心人物）的战略选择偏好有着更为直接的关系。

由此看来，从企业资产负债表左边（主要揭示企业所拥有的资源以及所选择的资源配置战略）与资产负债表右边（主要揭示企业的资本结构以及所选择的资本引入战略）两个方面来看，决定企业未来发展趋势的关键因素更应该在资产负债表的右边，即企业资本结构、股权结构以及所决定的控制权结构。其中，控制权结构决定了公司治理结构和治理特征，通常也决定着企业的控股股东或核心人物到底是谁，他（她）将在很大程度上影响企业的立场、经营战略和未来发展方向。

读者们可在此基础上，进一步关注和收集这两家公司最新的财报数据并结合这两家公司股价的市场表现，对格力电器和美的集团的近两年基本财务状况和未来前景发表自己的见解。教材中（尤其在第8章）详细分析了两家公司（重点是格力电器）的战略选择与财务状况质量。

第 2 章

财务报表分析方法

第 1 节　知识点回顾

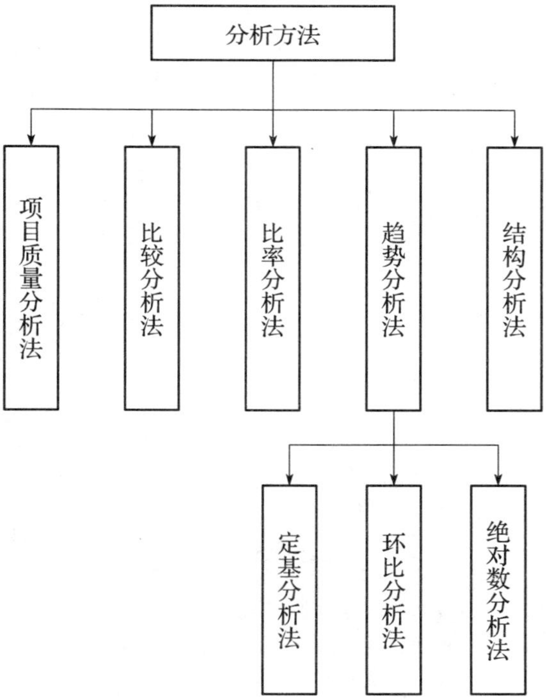

<table>
<tr><th colspan="3">基本财务比率</th><th>与上市公司有关的
特殊财务比率</th><th colspan="2">与合并财务报表有关的比率</th></tr>
<tr><td rowspan="2">偿债
能力
分析</td><td>短期</td><td>营运资本
流动比率
速动比率
现金比率</td><td rowspan="5">每股收益
股票收益率
市盈率
股利支付率
每股净资产
股利保障倍数
每股经营活动现金净流量
市净率</td><td rowspan="3">合并财
务报表
可运用
的财务
比率</td><td rowspan="3">毛利率
销售费用率
管理费用率
研发费用率
核心利润率
核心利润获现率
总资产报酬率
所有者权益报酬率
（净资产收益率）</td></tr>
<tr><td>长期</td><td>资产负债率
资产金融负债率
权益比率
权益乘数
利息保障倍数
固定支出保障倍数</td></tr>
<tr><td colspan="2">盈利能力分析</td><td>毛利率
营业利润率
核心利润率
总营业费用率
销售净利率
总资产报酬率
经营资产报酬率
股东权益报酬率</td></tr>
<tr><td colspan="2">营运能力分析</td><td>应收账款周转率
应收款项周转率
存货周转率
经营资产周转率
固定资产周转率
总资产周转率</td><td rowspan="2">合并财
务报表
需慎用
的财务
比率</td><td rowspan="2">流动比率
资产负债率
存货周转率
固定资产周转率
总资产周转率</td></tr>
<tr><td colspan="2">现金流量比率</td><td>现金与流动负债比率
核心利润获现率
投资收益获现率</td></tr>
</table>

- 财务比率分析
  - 偿债能力比率
    - 流动比率=流动资产／流动负债
    - 速动比率=速动资产／流动负债
    - 资产负债率=负债总额／资产总额×100%
    - 资产金融负债率=金融负债／资产总额×100%
    - 权益比率=股东权益总额／资产总额×100%
    - 权益乘数=平均资产总额／平均股东权益总额×100%
    - 利息保障倍数=息税前利润／利息费用
    - 固定支出保障倍数=支付固定支出前利润／固定支出费用
  - 盈利能力比率
    - 毛利率=毛利／营业收入×100%
    - 营业利润率=营业利润／营业收入×100%
    - 核心利润率=核心利润／营业收入×100%
    - 总营业费用率=总营业费用／营业收入×100%
    - 销售净利率=净利润／营业收入×100%
    - 经营资产报酬率=核心利润／平均经营资产×100%
    - 总资产报酬率=息税前利润／平均资产总额×100%
    - 股东权益报酬率=净利润／平均股东权益总额×100%
  - 营运能力比率
    - 应收账款周转率=赊销净额／平均应收账款
    - 平均收账期=平均应收账款／平均日赊销额
    - 应收款项周转率=营业收入／平均应收款项
    - 存货周转率=营业成本／平均存货
    - 存货周转天数=平均存货×365／营业成本
    - 经营资产周转率=营业收入／平均经营资产
    - 固定资产周转率=营业收入／平均固定资产原值（为简便起见，也可用账面价值，但有时与原值差异较大）
    - 总资产周转率=营业收入／平均资产总额
  - 现金流量比率
    - 现金与流动负债比率=经营活动现金净流量／平均流动负债
    - 核心利润获现率=经营活动现金净流量／核心利润×100%
    - 投资收益获现率=取得投资收益收到的现金／投资收益

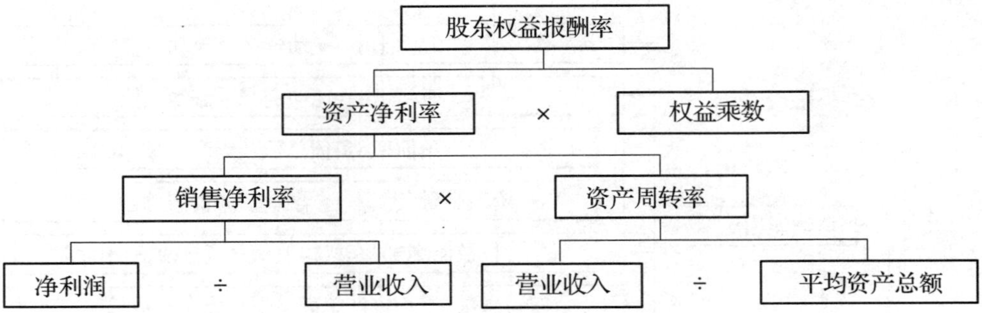
股东权益报酬率
资产净利率
×
权益乘数
销售净利率
×
资产周转率
净利润
÷
营业收入
营业收入
÷
平均资产总额

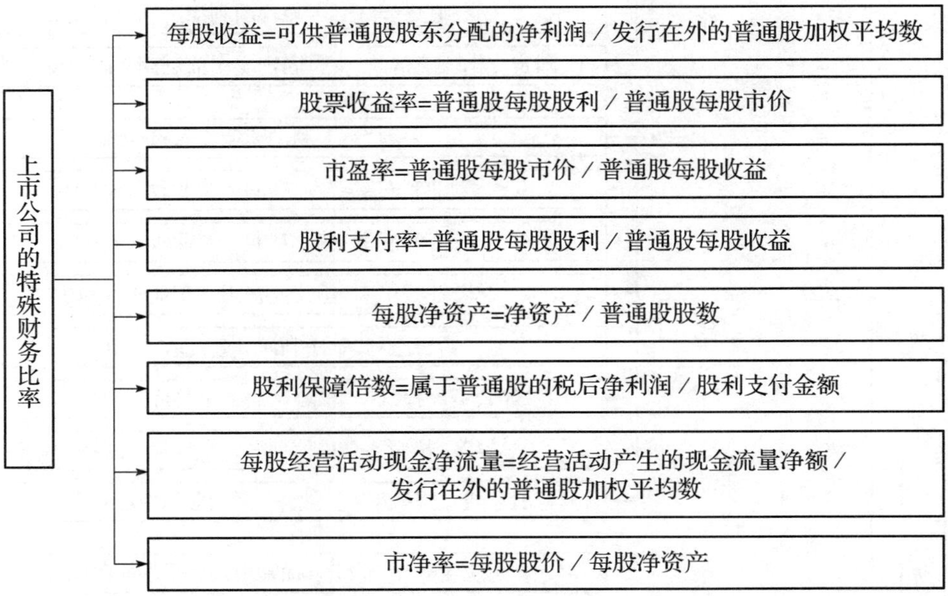
上市公司的特殊财务比率
每股收益=可供普通股股东分配的净利润／发行在外的普通股加权平均数
股票收益率=普通股每股股利／普通股每股市价
市盈率=普通股每股市价／普通股每股收益
股利支付率=普通股每股股利／普通股每股收益
每股净资产=净资产／普通股股数
股利保障倍数=属于普通股的税后净利润／股利支付金额
每股经营活动现金净流量=经营活动产生的现金流量净额／发行在外的普通股加权平均数
市净率=每股股价／每股净资产

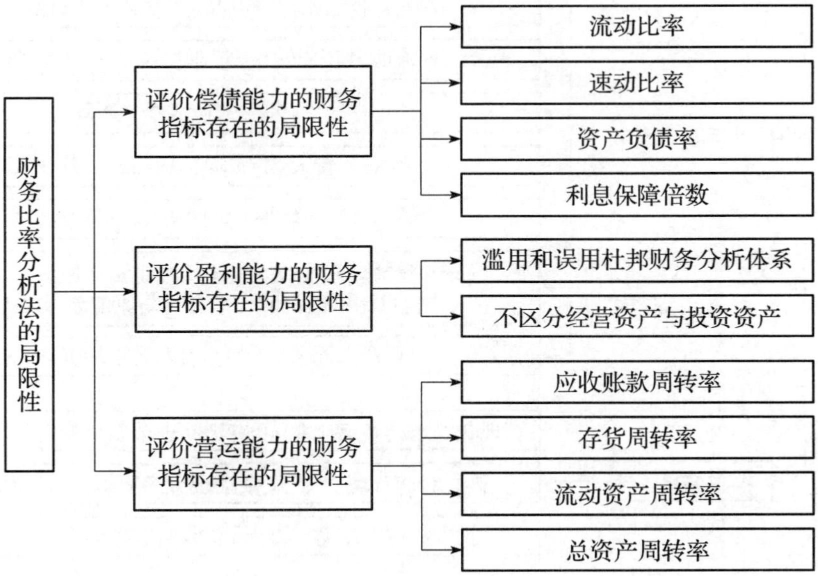
财务比率分析法的局限性
评价偿债能力的财务指标存在的局限性
流动比率
速动比率
资产负债率
利息保障倍数
评价盈利能力的财务指标存在的局限性
滥用和误用杜邦财务分析体系
不区分经营资产与投资资产
评价营运能力的财务指标存在的局限性
应收账款周转率
存货周转率
流动资产周转率
总资产周转率

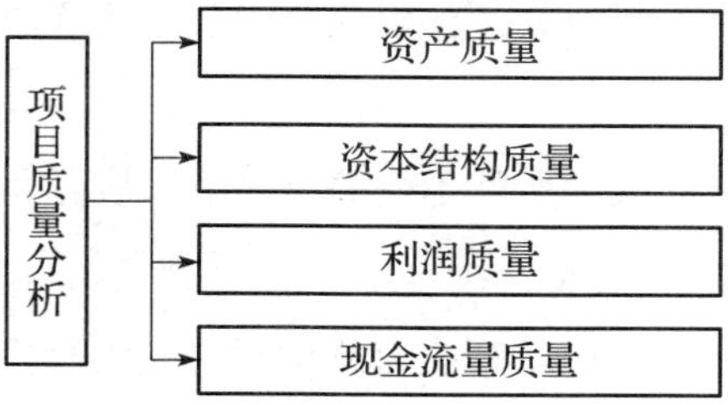

第 2 章
即测即评

第 2 节　补充练习题及案例分析题

一、判断题

1. 从理论上讲，利息保障倍数中的利息仅仅是财务费用中的利息费用。（　　）

2. 营运资本是一个绝对数指标，不利于不同企业之间的比较。（　　）

3. 如果已知负债与所有者权益的比率为 40%，则资产负债率为 60%。（　　）

4. 利息保障倍数小于 1 时，企业没有偿还债务利息的可能性。（　　）

5. 某企业当期流动比率为 0.9，赊购一批商品后，该企业流动比率上升。（　　）

6. 毛利率越高、预收款项规模越大的企业，流动负债的清偿压力越小。（　　）

7. 传统偿债能力指标未能考虑管理层为偿还借款付出的努力及后果，因此相对低估了企业真实偿债能力。（　　）

8. 即使企业速动比率较低，若存货周转顺利，仍具有偿还债务的能力。（　　）

9. 资产负债率、资产金融负债率主要评价企业偿还债务本金的能力，而利息保障倍数、固定支出保障倍数主要评价企业每年支付利息和固定支出的能力。（　　）

10. 一般来讲，在其他条件不变的情况下，存货周转速度越快，存货流动性越高，企业的盈利能力就越强。（　　）

11. 若企业收紧信用政策，可能会导致存货周转速度变慢。（　　）

12. 存货水平高、存货周转率低，不一定代表企业资产使用效率低。（　　）

13. 当企业销售具有明显季节性时，应收账款周转率无法体现真实的跨年度的应收账款实际回款情况。（　　）

14. 现金与流动负债比率越高，对流动负债的保证能力越强，因此该比率越高越好。（　　）

15. 理论上来说，投资收益获现率可能会存在低估企业真实投资收益获取现金能力的情况。（ ）

16. 一般来说，在其他条件不变的情况下，核心利润获现率越大，表明企业经营资产产生现金的能力越强。（ ）

17. 股利支付率与企业盈利能力总是同向变化的。（ ）

18. 企业股票的每股净资产越高，投资者承担的投资风险越高，企业发展潜力与股票投资价值越大。（ ）

19. 只有股票价格的波动才会影响企业的股票收益率。（ ）

20. 市盈率指标可以用于不同行业公司的比较，市盈率低的公司没有投资价值。（ ）

21. 投资者可以根据每股经营活动现金净流量的大小来预估获得现金股利的可能性。（ ）

22. 一般情况下，根据每股净资产的大小基本可以确定企业普通股每股的最低价格。（ ）

23. 计算每股收益使用的净利润，既包括正常活动损益，也包括非经常性收益。（ ）

24. 一般情况下，每股净资产越大，表明公司内部积累越雄厚，抵御外来因素影响的能力越强。（ ）

25. 传统财务指标分析既关注财务信息，又关注非财务信息；项目质量分析法仅关注财务信息。（ ）

二、单项选择题

1. 财务报表分析的最终目的是（ ）。

A. 阅读财务报表
B. 计算各类指标
C. 提供决策支持
D. 解析报表
E. 加深对企业的了解

2. 以下关于利息保障倍数的说法中，错误的是（ ）。

A. 利息保障倍数若小于1，表明企业一定无法偿还利息
B. 利息保障倍数若小于1，表明企业财务成果不足以回报债权人
C. 利息保障倍数不一定反映企业偿还利息的能力
D. 利息保障倍数可以帮助股东评价当前借债融资政策是否有利

E. 利息保障倍数越大，表明企业借款融资对股东越有利

3. 下列各项中，不属于经营负债的是（　　）。

A. 应付票据　　B. 应付账款

C. 合同负债　　D. 短期借款

E. 应付职工薪酬

4. 下列各项中，可能导致企业资产负债率变化的经济业务是（　　）。

A. 接受所有者投资转入的固定资产

B. 以固定资产对外投资（按账面价值作价）

C. 收回应收账款

D. 用现金购买债券

E. 发放股票股利

5. 下列各项中，属于降低短期偿债能力的表外因素的是（　　）。

A. 可运用的银行贷款指标

B. 偿债能力的声誉

C. 已贴现商业承兑汇票形成的或有负债

D. 预备快速变现的长期资产

E. 供应商有提供商业信用的意愿

6. 下列各项中，能够反映企业部分长期资产以流动负债作为资金来源的是（　　）。

A. 营运资本大于 0　　B. 流动比率大于 1

C. 流动比率等于 1　　D. 流动比率小于 1

E. 资产负债率大于 1

7. 乙公司 2022 年营业收入为 14 500 万元，财务费用为 500 万元，资产减值损失为 10 万元，所得税费用为 32.5 万元，净利润为 97.5 万元，2022 年资本化利息支出 100 万元，已经计入在建工程，则利息保障倍数为（　　）。

A. 1.26　　B. 1.17

C. 1.5　　D. 0.93

E. 1.05

8. 假定其他条件不变，下列各项经济业务中，会导致公司总资产报酬率上升的是（　　）。

A. 收回应收账款　　B. 用资本公积转增股本

C. 用银行存款购入生产设备　　D. 用银行存款归还银行借款

E. 向股东定向增发股票

9. 某公司下一年度的权益报酬率目标为 16%，权益乘数为 3，资产周转率为 3，则销售净利率应为（　　）。

A. 2.78%　　B. 1.72%

C. 3.32%　　D. 2.28%

E. 1.78%

10. 下列说法中正确的是（　　）。

A. 毛利率能够反映产品的初始获利能力

B. 处于不同行业的企业，毛利率可以直接比较

C. 计算总营业费用率时应当包括销售费用、管理费用、研发费用及制造费用

D. 总资产报酬率计算公式中分子为净利润

E. 经营资产报酬率计算公式中分子为净利润

11. 下列各项中，属于影响毛利率变化的外部因素的是（　　）。

A. 产品质量　　B. 成本水平

C. 市场售价　　D. 产品结构

E. 销售策略

12. 在杜邦分析体系中，综合性最强的财务比率是（　　）。

A. 总资产报酬率　　B. 资产周转率

C. 销售净利率　　D. 权益乘数

E. 股东权益报酬率

13. 下列说法中正确的是（　　）。

A. 根据当期利润表计算的营业利润率可以反映企业经营活动的真实盈利能力

B. 相比营业利润率，核心利润率更能反映企业经营活动的盈利能力

C. 总资产报酬率的分子不包括利息费用

D. 总营业费用率的分子包括利息费用

E. 经营资产报酬率反映了经营资产产生现金的能力

14. 下列指标中，最受信用政策影响的是（　　）。

A. 经营资产周转率　　B. 存货周转率

C. 应收账款周转率　　D. 固定资产周转率

E. 总资产周转率

15. 假设其他条件不变，下列计算方法的改变会导致平均收账期增加的是（　　）。

A. 从使用赊销净额改为使用营业收入计算

B. 从使用包含增值税额的应收账款平均余额改为使用不包含增值税额的应收账款平均余额计算

C. 从使用应收账款全年日平均余额改为使用应收账款旺季日平均余额计算

D. 从使用应收账款核销坏账损失前的平均余额改为使用应收账款已核销坏账损失后的平均余额计算

E. 以应收账款替代应收款项计算

16. 甲公司的生产经营存在季节性，每年的 4～11 月是生产经营淡季，12 月到次年 3 年为生产经营旺季，如果使用应收账款年初余额和年末余额的平均数计算应收账款周转次数，下列说法中正确的是（　　）。

A. 会低估应收账款周转速度（或周转率，下同）

B. 会高估应收账款周转速度

C. 正确反映应收账款周转速度

D. 对应收账款周转速度的影响取决于公司所处行业

E. 无法判断对应收账款周转速度的影响

17. 某公司 2021 年年初和年末应收账款分别为 4 000 万元和 5 000 万元，应收账款周转率为 4 次/年，2022 年年末应收账款比 2021 年年初减少 20%，2022 年营业收入增加 20%，2022 年应收账款周转率为（　　）次/年。

A. 4　　　　B. 5.27

C. 5.8　　　　D. 6

E. 6.5

18. 下列有关公司营运能力指标的说法中，正确的是（　　）。

A. 公司应收票据（包括应收款项融资）项目平均规模较大时，应采用应收款项周转率

B. 计算应收账款周转率时，不需要还原增值税额

C. 计算固定资产周转率时，固定资产应采用净值

D. 存货周转率越大越好

E. 任何情况下均可计算总资产周转率来全面分析企业资金整体利用效率

19. 甲公司 2022 年营业收入为 5 000 万元，其中赊销比例为 70%，年初应收

账款净额为200万元，坏账准备为30万元，年末应收账款净额为400万元，坏账准备为50万元，一年按365天计算，则甲公司平均收账期为（　　）天。

A. 24.81　　B. 26

C. 31.28　　D. 30

E. 35.47

20. 下列说法中正确的是（　　）。

A. 企业偿债能力分析时不需要考虑资产质量

B. 现金流量方面的信息，只对分析企业偿债能力有用

C. 对企业资本结构进行分析，只关注有关成本和风险方面的信息即可

D. 考察企业盈利能力，仅分析盈利能力相关财务指标即可

E. 将项目质量分析法与传统的财务比率分析加以结合，更有利于对企业实际财务状况质量做出客观评价

三、多项选择题

1. 下列说法中正确的有（　　）。

A. 趋势分析法需要将两期或连续数期的相同指标进行比较

B. 结构分析法仅用于静态结构分析

C. 基期标准是企业预先确定的比较标准

D. 项目质量分析法可以弥补比率分析法“一刀切”式的判断标准的不足

E. 比率分析法是进行财务报表分析时适用最广泛的方法

2. 下列属于企业内部非对外公开信息的有（　　）。

A. 财务报告　　B. 财务预算

C. 市场信息　　D. 企业成本构成

E. 行业发展信息

3. 债权人进行财务报表分析的目的通常包括（　　）。

A. 是否为企业提供信用　　B. 提供多少额度的信用

C. 是否需要提前收回债权　　D. 是否进行投资

E. 能够收到多少投资回报

4. 最常用的财务报表分析方法包括（　　）。

A. 单个年度的财务比率分析

B. 公司不同时期的财务报表比较分析

C. 与同行业其他公司之间的财务指标比较分析

D. 与其他行业公司之间的财务指标比较分析

E. 所有年度的财务比率分析

5. 造成流动比率不能正确反映偿债能力的原因有（　　）。

A. 季节性经营的企业，销售不均衡

B. 其他应收款中包含大量与子公司的往来款项

C. 年末销售大幅上升或下降

D. 货币资金中包含大量不可用于直接支付的现金

E. 忽视管理者为偿还借款采取办法的能力

6. 在其他条件不变的情况下，下列各项关于经济业务对财务指标的影响的表述中，错误的有（　　）。

A. 用银行存款支付股利会导致销售净利率下降

B. 用银行存款支付采购款会导致总资产报酬率下降

C. 用银行存款采购设备会导致总资产周转次数下降

D. 发行债券会导致权益乘数降低

E. 发放股票股利不影响企业资产负债率

7. 根据杜邦分析法，下列说法中正确的有（　　）。

A. 实施差异化战略的企业通常有较高的销售利润率

B. 实施差异化战略的企业通常有较高的资产周转率

C. 实施成本领先战略的企业通常有较高的销售利润率

D. 实施成本领先战略的企业通常有较高的资产周转率

E. 实施成本领先战略的企业通常有较低的资产周转率

8. 下列有关财务比率分析的表述中，正确的有（　　）。

A. 两家企业本期营业收入、存货平均余额相同，但毛利率不同，若不考虑其他因素，可以认为毛利率高的企业存货周转率较高

B. 两家企业本期营业收入、存货平均余额相同，但毛利率不同，若不考虑其他因素，可以认为毛利率高的企业存货周转率较低

C. 两家企业本期营业收入、存货平均余额相同，但毛利率不同，若不考虑其他因素，可以认为毛利率低的企业存货周转天数较长

D. 总资产周转天数与上年相比增加了 50 天，若流动资产周转天数增加了 30 天，则非流动资产周转天数必然增加 20 天

E. 总资产周转天数与上年相比增加了50天，若流动资产周转天数增加了30天，则非流动资产周转天数必然增加80天

9. 企业项目质量分析主要包括（　　）。

A. 资产质量分析　　B. 资本结构质量分析

C. 利润质量分析　　D. 现金流质量分析

E. 财务状况整体质量评价

10. 财务报表分析的基本方法包括（　　）。

A. 结构分析法　　B. 趋势分析法

C. 比率分析法　　D. 项目质量分析法

E. 比较分析法

四、案例分析题

美的集团股份有限公司（000333）2021年度报告中的部分信息如下（单位：千元）：

1. 资产负债表（见表2-1）。

表2-1　资产负债表

报告期	2021-12-31	2021-12-31	2020-12-31	2020-12-31
报表类型	合并财务报表	母公司财务报表	合并财务报表	母公司财务报表
流动资产				
货币资金	71 875 556	48 153 997	81 210 482	49 240 180
交易性金融资产	5 879 202	3 442 317	28 239 601	16 614 658
衍生金融资产	545 865	157 501	420 494	
应收票据	4 784 914		5 304 510	
应收账款	24 636 440		22 978 363	
应收款项融资	10 273 552		13 901 856	
预付款项	4 352 807	106 838	2 763 710	45 306
合同资产	3 823 476		3 236 848	
发放贷款和垫款	20 656 600		16 469 069	
其他应收款	3 104 065	31 447 849	2 973 945	28 318 670
存货	45 924 439		31 076 529	
一年内到期的非流动资产	19 851 577	19 095 262		

续表

报告期	2021-12-31	2021-12-31	2020-12-31	2020-12-31
报表类型	合并财务报表	母公司财务报表	合并财务报表	母公司财务报表
其他流动资产	33 156 012	11 713 182	33 079 918	20 533 745
流动资产合计	248 864 505	114 116 946	241 655 325	114 752 559
非流动资产				
其他债权投资	7 893 935	6 034 563	21 456 155	20 064 155
长期应收款	871 356		981 623	
发放贷款和垫款	851 927		1 113 501	
长期股权投资	3 796 705	66 805 691	2 901 337	54 991 161
其他权益工具投资	45 747		46 651	
其他非流动金融资产	5 912 873	537 214	3 360 849	80 937
投资性房地产	859 195	428 460	405 559	476 839
固定资产	22 852 848	661 692	22 239 214	749 835
在建工程	2 690 930	800 243	1 477 302	204 304
使用权资产	2 297 354	2 585		
无形资产	17 173 072	669 158	15 422 393	684 997
商誉	27 874 752		29 557 218	
长期待摊费用	1 394 240	79 799	1 300 962	97 078
递延所得税资产	8 192 309	289 964	7 208 635	287 360
其他非流动资产	36 374 356	33 023 304	11 255 879	10 141 031
非流动资产合计	139 081 599	109 332 673	118 727 278	87 777 697
资产总计	387 946 104	223 449 619	360 382 603	202 530 256
负债和股东权益				
流动负债				
短期借款	5 381 623		9 943 929	799 314
向中央银行借款	178 878			
吸收存款及同业存放	78 180		87 535	
衍生金融负债	157 602		161 225	
应付票据	32 752 007		28 249 939	
应付账款	65 983 559		53 930 261	
合同负债	23 916 595		18 400 922	
应付职工薪酬	7 535 168	420 536	6 954 822	562 954

续表

报告期	2021－12－31	2021－12－31	2020－12－31	2020－12－31
报表类型	合并财务报表	母公司财务报表	合并财务报表	母公司财务报表
应交税费	5 404 267	1 184 813	5 758 058	1 326 219
其他应付款	4 288 104	151 450 555	4 501 391	123 120 354
一年内到期的非流动负债	28 947 540	92 647	6 310 181	4 000 000
其他流动负债	48 227 953	35 932	49 852 239	3 048 794
流动负债合计	222 851 476	153 184 483	184 150 502	132 857 635
非流动负债				
长期借款	19 734 020	12 509 900	42 827 287	5 800 000
租赁负债	1 533 552			
长期应付款			13 260	
预计负债	310 571		298 110	
递延收益	1 228 459	154 015	779 729	
长期应付职工薪酬	1 825 016		2 159 675	
递延所得税负债	4 950 245	17 028	5 223 954	67 792
其他非流动负债	687 689		692 986	
非流动负债合计	30 269 552	12 680 943	51 995 001	5 867 792
负债合计	253 121 028	165 865 426	236 145 503	138 725 427
股东权益				
股本	6 986 564	6 986 564	7 029 976	7 029 976
资本公积	20 516 930	27 105 153	22 488 105	29 123 547
减：库存股	—14 044 550	—14 044 550	—6 094 347	—6 094 347
其他综合收益	—1 758 948	—7 295	—1 549 003	—16 009
一般风险准备	719 922		587 984	
专项储备	15 542		12 730	
盈余公积	9 449 901	9 449 901	7 966 362	7 966 362
未分配利润	102 982 763	28 094 420	87 074 453	25 795 300
归属于母公司股东权益合计	124 868 124	57 584 193	117 516 260	63 804 829
少数股东权益	9 956 952		6 720 840	
股东权益合计	134 825 076	57 584 193	124 237 100	63 804 829
负债和股东权益总计	387 946 104	223 449 619	360 382 603	202 530 256

2. 利润表（见表 2－2）。

表 2－2 利润表

报告期	2021 年度	2021 年度	2020 年度	2020 年度
报表类型	合并财务报表	母公司财务报表	合并财务报表	母公司财务报表
营业收入	341 233 208	1 865 278	284 221 249	1 852 312
营业成本	－264 525 999	－58 510	－216 798 413	－51 350
税金及附加	－1 609 384	－48 126	－1 533 646	－32 546
销售费用	－28 647 344	0	－23 563 455	0
管理费用	－10 266 283	－684 794	－9 264 148	－701 711
研发费用	－12 014 907	0	－10 118 667	0
财务收入	4 386 111	2 107 914	2 638 032	1 421 019
其中：利息费用	－1 357 564	－2 257 440	－1 305 591	－1 903 866
利息收入	5 181 658	4 397 266	3 663 028	3 352 633
加：其他收益	1 307 504	280 318	1 424 090	369 889
投资收益	2 365 773	12 462 103	2 362 462	12 578 455
公允价值变动损益	－166 406	－203 057	1 762 950	108 605
资产减值损失	－483 420	0	－705 209	0
信用减值损失	－383 451	－127 693	－247 605	－6 340
资产处置收益	58 257	－272	－60 523	146
营业利润	33 281 195	15 593 161	31 493 457	15 538 479
加：营业外收入	624 744	31 358	384 986	102 429
减：营业外支出	－188 395	－48 783	－214 904	－116 120
利润总额	33 717 544	15 575 736	31 663 539	15 524 788
减：所得税费用	－4 702 168	－740 348	－4 156 997	－337 750
净利润	29 015 376	14 835 388	27 506 542	15 187 038
持续经营净利润	29 015 376	14 835 388	27 506 542	15 187 038
终止经营净利润	0	0	0	0
减：少数股东损益	441 726	0	283 573	0
归属于母公司股东的净利润	28 573 650	14 835 388	27 222 969	15 187 038

3. 现金流量表（见表2-3）。

表2-3 现金流量表

报告期	2021年度	2021年度	2020年度	2020年度
报表类型	合并财务报表	母公司财务报表	合并财务报表	母公司财务报表
一、经营活动产生的现金流量				
销售商品、提供劳务收到的现金	310 489 824		240 052 501	
吸收存款和同业存放款项净增加额			25 058	
存放中央银行款项净减少额	1 287 927			
向中央银行借款净增加额	178 878			
收取利息、手续费及佣金的现金	1 889 716		1 381 851	
收到的税费返还	9 968 330		6 574 762	
收到其他与经营活动有关的现金	6 600 822	31 451 132	4 950 874	21 491 325
经营活动现金流入小计	330 415 497	31 451 132	252 985 046	21 491 325
购买商品、接受劳务支付的现金	−209 216 044		−139 660 744	
发放贷款和垫款净增加额	−4 062 432		−6 078 053	
吸收存款和同业存放款项净减少额	−9 355			
存放中央银行款项净增加额			−1 274 496	
支付利息、手续费及佣金的现金	−101 110		−113 517	
支付给职工以及为职工支付的现金	−32 095 846	−32 879	−28 460 318	−72 404
支付的各项税费	−15 613 276	−453 861	−13 407 607	−342 190
支付其他与经营活动有关的现金	−34 225 730	−3 996 431	−34 433 194	−10 178 648
经营活动现金流出小计	−295 323 793	−4 483 171	−223 427 929	−10 593 242
经营活动产生的现金流量净额	35 091 704	26 967 961	29 557 117	10 898 083
二、投资活动产生/（使用）的现金流量				
收回投资收到的现金	121 628 148	59 767 847	141 821 724	103 460 300
取得投资收益所收到的现金	5 648 277	14 887 506	4 874 990	15 565 104
处置固定资产、无形资产和其他长期资产收回的现金净额	336 186	86	273 544	255
处置子公司及其他营业单位收到的现金净额	188 490	8 326	42 398	13 000
投资活动现金流入小计	127 801 101	74 663 765	147 012 656	119 038 659
购建固定资产、无形资产和其他长期资产支付的现金	−6 825 357	−752 937	−4 656 582	−187 723

续表

报告期	2021 年度	2021 年度	2020 年度	2020 年度
报表类型	合并财务报表	母公司财务报表	合并财务报表	母公司财务报表
投资支付的现金	−105 347 246	−68 932 311	−176 621 347	−117 386 281
取得子公司及其他营业单位支付的现金净额	−2 028 912		−1 045 390	
投资活动现金流出小计	−114 201 515	−69 685 248	−182 323 319	−117 574 004
投资活动产生/(使用）的现金流量净额	13 599 586	4 978 517	−35 310 663	1 464 655
三、筹资活动使用的现金流量				
吸收投资收到的现金	1 550 951	1 487 792	2 657 489	2542556
其中：子公司吸收少数股东投资收到的现金	63 159		114 933	
取得借款收到的现金	16 033 803	6 800 000	18 070 961	6 599 314
发行短期融资券收到的现金	2 999 629	2 999 629	33 998 238	33 998 238
收到其他与筹资活动有关的现金	560 838		22 725	
筹资活动现金流入小计	21 145 221	11 287 421	54 749 413	43 140 108
偿还债务支付的现金	−18 225 351	−4 799 414	−8 354 338	−4 550 064
兑付短期融资券支付的现金	−6 000 000	−6 000 000	−31 000 000	−31 000 000
分配股利、利润或偿付利息支付的现金	−12 894 125	−13 261 677	−12 822 636	−12 831 949
其中：子公司支付给少数股东的股利、利润	−426 947		−425 461	
支付其他与筹资活动有关的现金	−15 230 284	−13 810 829	−3 328 734	−2 934 420
筹资活动现金流出小计	−52 349 760	−37 871 920	−55 505 708	−51 316 433
筹资活动使用的现金流量净额	−31 204 539	−26 584 499	−756 295	−8 176 325
四、汇率变动对现金及现金等价物的影响	−485 220		−383 411	
五、现金及现金等价物净增加/(减少）额	17 001 531	5 361 979	−6 893 252	4 186 413
加：年初现金及现金等价物余额	23 548 508	16 595 063	30 441 760	12 408 650
六、年末现金及现金等价物余额	40 550 039	21 957 042	23 548 508	16 595 063

4. 企业从事业务。

美的集团股份有限公司的主要业务包括家用空调、中央空调、供暖及通风系统、厨房家电、冰箱、洗衣机、各类小家电、机器人及自动化系统业务；其他业务包括智能供应链、家电原材料销售、批发及加工业务，以及吸收存款、同业拆借、消费信贷、买方信贷及融资租赁等金融业务。

在分析过程中如有必要，可参阅美的集团（000333）2021年度报告。

要求：

1. 以合并财务报表数据为基础，通过计算对企业年度间的变化趋势进行比较分析。

2. 以合并财务报表数据为基础，通过计算对企业主要资产项目在资产结构中的比重进行分析。

3. 分别以合并财务报表数据和母公司财务报表数据为基础，计算如下比率（仅与资产负债表有关的比率，用2021年12月31日的数据计算；仅与利润表有关的比率，用2021年的数据计算；涉及资产负债表与利润表的比率，资产负债表数据用2021年平均数，利润表数据用2021年的数据；涉及利润表和现金流量表的比率，均用2021年的数据。作为开始阶段，本案例计算目的在于熟悉基本财务比率，所有计算可以只用表中数据）：

（1）流动比率；

（2）资产负债率；

（3）资产金融负债率；

（4）应收款项周转率；

（5）存货周转率；

（6）固定资产周转率；

（7）总资产周转率；

（8）经营资产周转率；

（9）毛利率；

（10）总资产报酬率；

（11）经营资产报酬率；

（12）股东权益报酬率；

（13）核心利润率；

（14）核心利润获现率；

（15）投资收益获现率。

4. 以合并财务报表数据为基础，如果试图进一步采用项目质量分析法进行分析，你将选择哪些项目作为分析对象？

第 3 节　补充练习题答案及案例分析提示

一、判断题

1. ×	2. √	3. ×	4. ×	5. √
6. √	7. √	8. √	9. √	10. √
11. √	12. √	13. √	14. ×	15. √
16. √	17. ×	18. ×	19. ×	20. ×
21. √	22. √	23. √	24. ×	25. ×

二、单项选择题

1. C	2. A	3. D	4. A	5. C
6. D	7. E	8. D	9. E	10. A
11. C	12. E	13. B	14. C	15. C
16. A	17. B	18. A	19. E	20. E

三、多项选择题

1. ADE	2. BD	3. ABC	4. ABC	5. ABCDE
6. ABCD	7. AD	8. BD	9. ABCDE	10. ABCDE

四、案例分析提示

美的集团 2021 年相关财务比率分析

1. 以合并财务报表数据为基础，通过计算对企业年度间的变化趋势进行比较分析。

美的集团 2021 年营业收入为 3 412.33 亿元，较 2020 年上涨 20.06%，但因主要原材料、人工、能源等成本上升等导致营业成本为 2 645.26 亿元，较上年上涨 22.01%，进而导致毛利率增加 13.77%；销售费用较上年增加 21.58%，管理费用增加 10.82%，研发费用增加 18.74%，利息收入增加 17.48 亿元，导致财务收入变化较大，相比上年增加 66.26%，由于衍生金融资产及负债之外的其他金融资产价值波动，导致公允价值变动损益较上年减少 19.29 亿元，其他项目相对变化不大；公司最终利润总额增加 20.54 亿元，增幅为 6.49%；归属于上市公司股东的净利润为 285.74 亿元，较上年增长 4.96%。

公司 2021 年销售商品、提供劳务收到的现金较上年增加 704.37 亿元，涨幅为 29.34%，而购买商品、接受劳务支付的现金增加 695.55 亿元，涨幅为 49.80%，支付给职工以及为职工支付的现金增加 12.77%，发放贷款和垫款减少 33.16%，最终经营活动产生的现金流量净额增加 18.73%；公司 2021 年投资活动产生的现金流量净额为 136 亿元（流入大于流出），较上年多留出了 489.1 亿元，主要是由于收回投资收到的现金较上年减少 201.94 亿元，购建固定资产、无形资产和其他长期资产支付的现金较上年减少 21.69 亿元，（对外）投资支付的现金较上年减少 712.74 亿元；筹资活动产生的现金流量净额较上年减少 304.48 亿元，主要是因发行短期融资券收到的现金减少 309.99 亿元，偿还债务支付的现金减少 98.71 亿元。

公司 2021 年资产总额增加 275.64 亿元，增幅为 7.65%，其中仅存货一项就增加近 148.48 亿元，然而货币资金较上年减少 93.35 亿元，交易性金融资产变动更为剧烈，减少 223.60 亿元；负债总额较上一年增加 169.76 亿元，其中短期借款减少 45.62 亿元，应付票据增加 45.02 亿元，应付账款增加 120.53 亿元，合同负债增加 55.16 亿元，一年内到期的非流动负债增加 226.37 亿元，长期借款减少 230.93 亿元，其他项目规模变化不大。

公司 2021 年股本减少 0.43 亿元，资本公积减少 19.71 亿元，盈余公积增加 14.84 亿元，未分配利润增加 159.08 亿元，归属于上市公司股东的所有者权益增加 73.52 亿元。

2. 以合并财务报表数据为基础，通过计算对企业主要资产项目在资产结构中的比重进行分析（见表 2-4）。

表 2-4　美的集团主要资产项目在资产结构中的比重及增减变动

项目	2021 年 12 月 31 日		2020 年 12 月 31 日		比重增减（%）	本年比上年增减比率（%）
	金额（亿元）	占总资产比重（%）	金额（亿元）	占总资产比重（%）		
货币资金	718.76	18.53	812.10	22.53	−4.01	−11.49
交易性金融资产	58.79	1.52	282.40	7.84	−6.32	−79.18
衍生金融资产	5.46	0.14	4.20	0.12	0.02	29.82
应收票据	47.85	1.23	53.05	1.47	−0.24	−9.80
应收账款	246.36	6.35	229.78	6.38	−0.03	7.22
应收款项融资	102.74	2.65	139.02	3.86	−1.21	−26.10
预付款项	43.53	1.12	27.64	0.77	0.36	57.50

续表

项目	2021 年 12 月 31 日		2020 年 12 月 31 日		比重增减（%）	本年比上年增减比率（%）
	金额（亿元）	占总资产比重（%）	金额（亿元）	占总资产比重（%）		
合同资产	38.23	0.99	32.37	0.90	0.09	18.12
发放贷款和垫款	206.57	5.32	164.69	4.57	0.75	25.43
其他应收款	31.04	0.80	29.74	0.83	−0.03	4.38
存货	459.24	11.84	310.77	8.62	3.21	47.78
一年内到期的非流动资产	198.52	5.12		0.00	5.12	
其他流动资产	331.56	8.55	330.80	9.18	−0.63	0.23
其他债权投资	78.94	2.03	214.56	5.95	−3.92	−63.21
长期应收款	8.71	0.22	9.82	0.27	−0.05	−11.23
发放贷款和垫款	8.52	0.22	11.14	0.31	−0.09	−23.49
长期股权投资	37.97	0.98	29.01	0.81	0.17	30.86
其他权益工具投资	0.46	0.01	0.47	0.01	0.00	−1.94
其他非流动金融资产	59.13	1.52	33.61	0.93	0.59	75.93
投资性房地产	8.59	0.22	4.06	0.11	0.11	111.85
固定资产	228.53	5.89	222.39	6.17	−0.28	2.76
在建工程	26.91	0.69	14.77	0.41	0.28	82.15
使用权资产	22.97	0.59		0.00	0.59	
无形资产	171.73	4.43	154.22	4.28	0.15	11.35
商誉	278.75	7.19	295.57	8.20	−1.02	−5.69
长期待摊费用	13.94	0.36	13.01	0.36	0.00	7.17
递延所得税资产	81.92	2.11	72.09	2.00	0.11	13.65
其他非流动资产	363.74	9.38	112.56	3.12	6.25	223.16

通过分别计算 2020 年和 2021 年不同资产项目在资产结构中的比重及其年度间的变化率（如表 2-4 所示），根据重要性原则和例外原则，可以找出美的集团资产项目中的重大项目和异动项目，从而为进一步进行项目质量分析提供了分析依据，这样可以大大提高分析效率。美的集团的资产结构显示，2021 年流动资产在总资产中的占比达到 64%，其中货币资金、存货、应收账款、发放贷款和垫款四个项目占比较大，分别为 18.53%、11.84%、6.53%和 5.32%。此外，固定资产和商誉在总资产中所占比重分别为 5.89%、7.19%，这几个项目应为公司的重要资产项目；货币资金、交易性金融资产、存货、一年内到期的非流动资产、其他债权投资等项目的比重变动超过了 1%，而从项目金额的变动幅度来看，交易性金融资产、衍生金融资产、应收款项融资、预付款项、其他债权投资、长期股权投

资、在建工程等项目的变动率均超过了 20%，应为公司资产中的异动项目。上述重要项目和异动项目应成为项目质量分析中所关注的重点项目加以详细分析。

3. 计算比率。

以 2021 年合并财务报表数据为基础，各财务指标计算结果如表 2-5 所示。

表 2-5

比率名称	计算公式	分子	分母	比率（值）
流动比率（倍）	流动资产/流动负债	248 864 505	222 851 476	1.12
资产负债率（%）	负债总额/资产总额×100%	253 121 028	387 946 104	65.25
资产金融负债率（%）	金融负债/资产总额×100%	5 381 623+28 947 540+19 734 020+1 533 552=55 596 735	387 946 104	14.33
应收款项周转率（次）	营业收入/平均应收款项	341 233 208	(25 495 619+23 854 936+4 784 914+5 304 510+10 273 552+13 901 856)/2=41 807 693.5	8.16
存货周转率（存货）（次）	营业成本/平均存货	264 525 999	(45 924 439+31 076 529)/2=38 500 484	6.87
固定资产周转率（次）	营业收入/平均固定资产原值（见附注） 营业收入/平均固定资产（账面价值）	341 233 208	(49 877 675+47 114 680)/2=48 496 177.5 (22 852 848+22 239 214)/2=22 546 031	7.04 15.13
总资产周转率（次）	营业收入/平均资产总额	341 233 208	(387 946 104+36 038 2603)/2=374 164 353.5	0.91
经营资产周转率（次）	营业收入/平均经营资产	341 233 208	(387946 104−71 875 556−5 879 202−545 865−3 104 065−19 851 577−33 156 012−7 893 935−871 356−3 796 705−45 747−5 912 873−36 374 356+360 382 603−81 210 482−28 239 601−420 494−2 973 945−33 079 918−21 456 155−981 623−2 901 337−46 651−3 360 849−11 255 879)/2=186 547 262	1.83

续表

比率名称	计算公式	分子	分母	比率（值）
毛利率（%）	毛利/营业收入×100%	341 233 208−264 525 999=76 707 209	341 233 208	22.48
总资产报酬率（%）	息税前利润/平均资产总额×100%	33 717 544+1 357 564=35 075 108	374 164 353.5	9.37
经营资产报酬率（%）	核心利润/平均经营资产×100%	24 119 231	186 547 262	12.93
股东权益报酬率（%）	净利润/平均股东权益总额×100%	28 573 650	(124 868 124+117 516 260)/2=121 192 192	23.58
核心利润率（%）	核心利润/营业收入×100%	341 233 208−26 452 5999−1 609 384−28 647 344−10 266 283−12 014 907−1 357 564+1 307 504=24 119 231	341 233 208	7.07
核心利润获现率（%）	经营活动现金净流量/核心利润×100%	35 091 704	24 119 231	145.49
投资收益获现率	取得投资收益收到的现金/投资收益	5 648 277	2 365 773	2.39

以 2021 年母公司财务报表数据为基础，各财务指标计算结果如表 2－6 所示。

表 2－6

比率名称	计算公式	分子	分母	比率（值）
流动比率（倍）	流动资产/流动负债	114 116 946	153 184 483	0.74
资产负债率（%）	负债总额/资产总额×100%	165 865 426	223 449 619	74.23
资产金融负债率（%）	金融负债/资产总额×100%	92 647+12 509 900=12 602 547	223 449 619	5.64
应收款项周转率（次）	营业收入/平均应收款项	1 865 278	0	
存货周转率（存货）（次）	营业成本/平均存货	58 510	0	
固定资产周转率（次）	营业收入/平均固定资产（账面价值）	1 865 278	(661 692+749 835)/2=705 763.5	2.64

续表

比率名称	计算公式	分子	分母	比率（值）
总资产周转率（次）	营业收入/平均资产总额	1 865 278	(223 449 619＋202 530 256)/2＝212 989 937.5	0.01
经营资产周转率（次）	营业收入/平均经营资产	1 865 278	(223 449 619－48 153 997－3 442 317－157 501－31 447 849－19 095 262－11 713 182－6 034 563－66 805 691－537 214－33 023 304＋202 530 256－49 240 180－16 614 658－28 318 670－20 533 745－20 064 155－54 991 161－80 937－10 141 031)/2＝2 792 229	0.67
毛利率（%）	毛利/营业收入×100%	1 865 278－58 510＝1 806 768	1 865 278	96.86
总资产报酬率（%）	息税前利润/平均资产总额×100%	15 575 736＋2 257 440＝17 833 176	212 989 937.5	8.37
经营资产报酬率（%）	核心利润/平均经营资产×100%	－903 274	2 792 229	－32.35
股东权益报酬率（%）	净利润/平均股东权益总额×100%	14 835 388	(57 584 193＋63 804 829)/2＝60 694 511	24.44
核心利润率（%）	核心利润/营业收入×100%	1 865 278－58 510－48 126－684 794－2 257 440＋280 318＝－903 274	1 865 278	－48.43
核心利润获现率（%）	经营活动现金净流量/核心利润×100%	26 967 961	－903 274	－2 985.58
投资收益获现率	取得投资收益收到的现金/投资收益	14 887 506	12 462 103	1.19

4. 以合并财务报表数据为基础，如果试图进一步采用项目质量分析法进行分析，你将选择哪些项目作为分析对象？

根据重要性原则和例外原则，可以找出美的集团资产项目中的重大项目和异动项目，作为项目质量分析中所关注的重点项目加以详细分析。美的集团的重点项目包括货币资金、存货、应收账款、发放贷款和垫款、固定资产和商誉等，异动项目包括货币资金、交易性金融资产、存货、一年内到期的非流动资产、其他债权投资、衍生金融资产、应收款项融资、预付款项、长期股权投资、在建工程等。

第 4 节　教材关键术语和思考题参考答案

一、关键术语解释

1. 结构分析法：又称为垂直分析法、纵向分析法或者共同比分析法。它是以财务报表中的某个总体指标作为 100%，再计算出其各组成项目占该总体指标的百分比，从而比较各个项目百分比的增减变动，揭示各个项目的相对地位和总体结构关系，判断有关财务活动的变化趋势。

2. 趋势分析法：又称为水平分析法或者横向分析法。它是将两期或连续数期的财务报表中的相同指标进行对比，确定其增减变动的方向、数额和幅度，以说明企业财务状况和经营成果的变动趋势的一种方法。

3. 比率分析法：是把某些彼此存在关联的项目加以对比，计算出比率，据以确定经济活动变动程度的分析方法。由于比率是相对数，采用这种方法，能够把某些条件下的不可比指标变为可以比较的指标，将复杂的财务信息简化，以利于分析。它揭示了报告内各有关项目（有时还包括表外项目，如附注中的项目）之间的相关性，产生了许多在决策中有用的新信息。

4. 比较分析法：是通过比较不同的数据，发现规律性的东西并找出与被比较对象的差别的一种分析法，比较形式可以是本期实际与计划或定额指标的比较、本期实际与以前各期的比较，可以了解企业经济活动的变动情况和变动趋势；也可以是企业相关项目和指标与国内外同行业平均水平或者先进水平的比较。

5. 项目质量分析法：项目质量分析法就是利用报表附注和其他相关非财务信息，根据所分析项目的自身特征和管理要求，结合企业具体经营战略和经营环境等内外部因素，通过对项目规模、结构以及状态等方面进行分析，来对其质量进行评价。概括起来说，可以从企业的资产质量、资本结构质量、利润质量以及现金流量质量等几个方面分别进行项目质量分析，在此基础上对企业整体的财务状况质量做出判断。这种方法是基于“业财融合”理念，将财务报表分析融入战略选择、业务活动和管理模式等企业具体的场景，从而使每项财务数据和每个财务指标因与企业诸多主客观个性化因素相连而变得鲜活并富有实际意义。项目质量分析法可以在相当程度上弥补比率分析法中对各个财务指标“一刀切”式的判断标准的不足，将这两种分析方法恰当地结合，能够产生较好的分析效果。

二、思考题参考答案

1. 几种传统的财务报表分析方法各自的基本特点和优势是什么？

决策依赖于评价，而评价则建立在比较（或对比）的基础上。究其本质，企业财务报表分析就是通过比较来发现问题，进而分析问题，从而有助于解决问题。所以企业财务报表分析的灵魂在于比较。

一般来说，根据比较的对象不同，财务报表分析可以使用多种分析方法。企业某一年度的财务报表数据，可以在同一类项目之间进行对比，用以考察该项目在该类项目中所占比重，这种方法通常称为结构分析法；也可以在相互联系的不同类项目之间进行对比，用以揭示相互之间的依存关系和基本状况，这种方法就是最为常用的比率分析法；还可以将各项目该年数据与历史年度数据进行对比，用以寻找其变化规律、预测发展趋势，这种方法就是所谓的趋势分析法；更可以将各项目数据与同行业先进水平、平均水平甚至竞争对手的相关数据进行对比，用以判断该企业在行业内的竞争优势和相对地位，这便构成了比较分析法的基本内容。

结构分析法又称垂直分析法、纵向分析法或者共同比分析法。它以财务报表中的某个总体指标作为100%，计算出各组成项目占该总体指标的百分比，从而比较各个项目百分比的增减变动，揭示各个项目的相对地位和总体结构关系，以便分析比较同一报表内各项目变动的适当性，判断有关财务活动的变化趋势。因此，结构分析法既可用于静态的结构分析，也可用于动态的趋势分析。

趋势分析法又称水平分析法或者横向分析法。它是将两期或连续数期的财务报表中的相同指标进行对比，确定其增减变动的方向、数额和幅度，以说明企业财务状况和经营成果的变动趋势的一种方法。趋势分析的目的在于：(1) 确定引起财务状况与经营成果变动的主要项目；(2) 确定变动趋势的性质是否有利；(3) 预测将来的发展趋势。

比率分析法是把某些彼此存在关联的项目加以对比，计算出比率，据以确定经济活动变动程度的分析方法。其作用为：(1) 由于比率是相对数，采用这种方法能够把某些条件下的不可比指标变为可以比较的指标，将复杂的财务信息简化，以利于分析；(2) 它揭示了报告期内各有关项目（有时还包括表外项目，如附注中的项目）之间的相关性，产生了许多在决策中有用的新信息。

比较分析法是通过比较不同的数据，发现规律性的东西并找出与被比较对象的差别的一种分析法。用于比较的可以是绝对数，也可以是相对数，其主要作用在于揭示指标间客观存在的差距，并为进一步分析指明方向。比较形式可以是本期实际与以前各期的比较，可以是本期实际与计划或定额指标的比较，也可以是企业相关项目和指标与国内外同行业平均水平或者先进水平的比较。比较时要特别注意企业分析指标与比较标准之间的可比性，即与选择的比较标准在内容、期间、计算口径、计价基础、总体性质等各方面均应具有一致性。常用的比较标准有基期标准、预期标准、行业标准等。

2. 试举例说明（至少四个例子）常用的基本财务比率存在哪些问题，如何对它们加以改进。

（1）营业利润率。如果企业的营业利润与营业收入有关联的话，营业利润率是可以用来评价企业管理层的管理经营能力以及企业产品或者劳务在市场里的综合竞争力的，是对企业经营能力的直接评价。但必须注意的是，在过去二十余年的会计改革中，利润表上的“营业利润”已经面目全非了。在利润表上，形成营业利润的，既包括营业收入有关的营业成本、税金及附加、销售费用、管理费用、研发费用和利息费用等，也包括与企业的营业收入关联度较低或根本没有关联的投资收益、公允价值变动收益、资产处置收益和与政府补助直接相关的其他收益等内容。这就是说，改来改去的利润表，其“营业利润”的“营业”已经完全不是我们传统意义上的与“营业收入”相关联的“营业”概念了。因此，如果将利润表的营业利润直接与营业收入对比，在企业投资收益、公允价值变动收益、其他收益等占营业利润比重较大时，将会使该指标失去意义。为了解决上述分析问题，就需要创造一个新概念——核心利润。核心利润是指企业的毛利减去税金以及四项期间费用（销售费用、管理费用、研发费用、利息费用）后的余额（在由政府补助带来的其他收益与企业的经营活动直接相关时，也可以将其他收益包含在内）。核心利润反映了企业经营活动带来的经营成果的规模，而核心利润率是将核心利润与营业收入相对比，它可以反映出企业从事经营活动的直接经营成果。显而易见，核心利润率可以更准确地反映出企业经营活动的盈利能力。

（2）应收账款周转率。应收账款周转率是指在一定时期内应收账款转化为现金的平均次数，是衡量企业应收账款流动程度的常用指标。然而，在企业赊销过程中大比例采用商业汇票（如银行承兑汇票）进行结算的情况下，应收账款周转率往往会被夸大。为了弥补应收账款周转率在实际应用中存在的这种局限性和缺陷，本书设计了另外一个能够更为全面地反映企业应收款项周转情况的比率，即应收款项周转率。其计算公式为：应收款项周转率＝营业收入/平均应收款项，这里的应收款项也可以称为商业债权，包括应收票据、应收账款和应收款项融资，不包括应收利息、应收股利和其他应收款等债权。需要强调的是，利用上述公式进行分析，应注意：第一，该公式假设企业的预收款项（现计入合同负债项目）一般规模不大（因为预收款项也推动了企业的营业收入），在预收款项规模较大时，这个周转率也会被夸大；第二，应收账款应该用没有减除坏账准备以前的"原值"金额（因为企业真正周转和回收的不是净值，而是原值）；第三，考虑到比率分子与分母之间的一致性问题，在实施增值税的条件下，企业的营业收入还应该乘以（1＋增值税税率），这是因为应收票据、应收账款和应收款项融资这三项债权中包括增值税销项税额。

（3）总资产周转率。这个比率可以考察企业的全部资产与市场的关联度，能够在一定程度上反映企业资产推动收入的能力，反映企业管理层管理企业资产的综合能力。然而，企业的营业收入与非经营资产却毫无关系，并不能反映企业全部资产运用所产生的全部效果，因此，这一指标通常只有在经营主导型的企业中才适用。考虑到企业获取的营业收入是企业在自身经营活动中通过制定生产、营销、信用等各方面策略对各项经营资产进行通盘布局和综合运用所带来的结果，单独计算各个资产项目的周转率相对过于片面，因此，通过计算经营资产周转率来考察企业自身经营活动中的资金整体运用效率就显得更为全面和科学。也就是说，由于只有经营资产才能带来营业收入，创造核心利润，因此，通过经营资产周转率的计算，可以考察企业经营资产的周转效率，剔除投资资产的干扰，更加客观、直接地反映企业管理层在自身的经营活动中对资产运营效率的管理能力。

（4）总资产报酬率。总资产报酬率是财务报表分析中最为传统也是最为经典的财务指标之一，即人们在分析企业业绩时经常会提到的ROA，它反映企业利用全部资源所创造的全部经济效益。但由于企业的资产中经营资产和非经营资产往往获取回报的能力是不同的，利润中还可能会包含一些非经常性损益，因此只计算总资产报酬率并不能反映企业经营过程中真实的盈利能力。计算经营资产报酬率，则可以更为直接地反映出企业管理层利用经营资产在自身经营活动中创造价值的能力，采用该指标对企业经营活动的盈利能力进行考察更为合理。

（5）资产负债率。资产负债率等于负债总额除以资产总额，表示企业全部资金来源中有多少来源于举借债务。这个指标也被认为是衡量企业财务风险的主要指标。然而，将资产负债率作为衡量企业财务风险的指标具有较大的缺陷。这是因为，资产负债率没有区分具有极端重要意义的债务结构：企业的债务明显可以区分为经营负债（即由企业的经营规模和竞争优势决定的负债，包括应付票据、应付账款、预收款项、合同负债、应付职工薪酬和应交税费等项目）和金融负债（即企业的各类有息负债，包括短期借款、交易性金融负债、一年内到期的非流动负债、长期借款、应付债券、租赁负债等）。实际上，当企业具有较高的经营负债并能够持续发展的话，其较高的经营负债恰恰反映了企业的竞争优势。企业真正需要高度关注的应是较高的金融负债。因此，衡量企业有息负债偿还能力以及企业对有息负债依赖程度的比率——资产金融负债率（金融负债/资产总额×100%）更能反映企业真实的偿债压力和偿债能力。

3. 财务比率分析的局限性体现在哪些方面？

（1）一些财务比率本身具有一定的缺陷。尽管本书已经针对一些财务比率所存在的缺陷进行了更正或设计出新的比率，例如，鉴于资产负债率在度量企业财务风险方面存在的局限性，本书增加了资产金融负债率；鉴于应收票据、应收账款和应收款项融资之间的性质相关性，本书在应收账款周转率的基础上，进一步设计了应收款项周转率指标；鉴于企业的营业利润的“大杂烩”特性，本书增加了核心利润与核心利润率的内容，并讨论了销售净利率的不足；鉴于现金流量比率中存在的普遍问题，增加了核心利润获现率。但事实上，很多财务比率在分析应用时，其局限性是无法简单地通过对财务比率的改造而弥补的。

（2）单个比率不能全面反映企业的某一方面的能力。单个比率一般只是针对企业某个特定方面进行的分析，通常不能全面地说明问题，单个财务比率的高低，也只能反映某一单一被评价项目或方面的状态和水平。因此，要想对企业的偿债能力加以系统、全面的考察，在分析中还需要结合更多的财务比率，考虑更多的维度，借助更多的分析方法。

（3）母公司财务报表和合并财务报表的差异性决定了某些财务比率对于合并财务报表来说并不适用。在运用比率分析的过程中，应该特别注意母公司财务报表与合并财务报表的差异性问题。基于合并财务报表的“合并”或者“叠加”的特性，一些反映企业偿债能力和营运能力的财务比率（如流动比率、资产负债率、存货周转率、固定资产周转率、总资产周转率等）需要慎重运用。

4. 财务比率分析法在运用于合并财务报表和母公司财务报表时体现出哪些差

异性？如何理解这些财务比率的适用范围？

由于合并财务报表的“合并”或者“叠加”的特性，一些反映企业偿债能力和营运能力的财务比率（如流动比率、资产负债率、存货周转率、固定资产周转率、总资产周转率等）需要慎重运用。

（1）流动比率。对于任何特定企业，在计算其流动比率并结合对企业的流动资产结构与流动负债结构进行分析后，我们总能得出企业在营运资本管理方面的印象。但是，在合并财务报表条件下，再计算流动比率就不一定有意义了。在合并财务报表的条件下，母子公司之间的内部交易在编制过程中被抵消掉了，这也就意味着企业间鲜活的内部业务关联被剔除掉了。合并资产负债表的流动资产展示的是整个集团所有企业加在一起的对外商业债权（应收票据和应收账款），企业集团拥有的货币资金、存货，以及企业集团整体对外欠的贷款、货款、税金等。因此，合并资产负债表的流动资产和流动负债更多的是展示和罗列流动资产和流动负债，不再反映流动资产和流动负债之间的内在联系。

（2）资产负债率。资产负债率是企业负债总额与资产总额的比率，表示企业全部资金来源中有多少来自举借债务。这个指标作为衡量企业财务风险的主要指标，其前提条件为企业的资产是企业债务的物资保障。然而对于合并财务报表来说，合并资产和合并负债分别是母子公司各自的资产和负债在进行“抵消”处理后的总和，由于母子公司分别属于独立的法律主体，单独承担各自的法律责任，因此，在实际偿债过程中，既不能动用母公司的资产去偿还子公司的债务（有担保的情况除外），也不能动用子公司的资产去偿还母公司的债务。这样，就导致基于合并财务报表计算出来的资产负债率失去了其存在的合理意义，更无法揭示出整个企业集团实际面临的财务风险。

（3）存货周转率。个别企业的存货周转率是有意义的，它反映了企业存货在企业的停留时间和流动性。通常情况下，在产品有毛利时，往往存货周转越快，企业的毛利就越高。但是，在合并财务报表的条件下，存货数字是对整个集团母子公司的存货数字相加并剔除重复计算因素以后得到的数字。在母子公司的业务类型、存货的物理形态差异较大的情况下，合并存货与合并营业成本之间的关联度相对于个别财务报表来说可能完全不同。例如，在母公司属于制造业，子公司是金融业或者是房地产业的情况下，计算整个集团的存货周转率更是一件令人匪夷所思的事情。

（4）固定资产周转率。与存货周转率相类似，个别企业的固定资产周转率是有意义的，它反映了企业固定资产（原值）推动营业收入的能力。在产品有毛利的情况下，固定资产周转越快，往往企业的毛利越高。但是，在一些情况下基于合并财务报表计算的固定资产周转率是没有意义的。例如，当集团中个别企业是投资主导型企业的话，其固定资产周转率就通常没有什么意义。这是因为，此时的固定资产不是获得营业收入的手段，而是企业管理的物质基础。对固定资产的运用目的也不是用来产生营业收入，而是要获得投资收益。

（5）总资产周转率。与固定资产周转率相类似，个别企业的总资产周转率通常是有意义的，它反映了企业总资产推动营业收入的能力。在产品有毛利的情况下，企业总资产周转越快，往往企业的毛利就越高。当然，如果个别企业属于投资主导型企业，总资产周转率则会变得没有什么意义。但是，在合并财务报表的条件下，合并资产负债表上的资产数字是对整个集团母子公司的资产数字相加并剔除重复计算因素以后得到的数字。在母子公司的业务类型、资产的结构差异较大的情况下，合并资产项下的资产总额与利润表的营业收入之间的关联度也许会受到很大“干扰”甚至变得几乎没有直接关系，这便导致总资产周转率难以反映出整个集团资产的运营效率和经营运作的能力。

5. 项目质量分析法的特点是什么？如何将其与财务比率分析法加以结合以显示其优越性？该方法的基本分析理念和框架是什么？

项目质量分析法主要就是利用报表附注和其他相关非财务信息，根据所分析项目的自身特征和管理要求，结合企业具体经营战略和经营环境等内外部因素，通过对其规模、结构以及状态等方面进行分析，来对其质量进行评价。概括起来说，可以从企业的资产质量、资本结构质量、利润质量以及现金流量质量等几个方面分别进行项目质量分析，在此基础上对企业整体的财务状况质量做出判断。这种方法是基于“业财融合”理念，将财务报表分析融入战略选择、业务活动和管理模式等企业具体的场景，从而使每项财务数据和每个财务指标因与企业诸多主客观个性化因素相连而变得鲜活并富有实际意义。项目质量分析法可以在相当程度上弥补财务比率分析法中对各个财务指标“一刀切”式的判断标准的不足，将这两种分析方法加以恰当地结合，能够产生较好的分析效果。

在进行项目质量分析时，通常不需要面面俱到地对报表中的每个项目进行分析，可以根据重要性原则和例外原则，找出重大项目和异动项目，这样便于提高分析效率。对于每个企业来说，其重大项目和异动项目会因企业所处的行业、自身经营战略的选择，以及具体业务环境不同而有所不同，因此，每个企业在利用项目质量分析法进行分析时，需要分析的项目可能不同。这就意味着，项目质量分析法更像是为每个企业量身定做的个性化分析方案，而不是像财务比率分析法那样，对每个企业的财务状况都采用统一的一套财务指标体系进行衡量。项目质量分析法通常需要借助报表附注披露的内容以及一些表外信息开展分析。

分析者利用收集的上述信息，至少应该从以下几个方面进行加工、整理并得出相关结论，以对比率分析结论提供信息补充：

（1）各资产项目的实际质量。通过分析企业主要资产项目在周转性（是否真的可以及时变现）和保值性（可以把它理解为一个与减值相对的概念）等方面表现出来的特征，了解作为偿债物资保障的资产项目的实际质量，发现一些“外强中干”的不良资产，以进一步对企业偿债能力的评价提供有效支持。

（2）各负债项目的实际质量。通过分析企业负债的构成以及各主要负债项目的质量（即是否构成实际的偿付压力），针对企业的偿债能力得出一个更为真实的结论。

（3）现金流量质量。分析企业在现金流量方面所体现出来的质量信息，有助于进一步把握企业获取现金的能力和持续性，这也是在分析企业偿债能力时必须要考虑的因素。

（4）利润质量。分析企业的盈利能力时，在计算各项盈利指标的同时，还应该考察企业的利润质量，即在分析企业利润的含金量和持续性的基础上，进一步结合资产结构（反映企业资源配置战略）分析利润结构的战略吻合度。之所以在分析企业盈利能力时注重考察企业的利润质量，是因为靠拼凑业绩“强撑门面”的企业，以及靠各种粉饰或造假手段“欣欣向荣”的企业，其账面利润往往很难带来充足的现金流量。此外，资产作为企业获取盈利的物质基础，基于一定的战略选择加以运用之后，不一定能够带来意想中的盈利结果，因此，不管企业的盈利指标表面看上去有多漂亮，如果没有达到企业战略制定的初衷，这种盈利能力多半情况下难以持续。

（5）资本结构质量。企业的资本结构除了可以反映企业的资本成本和财务风险，还能体现出企业在融资方面的其他安排和考虑，而这往往又会决定企业在公司治理和企业文化方面的某些属性，因此科学理性地制定资本引入战略，会对企业未来的持续发展起到保驾护航的作用，一个企业的成败甚至在很大程度上取决于此，这是预测企业未来发展前景时必须要考察的因素。

总之，针对某一个特定企业的财务报表进行分析，只有深入到具体项目层面，立足于企业具体的经营环境和经营战略，结合企业具体的业务特征和竞争优势，充分考虑企业面临的各种机会和风险，才有可能得出更为科学、客观的分析结论。也就是说，只有跳出企业财务报表中数字之间错综复杂的财务逻辑，立足于企业所处的经营环境，结合企业的经营战略，充分识别和分析企业财务状况背后的业务逻辑和管理逻辑，才能更加深入、全面地解释和分析财务报表，更为有效地识别企业的真实“质地”，更加清晰地判断企业质量的“好坏”，从而更加科学地预测企业未来的发展前景。

第5节　教材案例讨论与分析提示①

海天味业的财务比率分析

1. 以合并财务报表数据为基础，通过计算对企业年度间的变化趋势进行比较分析。

海天味业2021年营业收入为250.04亿元，较2020年上涨9.71%，但因主要原材料、能源等成本上升等导致营业成本较上年上涨16.36%，进而导致毛利率下降3.73%；销售费用与2020年持平，利息收入增加2亿元，导致财务费用波动较大（48.94%），管理费用增加9.03%，研发费用增加8.45%，其他项目相对变化不大，公司最终利润总额增加1.79亿元，增幅为2.34%；归属于上市公司股东的净利润为66.71亿元，较上年增长4.18%。

公司2021年销售商品、提供劳务收到的现金较上年增加6.54%，而购买商品、接受劳务支付的现金增加15.2%，支付给职工以及为职工支付的现金增加19.58%，最终经营活动产生的现金流量净额下降9%；公司2021年投资活动产生的现金流量净额为−49.25亿元（流出大于流入），较上年多流出30亿元，主要是因收回投资收到的现金较上年减少9.67亿元，购建固定资产、无形资产和其他长期资产支付的现金较上年增加1.24亿元，（对外）投资支付的现金较上年增加22.26亿元所致；筹资活动产生的现金流量净额与上年相比变化不大，基本仍处于净流出状态，主要是由于较大规模进行现金分红和支付利息所致。

公司2021年资产总额增加38.04亿元，增幅为12.88%，其中仅货币资金一

① 本书根据案例分析需要对报表数据进行了不同程度的取整加工，重在突出数据本身所代表的量级和背后的意义，因而并未特别强调一律以元或亿元为单位，也没有强调一定要保留小数点后两位。读者在分析中也可以根据偏好进行取舍。

项就增加近30亿元；负债总额较上一年增加4.7亿元，其中应付账款增加6亿元，合同负债增加3亿元，其他应付款减少3亿元，其他项目规模变化不大。

公司2021年股本增加10亿元，资本公积减少6.49亿元，盈余公积增加4.86亿元，未分配利润增加25.23亿元，归属于上市公司股东的所有者权益增加33.34亿元。

2. 以合并财务报表数据为基础，通过计算对企业主要资产项目在资产结构中的比重进行分析。

海天味业主要资产项目在资产结构中的比重及增减变动情况如表2-7所示。

表2-7 海天味业主要资产项目在资产结构中的比重及增减变动

项目	2021年12月31日		2020年12月31日		比重增减（%）	本年比上年增减比率（%）
	金额（亿元）	占总资产比重（%）	金额（亿元）	占总资产比重（%）		
货币资金	19 813.77	59.43	16 957.68	57.42	2.02	16.84
交易性金融资产	5 377.82	16.13	5 054.74	17.12	−0.98	6.39
应收账款	56.05	0.17	41.49	0.14	0.03	35.07
预付款项	16.29	0.05	15.62	0.05	0.00	4.30
其他应收款	16.22	0.05	11.19	0.04	0.01	44.97
存货	2 226.82	6.68	2 099.92	7.11	−0.43	6.04
其他流动资产	71.91	0.22	19.50	0.07	0.15	268.71
其他非流动金融资产	0.10	0.00	0.10	0.00	0	0
投资性房地产	4.50	0.01	4.91	0.02	0.00	−8.47
固定资产	3 614.22	10.84	3 913.91	13.25	−2.41	−7.66
在建工程	923.16	2.77	368.80	1.25	1.52	150.31
使用权资产	73.63	0.22	0.00	0.00	0.22	—
无形资产	376.67	1.13	385.30	1.30	−0.17	−2.24
商誉	30.58	0.09	30.58	0.10	−0.01	0
长期待摊费用	8.22	0.02	4.55	0.02	0.01	80.66
递延所得税资产	698.41	2.09	625.32	2.12	−0.02	11.69
其他非流动资产	29.36	0.09	0.00	0.00	0.09	—

通过分别计算2020年和2021年不同资产项目在资产结构中的比重及其年度间的变化率（如表2-7所示），根据重要性原则和例外原则，可以找出海天味业资产项目中的重大项目和异动项目，从而为进一步进行项目质量分析提供了分析依

据，这样可以大大提高分析效率。海天味业的资产结构显示，流动资产在总资产中占比达到83%，其中货币资金、交易性金融资产和存货三个项目占比较大，货币资金一项就占到将近60%，此外，固定资产在总资产中所占比重也超过了5%，这几个项目应为公司的重要资产项目；货币资金、固定资产和在建工程等几个项目的比重变动超过了1%，而从项目金额的变动幅度来看，应收账款、其他应收款、其他流动资产、在建工程和长期待摊费用等几个项目的变动率均超过了20%，应为公司资产中的异动项目。上述重要项目和异动项目应成为项目质量分析中所关注的重点项目加以详细分析。

3. 计算比率。

以2021年合并财务报表数据为基础，各财务指标计算结果如表2-8所示。

表2-8

比率名称	计算公式	分子	分母	比率(值)
流动比率（倍）	流动资产/流动负债	27 578 873 262	9 476 685 526	2.91
资产负债率（%）	负债总额/资产总额×100%	9 837 875 983	33 337 724 550	29.51
资产金融负债率（%）	金融负债/资产总额×100%	104 600 000	33 337 724 550	0.31
存货周转率（存货）（次）	营业成本/平均存货	15 336 858 254	(2 226 818 961+2 099 920 92)/2=2 163 369 941.5	7.09
固定资产周转率（次）	营业收入/平均固定资产（账面价值）	25 004 031 043	(3 614 222 644+3 913 914 242)/2=3 764 068 443	6.64
总资产周转率（次）	营业收入/平均资产总额	25 004 031 043	(33 337 724 550+29 533 620 039)/2=31 435 672 294.5	0.80
经营资产周转率（次）	营业收入/平均经营资产	25 004 031 043	(33 337 724 550−19 813 767 427−5 377 818 664−16 216 014−100 000+29 533 620 039−16 957 675 015−5 054 735 187−11 185 829−100 000)/2=7 819 873 226.5	3.20

续表

比率名称	计算公式	分子	分母	比率(值)
毛利率（%）	毛利/营业收入×100%	25 004 031 043－15 336 858 254＝9 667 172 789	25 004 031 043	38.67
销售费用率（%）	销售费用/营业收入×100%	1 356 919 480	25 004 031 043	5.43
核心利润率（%）	核心利润/营业收入×100%	25 004 031 043－15 336 858 254－218 259 965－1 356 919 480－394 035 475－771 919 702－8 664 948＋143 522 595＝7 060 895 814	25 004 031 043	28.24
核心利润获现率（%）	经营活动现金净流量/核心利润×100%	6 323 508 784	7 060 895 814	89.56
投资收益获现率	取得投资收益收到的现金/投资收益	3 186 352 753＋5 210 000 000－2 940 000 000＝5 456 352 753	5 387 947 216	1.01

以2021年母公司财务报表数据为基础，各财务指标计算结果如表2－9所示。

表2－9

比率名称	计算公式	分子	分母	比率(值)
流动比率（倍）	流动资产/流动负债	24 109 543 184	11 924 396 757	2.02
资产负债率（%）	负债总额/资产总额×100%	11 967 425 037	25 583 816 365	46.78
资产金融负债率（%）	金融负债/资产总额×100%	0	25 583 816 365	0
存货周转率（存货）（次）	营业成本/平均存货	21 892 709 384	(14 655 103＋7 218 187)/2＝10 936 645	2 001.78
固定资产周转率（次）	营业收入/平均固定资产（账面价值）	23 100 623 932	(16 219 346＋17 356 091)/2＝16 787 718.5	1 376.04
总资产周转率（次）	营业收入/平均资产总额	23 100 623 932	(25 583 816 365＋19 598 466 172)/2＝22 591 141 268.5	1.02

续表

比率名称	计算公式	分子	分母	比率(值)
经营资产周转率（次）	营业收入/平均经营资产	23 100 623 932	(25 583 816 365－12 121 695 351－5 154 635 283－317 217 973－100 000－792 800 666＋19 598 466 172－10 928 630 837－2 468 572 524－169 096 584－100 000－588 800 666)/2＝6 320 316 326.5	3.65
毛利率（%）	毛利/营业收入×100%	23 100 623 932－21 892 709 384＝1 207 914 548	23 100 623 932	5.23
销售费用率（%）	销售费用/营业收入×100%	807 596 549	23 100 623 932	3.50
核心利润率（%）	核心利润/营业收入×100%	23 100 623 932－21 892 709 384－39 924 517－807 596 549－170 080 620－15 269 555－3 359 209＋28 927 339＝200 611 437	23 100 623 932	0.87
核心利润获现率（%）	经营活动现金净流量/核心利润×100%	3 777 813 330	200 611 437	1 883.15
投资收益获现率	取得投资收益收到的现金/投资收益	3 186 352 753＋5 210 000 000－2 940 000 000＝5 456 352 753	5 387 947 216	1.01

4. 以合并财务报表数据为基础，如果进一步采用项目质量分析法进行分析，你将选择哪些项目作为分析对象？

根据重要性原则和例外原则，可以找出海天味业资产项目中的重大项目和异动项目，作为项目质量分析中所关注的重点项目加以详细分析。海天味业的重点项目包括货币资金、交易性金融资产、应收账款、存货、固定资产、合同负债和应付账款等。

第3章

资产质量分析

第1节 知识点回顾

- 资产负债表的作用
  - 有助于分析和评价企业的偿债能力
  - 有助于分析和评价企业的营运能力和盈利能力
  - 有助于解释、评价和预测企业的财务状况质量和未来发展趋势
  - 有助于了解和判断企业有关方面战略的制定与实施情况，透视企业的管理质量

- 资产质量的属性
  - 相对性
  - 时效性
  - 层次性

- 资产的质量特征
  - 盈利性
  - 周转性
  - 保值性

资产项目	资产质量			
	盈利性	周转性	保值性	其他
货币资金				规模的恰当性分析；币种构成及其自由度分析；规模的持续性分析
交易性金融资产	通过公允价值变动损益分析其持有损益；通过投资收益及附注分析其处置损益	流动性强，交易频繁	金额波动，盈亏不定	
应收票据和应收款项融资		较强		
应收账款		应收账款的账龄分析；债务人的构成分析；应收账款的周转情况分析	坏账准备计提情况以及计提政策的恰当性分析	应收账款规模的真实性和合理性分析
存货	毛利率水平及走势分析	存货周转率分析	存货的期末计价和计提存货跌价准备的合理性分析	存货的构成及规模恰当性分析；存货的物理质量和时效状况分析
债权投资和其他债权投资	判断投资收益的相对水平及与现金收入是否一致	相对而言，债权投资周转性更强	根据项目构成及债务人构成分析；根据债权投资减值情况分析	
长期股权投资	投资目的和方向分析；年度内的重大变化分析；投资运用的资产种类分析；投资收益确认方法分析		长期股权投资减值准备计提情况分析	
其他权益工具投资	被投资企业股价变动情况和股利分配政策分析			
投资性房地产	赚取租金或增值情况分析			分类的恰当性分析；计量属性选择的合理性分析
固定资产	生产能力分析	固定资产周转率分析	结合技术状况、市场状况和使用目的等因素进行分析；减值准备计提情况分析及减值政策选择恰当性分析	取得方式及外在表现分析；规模的恰当性及其年内变化情况分析；分布和配置的合理性分析；与其他资产组合的增值性分析；会计政策恰当性分析

续表

资产项目	资产质量			
	盈利性	周转性	保值性	其他
在建工程				工期长短，有无长期挂账、项目搁浅现象，以便及时发现潜在的不良资产区域
无形资产	无形资产类别分析；性质分析；与其他资产组合的增值性分析		市场活跃程度分析；减值准备计提情况及其会计处理的恰当性分析	无形资产减值准备计提的合理性

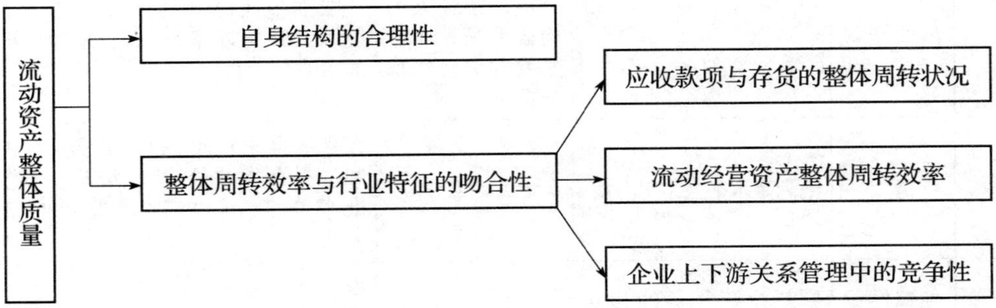

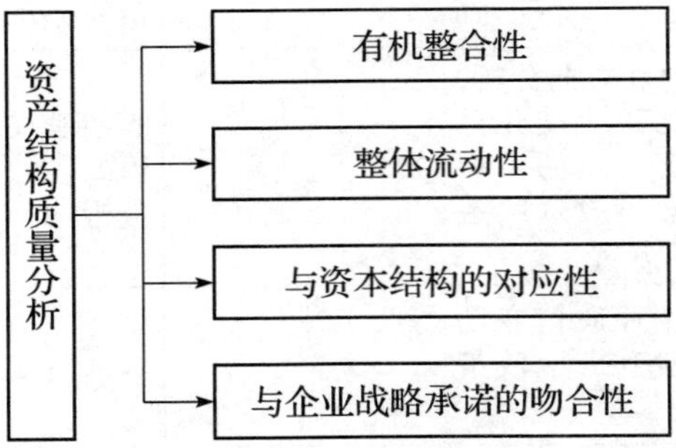

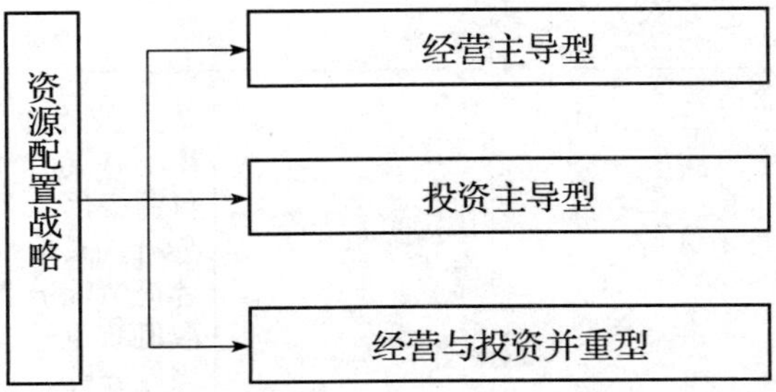

第 2 节　补充练习题及案例分析题

第 3 章
即测即评

一、判断题

1. 资产质量主要关注的是资产的物理质量。　(　　)

2. 技术变革、消费者偏好的改变、竞争环境的变化等因素对企业的资产质量均会造成影响。　(　　)

3. 一个面临倒闭、资产质量总体上很差的企业，也可能会有个别资产项目质量较好。　(　　)

4. 同行业企业相比较，相同资产条件下，周转速度越快，说明该项资产与企业盈利性的吻合度越高，市场认可度越大，资产利用得就越充分，资产为企业赚取未来经济利益的能力当然越强。　(　　)

5. 充分持有货币资金不仅提高了企业的市场竞争水平，也有助于提高企业价值和经营业绩，是企业实现有效竞争的资产配置模式，因此，企业的货币资金存量越多越好。　(　　)

6. 企业因持有交易性金融资产而在利润表中形成的“公允价值变动收益（损失）”项目虽然是一种未实现损益，但由于包含在核心利润之中，也是企业经营业绩的一部分，因而能够反映企业真实的盈利能力。　(　　)

7. 只有信用等级较高的商业票据才能列入“应收款项融资”，信用等级较低的商业票据，即便准备用于背书或贴现，由于有或有事项即连带责任存在，也不能将其列入“应收款项融资”，只能继续留在“应收票据”项目之中。　(　　)

8. 对企业而言，准备贴现或背书的商业票据如果继续留在“应收票据”项目中进行列示，就说明其属于信用等级较低的票据而存在一定的风险，若这部分准备贴现或背书的票据金额过大，可能会给企业的财务状况带来较大的负面影响。　(　　)

9. 企业应收账款的账龄无法缩短，所以完全可以通过分析企业应收账款的账龄来判断其质量。　(　　)

10. 应收账款周转率与存货周转率是此消彼长的关系，不可能同步上升。　(　　)

11. 过分依赖一种或几种产品的企业，极有可能因某种产品出现问题而受到重创，因而企业应尽可能多地增加产品的品种。　(　　)

12. 在充分竞争的行业，毛利率水平往往趋于平均，企业的毛利率可以稍高于（或者稍低于）行业平均值，这恰恰是该企业在行业中竞争地位的体现，但如果大大高于（或者低于）平均值，尤其是在年度间（企业的产品结构没有显著调整的情况下）出现巨幅波动，往往是企业试图通过人为调整存货余额和低转（或高转）成本、改变存货计价和盘存方式等手段来操纵业绩的一个显性证据。（　　）

13. 在成本领先战略下，企业通过保持产品的领先性、优质性和独特性来占领市场；在差异化战略下，企业利用各种管理手段控制成本、压低售价，通过提供价廉物美的产品来完胜对手。（　　）

14. 在集团资金集权式管理模式下，尤其是母公司自身较少从事实体经营活动的情况下，母公司财务报表中较大规模的其他应收款往往代表母公司向子公司提供的经营资金。（　　）

15. 应收款项仅承担信用风险，而合同资产除信用风险之外，还可能承担其他风险，如履约风险等。（　　）

16. 在企业以表内的非货币资源对外投资的条件下，企业有可能是在实施资产重组等战略，但其投资方向受原有资产结构和质量的影响较大，在投资结构上可能与企业的原有经营活动联系较为紧密。（　　）

17. 采用成本法确认投资收益不可避免会导致投资收益和长期股权投资出现“泡沫”。“泡沫”的大小取决于被投资方分派现金股利的程度。（　　）

18. 固定资产净值在年内的变化可以在一定程度上折射出企业固定资产整体质量发生变化的情况，也能反映出企业战略实施与调整方面的信息，还可以进一步上升到管理质量层面。（　　）

19. 固定资产是企业用于生产、加工（或储存）存货的“劳动工具”，而存货是固定资产为企业创造价值、获取盈利的媒介，因此，固定资产的盈利性与存货的盈利性以及企业整体的盈利性通常是密不可分的。（　　）

20. 财务报表中所反映的无形资产的价值与其内在价值直接相关。（　　）

二、单项选择题

1. 现行会计准则强化资产负债表观念，淡化利润表观念，追求企业高质量资产与恰当负债条件下净资产的增加，体现（　　）观念，更加关注企业资产的质量，更加强调对企业资产负债表日的财务状况进行恰当、公允的反映。

A. 当期收益　　B. 其他综合收益
C. 全面收益　　D. 价值
E. 权责发生制

2. 资产作为企业获取盈利的主要物质基础，其盈利性的大小通常还会决定企业未来获取现金流量的多少，这样来看，资产的盈利性终将影响企业（　　）的高低。

A. 流动性　　B. 偿债能力
C. 周转性　　D. 保值性
E. 价值

3. 在市场充分竞争的条件下，对于一般资产项目来说，基于企业所选择的成本领先战略，提高资产的周转性往往要以牺牲其（　　）为代价。

A. 流动性　　B. 偿债能力
C. 盈利性　　D. 保值性
E. 价值

4. 按照资产减值准则，当企业的资产账面净值低于其（　　）时，通常要对其进行减值处理。

A. 历史成本　　B. 实际成本
C. 公允价值　　D. 价值
E. 使用价值

5. 资产的（　　）是指资产在企业经营运作中的利用效率和周转速度，它强调的是资产作为企业生产经营的物质基础而被利用的效用。

A. 盈利性　　B. 周转性
C. 保值性　　D. 层次性
E. 时效性

6. 如果企业根据日常资金管理的需要，有明确意图将部分银行承兑汇票进行贴现或背书，或者对部分应收账款开展保理业务，基于其发生的频繁程度、金额以及内部管理情况，企业可以把这类债权由应收票据和应收账款项目转入（　　）项目进行列示。

A. 合同资产　　B. 应收款项融资
C. 应收款项　　D. 商业债权
E. 其他应收款

7. 存货的毛利率在很大程度上体现了企业在存货项目上的获利空间，也反映了企业在日常经营活动中的初始获利空间。因此，对存货的毛利率走势进行分析，便于考察存货的（　　）。

A. 周转性　　B. 保值性

C. 盈利性　　D. 时效性

E. 物理质量

8. 如企业向客户销售两项可明确区分的商品，企业因已交付其中一项商品而有权收取款项，但收取该款项还取决于企业交付另一项商品的，企业应当将该收款权作为（　　）。

A. 经营资产　　B. 应收账款

C. 合同资产　　D. 应收款项

E. 应收款项融资

9. 在竞争优势极其明显的情况下，企业通过大量采用预收款方式销售和赊购方式采购，大规模增加商业信用资本，呈现出（　　）规模并不显著高于流动负债规模的局面，这被业内称为类金融模式。

A. 金融资产　　B. 商业债权

C. 流动资产　　D. 非流动资产

E. 商业债务

10. 按照所处活动领域，企业的资产可以分为经营资产和（　　）。

A. 金融资产　　B. 投资资产

C. 交易性资产　　D. 股权资产

E. 债权资产

三、多项选择题

1. 一般而言，决定企业货币资金的恰当规模的主要因素有（　　）。

A. 企业的资产规模（即企业总盘子）和业务收支规模（即交易量）

B. 企业的行业特点

C. 外部宏观经济环境的变化

D. 企业的外部筹资能力

E. 企业近期偿债的资金需求

2. 企业的应收账款增长率大大高于企业资产增长率或者营业收入增长率，可能的原因有（　　）。

A. 行业竞争加剧

B. 该企业在行业中的竞争地位明显下降

C. 发生客户陷入财务困境等意外事项

D. 企业虚构交易，通过将虚假的收入在应收账款中挂账，达到粉饰当期业绩的目的

E. 企业自身的信用状况出现问题

3. 如果企业原材料的相对规模有所减小，产成品的相对规模却有所增大，可能的原因有（　　）。

A. 产品因滞销而减产

B. 企业通过“低转成本”人为粉饰当期业绩

C. 产品因市场需求量增大而增产

D. 企业通过“高转成本”人为粉饰当期业绩

E. 产品供不应求

4. 正常情况下，在同行业中，如果企业的相对毛利率水平不断下降，可能意味着（　　）。

A. 企业的产品在市场上的竞争力下降

B. 企业的产品生命周期出现变化

C. 企业生产的产品面临激烈的竞争

D. 企业的产品供不应求

E. 企业的产品出现旺销迹象

5. 下列各项中，能够据以分析经营流动资产的整体质量的有（　　）。

A. 经营流动资产自身结构的合理性

B. 经营流动资产整体周转效率与行业特征的吻合性

C. 企业上下游关系管理中的竞争性

D. 经营流动资产的盈利性

E. 经营流动资产的灵活性

6. 长期股权投资年度内的重大变化包括（　　）。

A. 收回或者转让某些长期股权投资导致长期股权投资减少

B. 增加新的长期股权投资导致长期股权投资增加

C. 因权益法确认投资收益导致长期股权投资增加

D. 因增持（或减持）被投资企业的股权而达到（或失去）“重大影响”程度，从金融资产的其他项目转入（或转入金融资产的其他项目）

E. 被投资企业大比例分红

7. 企业增加新的长期股权投资导致长期股权投资增加，可能的原因有（　　）。

A. 企业继续对外扩张的态势

B. 为了实现业绩的增长而进行投资组合调整

C. 为了利用表内表外的非货币资源而进行资产重组

D. 企业进行战略转移，为开展新业务开疆拓土

E. 企业的融资难度加大

8. 固定资产配置的合理性主要体现在（　　）。

A. 固定资产技术装备的先进程度要与企业的行业选择和行业定位相适应

B. 固定资产技术装备的先进程度要与企业的偏好相适应

C. 固定资产的生产能力要与企业存货的市场份额所需要的生产能力相匹配

D. 固定资产的生产能力要与企业的愿景相匹配

E. 固定资产的生产工艺水平要达到能够使产品满足市场需求的相应程度

9. 以下有关在建工程项目质量分析的说法中，正确的有（　　）。

A. 在建工程项目基本上可以反映企业未来的利润增长点，可以洞察企业在资源配置战略方面所采取的举措和做出的调整

B. 早已投入使用却迟迟不办理竣工决算而长期挂账的在建工程项目很可能有某种不可告人的目的

C. 早已投入使用却迟迟不办理竣工决算而长期挂账的在建工程项目是不良资产

D. 在建工程迟早会完工并投入运营，给企业带来增量收入和增量利润

E. 在建工程如果出现质量问题，可能会使大量的流动资金沉淀，甚至造成企业流动资金周转困难

10. 导致企业高商誉并购的原因可能有（　　）。

A. 并购方对并购产生的协同效应有过高的预期，从而在并购中支付过高的并购成本

B. 并购中被并购方不切实际的高业绩承诺

C. 并购中并购方不切实际的高业绩承诺

D. 控股股东利用上市公司并购关联方或其他利益相关者，进行利益输送

E. 大股东利用并购概念炒作题材，为减持做准备

四、案例分析题

案例一　从应收账款信用损失准备看债权质量

长城汽车（601633）2021 年度报告中 2021 年 12 月 31 日合并应收账款的部分信息如表 3－1 所示。

表 3－1

账龄	金额（元）	信用损失准备（元）	计提比例（%）
1 年以内	5 458 277 054.88	(39 850 844.18)	0.73
1～2 年	42 810 218.38	(39 251 329.26)	91.69
2～3 年	31 696 207.55	(31 684 650.41)	99.96
3 年以上	318 907 100.16	(318 907 100.16)	100.00
合计	5 851 690 580.97	(429 693 816.13)	7.34

要求：

1. 企业的赊销政策与应收账款之间有什么关系？
2. 对企业应收账款出现信用损失准备的可能原因进行分析。
3. 对企业应收账款整体质量进行评价。

案例二　从存货跌价准备看资产质量

长城汽车 2021 年度报告中 2021 年 12 月 31 日合并存货的部分信息如表 3－2 所示。

表 3－2　单位：元

项目	账面余额	跌价准备	账面价值
原材料	6 546 643 425.65	(129 716 774.81)	6 416 926 650.84
在产品	2 060 441 233.52	(3 895 913.76)	2 056 545 319.76
产成品	4 930 912 736.38	(85 046 162.43)	4 845 866 573.95
低值易耗品	648 228 445.76	(1 148 266.85)	647 080 178.91
合计	14 186 225 841.31	(219 807 117.85)	13 966 418 723.46

要求：

1. 怎样看待企业原材料出现减值（跌价）问题？
2. 对企业存货计提跌价准备的可能原因进行分析。
3. 对企业存货整体质量进行评价。

案例三　从无形资产减值准备看资产质量

在西藏药业（600211）2021 年度报告中，关于“无形资产- IMDUR 专利技术、商标等减值测试情况”的说明为：

2021 年度依姆多实现销售收入 4 739.90 万美元、利润总额 1 061.19 万美元，分别完成 2021 年度预计目标的 98.64%和 85.77%。

近年来，受国外经济形势和新冠疫情等不利因素影响，原境外原料药供应商生产线关闭，导致原材料供应受限。同时，随着国家《药品上市后变更管理办法》关于上市许可持有人和生产场地变更政策的进一步落地，公司为了把依姆多上市许可直接转至本公司或下属子公司名下，对上市许可及生产转换计划做了相应调整，生产转换进度较此前预计延后。上述两方面原因共同导致我公司储备的原料药库存无法满足依姆多中国市场 2022—2024 年需求量。

此外，依姆多在 2021 年第五批全国药品集中采购中亦未中标。根据目前药品集中采购的相关政策，公司预计 2025 年国内市场供应稳定后能否重新中标具有较大不确定性。同时，由于前述 2022—2024 年原料药不足导致的供应量受限影响，后续市场需要一定时间逐步恢复，且基于市场竞争情况预计，依姆多国内市场的销售量恐难恢复到此前的市场份额。

综合上述不利影响，公司预测依姆多未来销售量及销售收入将有大幅下降。

本公司结合相关情况，对该资产组以后期间的营业收入、营业成本以及未来现金流量等进行了审慎性的重估，并根据重估后预计未来现金流量的现值确定该资产的可收回金额。同时聘请了北京中同华资产评估有限公司进行评估，并于 2022 年 3 月 9 日出具中同华评报字（2022）第 010198 号的《西藏诺迪康药业股份有限公司财务报告目的所涉及的 IMDUR 产品相关无形资产组合减值测试项目资产评估报告》。评估报告显示 IMDUR 专利技术、商标等无形资产组的可收回金额为 5 800 万美元，本期计提减值准备 7 100 万美元。

要求：

1. 怎样看待企业对无形资产计提巨额减值准备这一问题？
2. 对企业无形资产计提巨额减值准备的可能原因进行分析。
3. 对企业无形资产的整体质量进行评价。

案例四　从上市公司募集资金的使用情况看企业资产结构的战略吻合性

爱美客（300896）2021 年度报告的部分信息如表 3－3 所示（单位：元）。

表 3 - 3

报告期	2021 - 12 - 31	2021 - 12 - 31	2020 - 12 - 31	2020 - 12 - 31
报表类型	合并财务报表	母公司财务报表	合并财务报表	母公司财务报表
流动资产：				
货币资金	3 263 543 716	2 771 070 795	3 455 840 597	3 436 327 517
交易性金融资产	370 507 781	370 507 781	841 568 000	841 568 000
应收票据及应收账款	72 352 566	72 315 286	29 821 541	29 081 308
应收票据				
应收账款	72 352 566	72 315 286	29 821 541	29 081 308
预付款项	14 646 669	7 898 490	6 274 168	5 512 823
其他应收款（合计）	9 687 470	21 112 811	3 332 289	18 227 857
存货	34 935 247	32 928 253	26 804 184	24 891 680
其他流动资产	37 576 822	33 675 478	12 200 545	8 997 392
流动资产合计	3 803 250 271	3 309 508 894	4 375 841 324	4 364 606 577
非流动资产：				
债权投资	100 000 000	100 000 000		
其他非流动金融资产	111 862 664	36 861 933	25 000 000	25 000 000
长期股权投资	1 001 025 075	1 633 146 351	33 892 732	63 797 626
固定资产（合计）	142 863 278	140 453 006	142 873 876	140 173 822
固定资产	142 863 278		142 873 876	
使用权资产	47 581 225	47 581 225		
无形资产	11 991 685	11 859 889	10 363 398	10 213 420
长期待摊费用	9 637 470	9 637 470	8 213 870	8 209 359
递延所得税资产	2 367 599	2 243 416	1 788 571	1 734 126
其他非流动资产	34 246 511	32 474 611	34 695 063	34 695 063
非流动资产合计	1 461 575 507	2 014 257 900	256 827 509	283 823 416
资产总计	5 264 825 778	5 323 766 795	4 632 668 833	4 648 429 993

注：爱美客 2020 年通过发行股票募集资金 34.73 亿元。

要求：

1. 货币资金闲置会对企业造成哪些影响？如何评价货币资金的质量？

2. 募集资金对于企业战略实施的意义何在？在提高货币资金的质量、降低货币资金的闲置率时，是否应该考虑募集资金的用途？是否需要考虑企业的战略定位和战略目标？

3. 比较一下合并资产年末与年初相关数据的差异，评价企业在 2021 年对募集资金的使用情况。

第3节 补充练习题答案及案例分析提示

一、判断题

1. ×	2. √	3. √	4. ×	5. ×
6. ×	7. √	8. √	9. ×	10. ×
11. ×	12. √	13. ×	14. √	15. √
16. √	17. ×	18. ×	19. √	20. ×

二、单项选择题

1. C	2. E	3. C	4. C	5. B
6. B	7. C	8. C	9. C	10. B

三、多项选择题

1. ABCDE	2. ABCD	3. ABC	4. ABC	5. ABC
6. ABCD	7. ABCD	8. ACE	9. ABE	10. ABDE

四、案例分析提示

案例一 从应收账款信用损失准备看债权质量

1. 企业的赊销政策与应收账款之间有什么关系？

（1）赊销政策通常会影响企业应收账款的金额，具体地说，若企业制定了较为宽松的赊销政策，则赊销收入可能会因此而增加，但也很有可能导致回款速度放慢引起应收账款余额不断增加；若企业制定了较为严格的赊销政策，则赊销收入很可能受到影响而减少，但应收账款可能因客户的整体信用状况好转、回款速度加快而不断减少。

（2）赊销政策通常会影响企业应收账款的信用损失准备金额，具体地说：一般情况下，企业会按照账龄来计提坏账准备，企业赊销政策越宽松，应收账款回收期越长，则发生坏账损失的可能性越大，应收账款计提信用损失准备的比例也往往越高。

2. 对企业应收账款出现信用损失准备的可能原因进行分析。

(1) 企业的客户信用评价体系不健全。为增加销售收入而盲目赊销，但由于企业内部的客户信用评价体系不健全，企业与部分信用状况较差的客户开展合作，产生拖欠账款。

(2) 企业的应收账款管理水平较差。如没有建立行之有效的催收机制，应收账款收回不及时，可能会导致公司呆账、坏账的积累。

(3) 企业在供应链上的话语权较弱。如客户较少或较强势，而供应商数量较多，任意放宽信用政策不得不成为争抢客户、扩大销售的主要竞争手段，被动接受客户肆意拖延账款的状况就可能时有发生。

(4) 企业采取较为谨慎的坏账计提政策。如与同类企业相比，企业对处在同一账龄区间的应收账款使用更高的坏账计提比例。

(5) 外部宏观和市场环境等客观因素的变化导致预期发生坏账的可能性增加，如新冠疫情等。

3. 对企业应收账款整体质量进行评价。

(1) 长城汽车应收账款周转性较强。企业应收账款整体账龄偏短，93%的应收账款回收期在 1 年以内，说明企业被占用的资金基本都能在 1 年内收回，产生坏账的可能性较小。

(2) 长城汽车回收期在 1 年以内的应收账款保值性较好，但回收期在 1 年以上的应收账款保值性较差。从信用损失计提比例看，回收期在 1 年以内的应收账款信用损失计提比例仅为 0.73%，说明企业预计该部分应收账款发生坏账的可能性很小，保值性较好；而回收期在 1 年以上的应收账款信用损失计提比例骤增至 90%以上，回收期在 2 年以上的应收账款信用损失计提比例接近 100%，说明企业预计该部分应收账款发生坏账的可能性非常大，极有可能无法收回变现，保值性较差，如表 3-4 所示。

表 3-4

账龄	金额（元）	占比（%）	信用损失准备（元）	计提比例（%）
1 年以内	5 458 277 054.88	93%	−39 850 844.18	0.73
1～2 年	42 810 218.38	1%	−39 251 329.26	91.69
2～3 年	31 696 207.55	1%	−31 684 650.41	99.96
3 年以上	318 907 100.16	5%	−318 907 100.16	100
合计	5 851 690 580.97	100%	−429 693 816.13	7.34

案例二　从存货跌价准备看资产质量

1. 怎样看待企业原材料出现减值（跌价）问题？

在判断企业原材料是否发生减值时，通常要根据准则要求按照成本与可变现净值孰低原则进行测试。其中，成本一般指历史成本，即取得时的实际支出；可变现净值是指估计售价减去至完工时估计将要发生的成本、估计的销售费用以及相关税费后的金额。原材料计提减值准备通常要比产品复杂，除了需要考虑企业持有该项原材料的目的，还要区分有合同部分与无合同部分，通常在无合同的情况下，更多需要考虑当前市场环境以及未来市场的变化预期。如果原材料主要持有目的是生产产品，则判断原材料是否会出现减值问题，主要依据的是该原材料生产的产成品是否会发生减值，因此在判断原材料可变现净值是否低于账面成本时，需要考虑由该项原材料生产的产成品的销售价格是否低于生产成本，而非原材料本身销售价格是否低于账面成本。此外，当企业因产品更新换代，原有库存原材料已不适应新产品的需要，且该原材料的市场价格又低于其账面成本时，该项原材料也会发生减值。

2. 对企业存货计提跌价准备的可能原因进行分析。

（1）相应存货项目的市价持续下跌，并且在可预见的未来无回升的希望；

（2）企业使用某项原材料生产的产品的成本大于该项产品的市场销售价格；

（3）企业因产品更新换代，原有库存原材料已不适应新产品的需要，而该原材料的市场价格又低于其账面成本；

（4）因企业所提供的商品或劳务过时或消费者偏好改变而使市场的需求发生变化，导致市场价格逐渐下跌；

（5）其他足以证明该项存货实质上已经发生减值的情形。

3. 对企业存货整体质量进行评价。

长城汽车存货整体的保值性较好。

（1）存货跌价准备整体计提比例较低，仅为1.5%，且各存货项目的存货跌价准备计提比例差异不大，若结合企业实际的生产经营情况判定存货跌价准备计提政策较为合理，则说明长城汽车存货项目整体的保值质量较好，潜亏挂账的风险较小。当然也要警惕企业是否有可能利用过低计提存货跌价准备而美化当期业绩，以达到财务报表“洗大澡”的目的。

（2）原材料和产成品存货跌价准备计提比例相对在产品、低值易耗品要高，接近甚至达到 2%，说明长城汽车的部分待售产成品及备用原材料可能存在过时、无法满足市场需求等减值风险，当然所占比例并不大，所以整体的跌价准备计提比例仍较低，如表 3－5 所示。

表 3－5

项目	账面余额（元）	跌价准备（元）	账面价值（元）	存货跌价准备计提比例（%）
原材料	6 546 643 425.65	－129 716 774.81	6 416 926 650.84	2.0%
在产品	2 060 441 233.52	－3 895 913.76	2 056 545 319.76	0.2%
产成品	4 930 912 736.38	－85 046 162.43	4 845 866 573.95	1.7%
低值易耗品	648 228 445.76	－1 148 266.85	647 080 178.91	0.2%
合计	14 186 225 841.31	－219 807 117.85	13 966 418 723.46	1.5%

案例三　从无形资产减值准备看资产质量

1. 怎样看待企业对无形资产计提巨额减值准备这一问题？

企业对资产计提减值准备本来是根据谨慎性原则要求，合理地预计各项资产可能发生的损失，对可能发生的各项资产损失计提资产减值准备的过程。但由于无形资产的入账价值及可回收金额确认存在一定的主观性，计提巨额减值也成了部分上市公司实现财务“洗大澡”的手段。如发现该项无形资产已被其他新技术替代，或者类似无形资产的市价在当期大幅下跌，在剩余摊销年限内预期也不会再恢复等情况，应当及时对其计提减值准备。当然，在分析时需要结合企业内部经营情况及外部市场情况合理评估计提巨额减值准备的合理性，警惕潜在的财务造假行为。现行准则规定，无形资产减值准备一经计提，在以后期间不得任意转回，这会在一定程度上杜绝企业利用无形资产减值准备的计提来操纵利润的行为发生，但也促使企业在对其计提减值时必须“三思而行”，反而可能加重了其中的主观性色彩。

2. 对企业无形资产计提巨额减值准备的可能原因进行分析。

无形资产可能在期末因技术陈旧、长期闲置等，导致可收回金额低于其账面价值，从而需要计提巨额减值准备。

对于寿命不确定的无形资产，会计准则规定无论是否存在减值迹象，每年都应当进行减值测试。如果企业未定期进行无形资产减值测试或减值测试结果不合理，也可能导致无形资产在出现明显减值迹象时才计提减值，形成巨额减值准备。

在企业预计将来无形资产会持续减值时，为避免无形资产减值对后续财务报表产生影响，平滑利润，企业可能会选择在当期对未来预计会发生减值的无形资产计提减值准备，或在以前年度本应计提减值准备时，为避免业绩亏损而滞后计提减值准备。

3. 对企业无形资产的整体质量进行评价。

西藏药业无形资产整体盈利性较好，但保值性较差。

2021 年西藏药业依姆多完成预计销售收入目标的 98.64%，预计利润总额的 85.77%，说明依姆多产品本身的销售情况基本达到了预期水平，IMDUR 专利技术、商标等无形资产组的盈利性较好。

但由于西藏药业的依姆多产品生产受原材料供应短缺、企业生产计划延误影响较大，且预计在未来 2～3 年内都难恢复到此前的市场份额，即使未来市场份额顺利恢复也可能面临技术迭代的挑战，因此可以认为 IMDUR 专利技术、商标等无形资产组的可收回金额低于其账面价值，保值性较差。

案例四　从上市公司募集资金的使用情况看企业资产结构的战略吻合性

1. 货币资金闲置会对企业造成哪些影响？如何评价货币资金的质量？

货币资金闲置会对企业造成积极、消极两方面的影响。从消极角度来看，在企业的各项资产中货币资金盈利性最差，如果企业闲置的货币资金量过大，说明企业可能存在营运资金管理效率低下，没有将闲置的货币资金用于生产经营或对企业生产经营有利的投资项目等问题，导致企业整体盈利能力下降。从积极角度来看，保持一定水平的现金量可以提高企业的抗风险能力。企业账上留存一定规模的货币资金可增强企业的短期偿债能力，提高公司流动比率、速动比率，使企业在面对资金短缺时可快速调用账面资金，避免资金链断裂等不利情况的出现。

一般而言，可以从货币资金的运用质量、构成质量以及生成质量等几个方面对货币资金的质量进行评价。

在评价货币资金的运用质量时，主要是考察货币资金规模的恰当性。如果企业账上的货币资金规模可以使企业获得最低的现金持有成本，则可认为企业货币资金质量较高。当然，还要结合企业业务收支的规模和频繁情况、所处行业的特点、企业近期偿债的资金需求、企业的盈利状况和自身创造现金的能力以及宏观经济环境变化对企业融资环境的影响等因素来综合判断。

在评价货币资金构成质量时，一是要考察企业货币资金是否存在多币种的情况，分析不同货币汇率的变动趋势，判断企业货币资金的保值性；二是根据货币资金中其他货币资金所占比例来考察货币资金的“自由度”，这有助于揭示企业实际的支付能力。

在评价货币资金的生成质量时，可以依据企业提供的现金流量表展开分析，判断企业货币资金规模的持续性及合理性，为预测企业未来的货币资金规模走势提供更加科学的依据。

2. 募集资金对于企业战略实施的意义何在？在提高货币资金的质量、降低货币资金的闲置率时，是否应该考虑募集资金的用途？是否需要考虑企业的战略定位和战略目标？

企业募集资金的主要目的是扩大内部生产经营或投资规模，而企业生产经营及投资方向与企业战略息息相关，因此，可以认为募集资金就是为企业的战略实施提供资金储备和财务支持。

在降低货币资金闲置率时，无论从信息披露或从获得信贷支持的角度看，都应该考虑募集资金的用途。从信息披露角度看，无论在股票市场还是债券市场上，企业在资本市场上公开募集资金时都需要发布募集说明书，公示企业的募投项目、业务概况、财务报表等关键信息，只有募投项目合理且投资者预计募投项目能提高企业生产效率或扩大企业生产规模，提高企业的盈利水平，投资者才会愿意购买公司发行的股票或债券。从获得信贷支持的角度看，目前许多银行都限定了专项贷款的用途，只有与特定行业或项目有关的贷款才可以获得企业优惠利率的支持。因此，企业若想提高货币资金质量、降低货币资金闲置率，通常都需要考虑募集资金的用途及其合理性。

货币资金管理属于营运资本管理策略之一，它需要与企业的战略定位和战略目标相适应，从而提高企业货币资金的使用效率，为企业创造更多的价值。

3. 比较一下合并资产年末与年初相关数据的差异，评价企业在2021年对募集资金的使用情况。

与年初相比，爱美客2021年末合并财务报表中流动资产与非流动资产变化均较大。

流动资产中，其他流动资产、其他应收款增长率较高，分别增长了208%和191%；应收账款、预付款项增长率次高，分别增长了143%和133%，存货增长率相对较低，仅为30%；与之相比，货币资金、交易性金融资产等可快速变现的流动资产增长率明显下降；非流动资产中，长期股权投资、其他非流动金融资产大幅增长，增长率分别为2 854%和347%，其中，长期股权投资增加近7亿元，且新增了1亿元债权投资，无形资产余额小幅增长。上述现象说明爱美客在2021年主要通过赊销拉动销售收入，并将大量募集资金用于扩大生产经营规模中，此外还有相对规模的募集资金用于对外投资活动，其中以长期股权投资为主，如表3-6所示（单位：元）。

表3-6

报告期	2021-12-31	2020-12-31	增长率（%）
报表类型	合并财务报表	合并财务报表	合并财务报表
流动资产：			
货币资金	3 263 543 716	3 455 840 597	−6%
交易性金融资产	370 507 781	841 568 000	−56%
应收票据及应收账款	72 352 566	29 821 541	143%
应收票据			
应收账款	72 352 566	29 821 541	143%
预付款项	14 646 669	6 274 168	133%
其他应收款	9 687 470	3 332 289	191%
存货	34 935 247	26 804 184	30%
其他流动资产	37 576 822	12 200 545	208%
流动资产合计	3 803 250 271	4 375 841 324	−13%
非流动资产：			
债权投资	100 000 000		
其他非流动金融资产	111 862 664	25 000 000	347%
长期股权投资	1 001 025 075	33 892 732	2 854%
固定资产	142 863 278	142 873 876	0%
使用权资产	47 581 225		
无形资产	11 991 685	10 363 398	16%
长期待摊费用	9 637 470	8 213 870	17%
递延所得税资产	2 367 599	1 788 571	32%
其他非流动资产	34 246 511	34 695 063	−1%
非流动资产合计	1 461 575 507	256 827 509	469%
资产总计	5 264 825 778	4 632 668 833	14%

综上所述，爱美客 2021 年募集资金的使用基本符合有关募集资金使用方向的规定，使用情况良好。

第 4 节 教材关键术语和思考题参考答案

一、关键术语解释

1. 资产：资产是企业因过去的交易或事项而形成、并由企业拥有或控制、能以货币计量、预期会给企业带来经济利益的资源，包括财产、债权和其他权利。

2. 资产质量：是指资产在特定的经济组织中，实际所发挥的效用与其预期效用之间的吻合程度。不同资产项目的属性各不相同，企业预先对其设定的效用也就各不相同。研究企业不同项目的资产质量，可以从资产的盈利性、保值性、周转性以及与其他资产组合的增值性等几个方面进行分析。

3. 营业周期：指企业从支付货币购买商品或劳务开始，到这些商品或劳务重新转化为企业的货币为止所经历的时间。对于大多数企业来说，如商业企业、批量生产的制造业企业、服务企业等，其营业周期通常不到一年。但有一些行业的企业，其营业周期通常长于一年，如房地产企业、农林牧渔企业（成熟期大于 1 年的情况下）以及造船企业等。流动资产与非流动资产通常按资产在一年内能否或是否准备变现或消耗来划分。在企业营业周期长于一年的条件下，应以营业周期为标准来划分流动资产和非流动资产。

4. 流动资产：流动资产一般是指企业可以或准备在一年内或者超过一年的一个营业周期内转化为货币或者被销售或被耗用的资产。在我国的资产负债表上，按照各流动资产变现能力的强弱，依次为货币资金、交易性金融资产、应收票据、应收账款、预付款项、其他应收款、存货、一年内到期的非流动资产和其他流动资产等。

5. 非流动资产：是指企业资产中变现时间在一年以上或长于一年的一个营业周期以上的那部分资产，其预期效用主要是满足企业正常的生产经营需要，保持企业适当的规模和竞争力，获取充分的盈利。

6. 经营资产：企业经营活动所占用的资源称为经营资产，它们通常是构成企业资产负债表左方——资产的主要项目，其中流动经营资产主要包括商业债权和存货，非流动经营资产主要包括固定资产、在建工程和无形资产等（它们虽然是通过投资活动取得，但是为经营活动所需，主要为经营活动提供劳动资料）。

7. 投资资产：企业对外投资活动所占用的资源称为经营资产，在投资主导型企业中，它们也通常是构成企业资产负债表左方——资产的主要项目，常见的投资资产包括交易性金融资产、债权投资和其他债权投资、长期股权投资、其他权益工具投资等，有时其他流动资产和其他非流动资产中也可能包含一些投资资产项目，这需要借助相关附注来进行具体判别。

8. 资产结构：简单地说就是指各项资产相互之间的比例关系，它既可以是按照流动性确定的流动资产与非流动资产之间的比例关系，也可以是按照利润贡献方式确定的经营资产和投资资产之间的比例关系，还可以是按照企业业务板块确定的各类资产之间的比例关系，等等。由于不同的资产结构所表现出来的经济含义、管理含义具有显著区别，会从不同角度体现出企业资源配置战略的选择与实施状况，因此企业资产结构质量分析的意义十分重大。

9. 资源配置战略：不同企业的资产结构存在显著差异，其背后涉及企业资源配置战略的实施问题。我们可以按照企业经营资产与投资资产各自在资产总规模中的比重大小，将企业区分为三种资源配置战略类型：以经营资产为主的经营主导型、以投资资产为主的投资主导型和经营资产与投资资产比较均衡的投资与经营并重型。当把企业资产的概念跳出传统的会计思维，而将其与企业的发展战略联系在一起时，资产结构就有了鲜明的战略含义。据此，我们可以进一步认为，资产的规模与结构就是企业资源配置战略的实施结果。

二、思考题参考答案

1. 企业资产负债表有何作用？

（1）有助于分析和评价企业的偿债能力。

通过将流动资产（即一年内可以或准备转化为现金的资产）、速动资产（即流动资产中变现能力较强的资产）与流动负债（一年内需要清偿的债务）进行对比分析，可以评价企业的短期偿债能力；通过将企业的资产规模、负债规模及所有者权益规模进行对比分析，可以评价企业的长期偿债能力及举债潜力。在资产负债表中，将资产和负债分别按照流动性进行分类，分为流动和非流动两个部分进行列示，主要就是为了便于进行企业偿债能力的分析与评价。

（2）有助于分析和评价企业的营运能力和盈利能力。

在资产负债表中，资产是企业开展经济活动的物质媒介，所有者权益是企业开展经济活动的“本钱”；在利润表中，收入反映企业开展经济活动所实现的规模，利润则体现企业开展经济活动所取得的成果。通过对资产负债表与利润表的有关项目进行比较，如计算存货周转率、债权周转率、资产报酬率、权益报酬率等财务指标，有助于对企业各种资源的利用效率（即营运能力）以及企业的盈利能力做出分析和评价。

（3）有助于解释、评价和预测企业的财务状况质量和未来发展趋势。

财务状况是指企业从事筹资、投资和经营等各种经济活动所产生的财务后果。资产负债表通过对资产各个项目的列示，揭示了企业拥有或控制的能用货币计量的经济资源（即资产）的总体规模及其具体分布状况；通过对负债和所有者权益各个项目的列示，揭示了企业从不同渠道所获得资本的总体规模及其具体分布状况。传统的财务报表分析框架基本上是利用常规的财务指标，通过偿债能力、盈利能力、营运能力和发展能力等几方面的分析来评价企业的财务状况。本书在此基础上通过进行资产质量、资本结构质量以及利润质量等一系列质量维度的分析，并遵循“资产创造利润，利润带来现金流量”这一基本逻辑关系，将资产负债表与利润表、现金流量表进一步联系起来，从总体上对企业的财务状况质量做出评价。这些信息将更有助于预测企业财务状况的未来发展趋势。

（4）有助于了解和判断企业有关方面战略的制定与实施情况，透视企业的管理质量。

通过对企业资产分别从项目个别质量、资产结构质量以及资产总体质量等不同的层次进行质量分析与评价，有助于分析者判断企业在资源利用战略方面的制定与实施情况。由于不同的负债和所有者权益项目往往会给企业的经营活动带来不同的成本和风险，同时企业的资本结构（即负债和所有者权益之间的比例关系以及股东权益内部的比例关系）又在很大程度上决定着企业的控制权归属、治理模式以及未来的发展方向，具有较强的战略导向，因而对企业的负债和所有者权益各项目从资本结构质量层面进行分析与评价，有助于分析者了解企业通过利用何种资本来实现自身的未来发展，判断企业在资本引入战略方面的制定与实施情况。从企业在资源利用战略和资本引入战略等方面的制定和实施情况中，还可以进一步透视出企业的管理质量。

2. 如何理解资产质量的概念？如何理解资产质量的属性？

资产的质量，就是指资产在特定的经济组织中，实际所发挥的效用与其预期效用之间的吻合程度。不同项目资产的属性各不相同，企业预先对其设定的效用也就各不相同。此外，不同的企业或同一企业在不同时期、不同环境之下，对同一项资产的预期效用也会有所差异，因此，对资产质量的分析，必须结合企业特定的经济环境，不能一概而论，要强调资产的相对有用性。企业对资产的安排和使用程度上的差异，即资产质量的好坏，将直接导致企业实现利润、创造价值水平方面的差异，因此不断优化资产质量，促进资产的新陈代谢，保持资产的良性循环，是决定企业能否长久地保持竞争优势的源泉。

可以从相对性、时效性和层次性三个方面来理解资产质量的属性：

（1）资产质量的相对性。

从财务分析的角度，资产的质量更多的并不是强调资产的物理质量。资产的物理质量是资产质量的基础，不具备资产的物理质量要求也就意味着资产质量的恶化，但是达到了资产物理质量要求的也不能确定其资产质量的好坏，因为它只强调了资产的本身质量，而忽视了其在系统中的使用角色，即在企业的经营活动过程中能否发挥其应有的作用。因此，资产质量，应更多地强调为企业在生产经营过程中带来未来收益的质量。资产质量会因所处的企业背景不同而有所不同，其中包括宏观经济环境、企业所处的行业背景，企业的生命周期背景、企业的不同发展战略等。企业的某项闲置资产对于其他企业来讲有可能就是优质资产，这就为企业进行资产重组改善资产质量以及整个社会的资源再配置创造了条件。

（2）资产质量的时效性。

技术变革、消费者偏好改变、竞争环境的变化等因素对企业的资产质量均会造成影响。企业为避免无形资产发生相对贬值，通常需要不断投入研究与开发费用，持续保持技术领先。在有形资产方面，设备可能会因企业的产业结构或产品结构变化而发生闲置，从优质资产变成不良资产；存货也有可能因消费者品位变化而卖不出去，企业信誉优良的赊销客户也有可能出现破产危机而导致应收账款回笼困难，等等。因此我们认为，企业的资产质量会随着时间的推移而不断发生变化，研究资产质量，应强调其所处的特定历史时期和宏观经济背景。

（3）资产质量的层次性。

一个经济效益好、资产质量总体上优良的企业，也可能个别资产项目质量很差。相反，一个面临倒闭、资产质量总体上很差的企业，反而可能会有个别资产项目的质量较好。因而，研究企业的资产质量，一定要分层次进行，不但要从企业资产总体上把握，确定企业资产整体质量的好坏，还有必要分项目展开分析，根据各项资产的具体特征和预期效用，逐一确定各个资产项目的质量。此外，从企业战略层面进行考察，还应关注资产的结构质量。

3. 从质量分析的角度，资产质量具有哪些特征？

资产项目的质量特征是指企业针对不同的资产项目，根据自身的属性和功用所设定的预期效用。由于流动资产、对外投资、固定资产等各项资产在企业经营中所发挥的作用不同，企业对这些资产预期效用的设定也就各不相同，因而资产的不同项目具有各自不同的质量特征。从质量分析的角度，资产项目的质量特征主要体现在盈利性、周转性和保值性这三个方面。

资产的盈利性，是指资产在使用中为企业带来未来经济利益的能力，它强调的是资产能够为企业创造价值这一效用。按照会计准则的定义，资产是指由企业过去的交易或事项引起、为企业拥有或控制、能够给企业带来未来经济利益的经济资源。由此可见，资产的实质就是能够带来“未来经济利益”，具有“盈利性”是其基本特征。

资产的周转性，是指资产在企业经营运作中的利用效率和周转速度，它强调的是资产作为企业生产经营的物质基础而被利用的效用。资产只有在企业的日常经营运作中得到利用，它为企业创造价值的效用才得以体现。同行业企业相比较，相同资产条件下，周转速度越快，说明该项资产与企业经营战略的吻合性越高，被市场的认可度越大，对该资产利用得就越充分，资产为企业赚取未来经济利益的能力当然越强。

资产的保值性，是指企业的非现金资产在未来不发生减值的可能性。按照资产减值准则，当企业的资产账面净值低于其可回收金额（即公允价值）时，通常要对其进行减值处理。做这样的减值处理，是试图使报表中对资产的价值披露更加稳健、谨慎，使资产（及资产减值）信息更具相关性。从资产保值性的角度对企业的资产质量进行分析时，应在分析该项目过去已发生减值的程度和原因等方面内容的基础上，对其在未来进一步发生减值的可能性做出判断，对于非流动资产项目来说，这样的分析恐怕意义更大，可以为债权人、投资者等相关信息使用者提供更有决策价值的资产信息。

4. 什么是流动资产？流动资产的构成有哪些？各有什么特点？

流动资产一般是指企业可以或准备在一年内或者超过一年的一个营业周期内转化为货币、或被销售或被耗用的资产。在我国的资产负债表上，按照各流动资产流动性的强弱，依次为货币资金、以公允价值计量且其变动计入当期损益的金融资产、应收票据、应收账款、预付款项、其他应收款、存货、一年内到期的非流动资产和其他流动资产等。

与非流动资产相比，流动资产在盈利性、周转性和变现能力等方面具有明显的不同特点。从总体上说，流动资产的盈利性较差、周转性较高、变现能力较强。但由于货币资金、以公允价值计量且其变动计入当期损益的金融资产、应收票据、应收账款、其他应收款、存货等项目各自的功用不同，企业对各类资产的预期效用设定也就各不相同，因而不同的流动资产项目本身具有各自不同的质量特征。

5. 我国企业货币资金的构成如何？如何对货币资金进行质量分析？

货币资金是指企业生产经营过程中停留于货币形态的那部分资金，它具有可立即作为支付手段并被普遍接受等特性。资产负债表中反映的货币资金包括企业的库存现金、银行结算户存款、外埠存款、银行汇票存款、银行本票存款、信用证存款、信用卡存款和在途资金。

对企业货币资金质量的分析，主要应从以下几个方面进行：

(1) 货币资金规模的恰当性——分析货币资金的运用质量。

为维持企业经营活动的正常运转，企业必须保有一定的货币资金余额。尤其是在经济不景气时期，留有足够的货币资金才能够保证企业安然度过“寒冬”，存活下去。但这并不是说企业的货币资金存量越多越好，过多的货币资金存量不但会造成投资机会的浪费，还会增加企业的资本成本。总的原则是既要满足生产经营和投资的需求，又不能造成大额现金的闲置。一般而言，企业货币资金的适当规模，可根据企业的资产规模（即企业总盘子）和业务收支规模（即交易量）、行业特点、企业对货币资金的运用能力、企业的外部筹资能力、企业近期偿债的资金需求、企业的盈利状况和自身创造现金的能力、宏观经济环境变化对企业融资环境的影响等诸多因素来决定。

(2) 货币资金的币种构成及其自由度——分析货币资金的构成质量。

在企业的经济业务涉及多种货币、企业的货币资金有多种货币的条件下，对企业保有的各种货币进行汇率趋势分析，可以确定企业持有的货币资金的未来质量。

此外，有些货币资金项目由于某些原因被指定了特殊用途，这些货币资金因不能随意支用而不能充当企业真正的支付手段。在分析中，可通过计算这些货币资金占该项目总额的比例来考察货币资金的“自由度”，这有助于揭示企业实际的支付能力。

（3）货币资金规模的持续性——分析货币资金的生成质量。

货币资金（主要指现金部分）通常被誉为企业的“血液”，因而财务分析者非常关注企业货币资金规模的持续性。在分析中，我们可以依据企业提供的现金流量表展开相应的货币资金质量分析，考察企业货币资金的生成质量，判断企业货币资金规模的持续性及其合理性，为预测企业未来的货币资金规模走势提供更加科学的依据。

6. 如何对企业的各项债权进行质量分析？

（1）应收票据和应收款项融资的质量分析。应收票据在确认时，由于依据的是赊销业务中债权人或债务人签发的表明债务人在约定时日应偿付约定金额的书面文件，并具有法律效力，因而受到法律的保护，具有较强的保值性和变现性。在到期之前，企业如果需要资金，可将持有的商业汇票背书后向银行或其他金融机构办理贴现，取得现金，因而也在另一个方面保证其具有较强的保值性和变现性。但同时也必须关注其可能给企业的财务状况造成的负面影响。已贴现的商业汇票就是一种“或有负债”，若已贴现的应收票据金额过大，也可能会对企业的财务状况带来较大影响。因此，在分析该项目时，应结合报表附注中的相关披露，以了解企业是否存在已贴现的商业汇票。

一般来说，信用等级较高的商业票据才能列入“应收款项融资”，信用等级较低的商业票据，即便准备用于背书或贴现，由于有或有事项即连带责任存在，也不能将其列入“应收款项融资”而只能继续保留在“应收票据”项目之中。所以严格来说，“应收票据”项目中列示的，既有持有至到期的商业票据，也有一部分信用等级较低的商业票据（即便打算用于背书或贴现），而在“应收款项融资”项目中列示的，基本上都是信用等级较高的商业票据（当然要有明确意图用于背书或贴现），因而风险相对较低。这就决定了“应收款项融资”项目因具有更高的等级和收款保障而质量相对更高一些。然而，企业在信息披露中是否将相关债权划归应收款项融资，完全取决于企业是直接收回债权还是既可能收回债权也可能将其在到期前出售，因此，这种划分有较强的主观性。

（2）应收账款的质量分析。合理确定信用政策，在刺激销售和减少坏账间寻找赊销政策的最佳点，是企业营销策略中必须解决的问题。对于应收账款项目来说，分析其周转性和保值性的大小是对其进行质量分析的关键。

对应收账款的周转性进行分析，主要包括：对债权的账龄进行分析；对债务人的构成进行分析（其中包括债务人的行业构成、债务人的区域构成、债务人的所有权性质、与债务人的关联状况以及债务人的稳定程度等）；对形成债权的内部经手人构成进行分析；借助应收账款周转率、应收账款平均收账期等指标进行分析。当然，在企业大量采用商业汇票的结算方式下，要客观评价上述财务指标的适用性，必要时采用商业债权周转率等指标。

对应收账款的保值性进行分析，也就是对坏账准备计提情况以及计提政策的恰当性进行分析。企业的应收账款是否发生减值以及减值程度的大小取决于该项目预计未来现金流量的现值，而不再过分强调所采用的坏账准备计提方法。当然在实务中，企业仍可使用账龄分析等方法对坏账准备加以估计，而变更坏账准备的计提方法和比例往往存在不可告人的目的，因此阅读相关报表附注，结合当年的实际业绩及行业惯例，有助于判断其变更的合理性，从而在一定程度上判断该项目的保值质量。

（3）预付款项的质量分析。一般情况下，企业的预付款项债权不会构成流动资产的主体部分。如果企业的预付款项较高，则可能与企业所处行业的经营特点和付款方式相关；也可能是由企业以往的商业信用不高引起；当然还有可能是企业向有关单位提供贷款的信号，如果是属于这种情况，则该项目将很有可能成为不良资产区域。然而在供货商较为稳定的条件下，企业的预付款项应该按照约定转化为存货。因此，正常的预付款项质量较高。

（4）其他应收款的质量分析。其他应收款既为“其他”，就应该不属于企业主要的债权项目，数额及所占比例不应过大。如果其数额过高，即为不正常现象，容易产生一些不明原因的占用。为此，要借助报表附注仔细分析其具体构成项目的内容和发生时间，特别是金额较大、时间较长、来自关联方的其他应收款。要警惕企业利用该项目粉饰利润、大股东抽逃或无偿占用资金及转移销售收入偷逃税款等行为。在这些情况下，“其他应收款”中的主要内容就成了无直接效益的资源占用，无论是从盈利性还是从保值性及周转性来看，其质量均较低。因此，要特别关注这一“小项目”中潜伏的“大危机”。但是，应该看到，在一些对外投资比较广泛、自己较少从事经营活动的企业自身的财务报表（通常为母公司财务报表）中，较大规模的其他应收款实际上可能代表了投资方对被投资企业提供的经营资金。此时，比较一下投资方自身报表与合并财务报表中“其他应收款”的相关金额，如果合并财务报表数字小于投资方自身报表数字，则差额基本上代表了投资方向被投资方提供的资金规模。此时，其他应收款的质量将取决于被投资者的盈利能力和资产质量。

7. 请说明存货的概念和构成。

存货是指企业在正常生产经营过程中持有以备出售的产品或商品，或者为了出售仍然处在生产过程中的在产品，或者将在生产过程或提供劳务过程中耗用的材料、物料等。可以看出，存货的最基本特征是，企业持有存货的最终目的是出售，而不是自用或者消耗。这一特征使存货明显区别于固定资产等长期资产。

存货的构成在不同企业中是有差别的。在工业企业中，存货包括库存、加工中和在途的各种原材料、燃料、包装物、低值易耗品、在产品、外购商品、自制半成品、产成品以及分期收款发出商品等。商品流通企业的存货，则包含企业在库、在途、出租和加工中的各种商品，包括在途商品、库存商品、加工商品、出租商品、分期收款发出商品以及材料物资、包装物、低值易耗品等，以及企业委托代销的商品。

8. 如何对存货进行质量分析？

对存货进行质量分析，应该结合该项目本身的物理属性和预期效用，从盈利性、周转性以及保值性等三个维度进行。作为系统分析，应该以分析存货的构成、规模恰当性、物理质量和时效状况为基础。

(1) 存货的构成及规模恰当性分析。

对企业的存货项目展开分析，不能仅仅通过资产负债表上存货余额这一个数字就“盖棺定论”，更不能简单地使用存货周转率这一个指标来反映存货的质量，而是要结合报表附注中有关存货的披露内容，对存货的构成情况进行深入的分析。这就需要了解企业存货各具体项目之间的构成比例，还要分析其规模的恰当性、规模变动的合理性以及对企业未来盈利能力所产生的影响。

(2) 存货的物理质量和时效状况分析。

存货的物理质量离不开存货的时效状况，对于那些时效性较强的存货项目来说更是如此。按照时效性对企业存货进行分类，可以分为：与保质期相联系的存货、与内容相联系的存货以及与技术相联系的存货。

(3) 存货的盈利性分析——考察毛利率水平及走势。

对于传统行业的企业而言，其毛利率会在很大程度上反映企业在日常经营活动中的初始获利空间，也可以体现出存货项目的盈利性。在充分竞争的行业，毛利率水平往往趋于平均化，企业可以稍高于或者稍低于行业平均值，这恰恰是该企业在行业中的竞争地位的体现，但如果大大高于（或者低于）平均值，尤其是在年度间（企业的产品结构没有显著调整的情况下）出现巨幅波动，这往往是企业试图通过人为调整存货余额和低转（或高转）成本、改变存货计价和盘存方式等手段来操纵业绩的一个显性证据。正常情况下，在同行业中，如果企业的相对毛利率水平不断下降，或者意味着企业的产品在市场上的竞争力下降，或者意味着企业的产品生命周期出现了转折，或者意味着企业生产的产品面临激烈的竞争。在对存货进行项目质量分析时，应考虑尽量剔除诸多主观人为操纵因素的影响。

（4）存货的周转性分析——考察存货周转率。

存货周转率是一个动态的内部管理指标，反映一定时期的存货流转的速度。从公式上看，它是营业成本和平均存货水平的比值，通常越大越好。当然，实务中企业的存货周转率并非越快越好，相对于同行业平均水平来说，过快的存货周转率有可能是企业执行了过于宽松的信用政策的结果，很有可能后续会导致企业大量坏账的发生。企业应收款项的回收速度与存货周转率之间往往存在此消彼长的关系。因此，企业需要在保证企业商业债权回款的前提下来考察存货的周转性。

分析中需要注意的是，在考察存货的项目质量时，其盈利性与周转性也往往存在此消彼长的关系。有的企业借助产品在市场中拥有一定的定价自主权，通过较高的毛利率来保证企业的盈利能力；有的企业则通过“薄利多销”的手段用产品较快的周转率来保证企业的盈利能力。这当然与企业所制定的经营战略有着直接关系：在差异化战略下，企业通过保持产品的领先性、优质性和独特性来占领市场；在成本领先战略下，企业则利用各种管理手段控制成本、压低售价，通过提供“价廉物美”的产品来完胜对手。但不管采取何种经营战略，保持存货在盈利性或者周转性方面的高质量是企业在竞争中取胜的关键因素之一。

（5）存货的保值性分析——考察存货的期末计价和计提存货跌价准备的合理性。

通过对存货跌价准备计提的分析考察存货的保值性时，应首先对其计提的合理性进行判别。一方面，要特别关注企业是否存在利用存货项目进行潜亏挂账的问题。一些企业利用存货项目的种类繁杂、金额庞大、重置频繁、计价方法多样、审计难度大等特点，采用种种非法手段，将背冷呆滞商品、积压产品、残品等已经失去保值性的存货及违规行为（如不符合财务制度的费用开支），通过在存货项目中长期挂账，来隐蔽潜在的亏损局面。另一方面，还要注意考察企业是否通过存货跌价准备计提来进行巨额摊销，为来年的“扭亏为盈”提供机会。

此外，还要关注报表附注有关存货担保、抵押方面的说明。如果企业存在上述情况，这部分存货的保值性就会受到影响。

9. 如何对企业的流动经营资产的整体质量进行分析？

这里的流动经营资产，是指企业的流动资产减去以公允价值计量且其变动计入当期损益的金融资产以后的部分。关于流动经营资产的整体质量，可从以下几个方面加以分析：

（1）流动经营资产自身结构的合理性。

流动经营资产各项目中，企业预先设定的效用各不相同，每个项目对企业债务的保障程度不同，为企业盈利所做的贡献也有较大差异。因此，应结合企业所处行业的特点以及所经历的不同发展阶段，分析各项流动资产所占比重的合理性。应尽量保持货币资金的适度规模，降低包括其他应收款在内的不良资金占用，同时将应收账款、应收票据以及存货规模控制在与自身营销模式和生产经营规模相吻合的范围之内，以最大限度降低经营成本与风险。

（2）流动经营资产整体周转效率与行业特征的吻合性。

1）考察商业债权的周转效率。

在企业所处行业对外销售普遍采用商业票据结算的情况下，应计算应收款项（通常为应收票据、应收款项融资和应收账款之和）周转率来反映企业应收款项整体的周转回收状况，因为是应收票据、应收款项融资和应收账款共同推动了企业的赊销规模。

2）考察应收款项与存货的整体周转状况。

由于通常情况下，对于一个企业来说，应收款项周转率与存货周转率之间往往存在此消彼长的关系，营业周期可以近似地看作应收款项周转天数与存货周转天数之和，也就是从购入存货到售出存货并收现所需经历的时间。通过考察企业的营业周期，可以在一定程度上抵消企业的信用政策对个别资产项目造成的影响，较为全面地反映出流动资产整体的周转状况。当然，该指标也有可能掩盖不同项目周转率对于特定企业的不同意义，因而还要结合企业所处行业的技术特性、产品的价格弹性、需求弹性以及法律环境等因素来综合分析。

（3）考察企业上下游关系管理中的竞争性。

企业应将销售与采购结算方式加以适当的协调，尽可能做到提早收款、推迟付款，这可以在一定程度上缓解结算过程中现金供给与现金需求之间的矛盾，降低偿债压力，在保证企业资金顺畅周转的同时提高短期偿债能力，并不断优化流动资产的整体质量。当然，企业在上下游关系管理中是否具有一定的竞争性，很大程度上是由其在行业中所处的地位决定的。

10. 如何对企业的长期股权投资进行质量分析？

在分析企业的长期股权投资项目的质量时，应重点从其盈利性和保值性两个维度进行分析。

（1）盈利性分析。

长期股权投资项目的盈利性往往呈现出较大的波动性特征，具体要依据其投资目的和方向、年内所发生的重大变化、投资所运用的资产种类、投资收益确认方法等诸多因素来加以分析判断。

收回或者转让某些长期股权投资而导致长期股权投资减少，或者是企业试图优化自身的投资结构而进行的投资结构调整，或者是企业为了变现而进行的股权投资的出售活动，还有可能是按照某些约定而收回投资；增加新的长期股权投资而导致长期股权投资增加，或者是企业继续其对外扩张的态势而进行的扩张努力，或者是为了实现业绩的增长而进行的投资组合调整，也有可能是为了利用表内表外的非货币资源而进行的资产重组活动；因权益法确认投资收益导致长期股权投资增加，一般认为这种增加是一种“泡沫”资产的增加，对企业难以产生实质性正面贡献。成本法下的投资收益确认与货币资金的流入有直接关系，即成本法下的投资收益能够带来实实在在的现金流入，而不会引起利润（投资收益）和长期股权投资的“泡沫”（这里的“泡沫”是指不能用于支付或者分配的资产和利润）成分。

（2）保值性分析。

通过分析长期股权投资减值准备计提的情况，也可在一定程度上反映出该项目的保值性。相对而言，长期股权投资减值这种估算是事后的，客观地讲，不同时间计提的减值准备金额确实具有一定的不确定性，因此，减值准备在什么时间计提、计提多少等诸多方面均存在主观人为因素，为企业利润操纵提供了很大的空间。

11. 如何对固定资产的质量进行分析？

在对固定资产的质量进行分析时，也可以从盈利性、周转性和保值性三个维度着手，但同时还要关注有可能对固定资产质量产生影响的其他方面，如固定资产的取得方式、分布与配置、规模与变化等。对这些方面的分析将有助于读者了解企业的商业模式，透视企业在固定资产投资方面的战略实施等情况。

（1）固定资产的取得方式与财务状况的外在表现。

固定资产的取得，既可采用外购方式，又可采用自建方式，还可采用接受所有者入资和采用融资租赁等方式。不同方式下财务状况的外在表现各不相同。用流动资产和流动负债购建固定资产，可能会导致企业营运资本（即流动资产减流动负债）的大幅下降；接受所有者的固定资产入资，可以增加企业所有者权益（资本）的“厚实”程度，改善企业的资本结构，为企业进一步举债奠定基础，但成本确定具有一定的主观性；融资租入的固定资产将加大企业负债对所有者权益的比率，降低企业进一步举债的能力。

（2）固定资产规模的恰当性及其年内的变动情况分析。

固定资产的投资规模必须与企业整体的生产经营水平、发展战略以及所处行业特点相适应，同时应与企业的流动资产规模保持一定的比例关系。企业应根据其战略发展的需要，适时地制订生产经营计划，准确地把握对固定资产的需求，科学地进行固定资产的采购与处置决策，把固定资产规模控制在最恰当的水平上。

固定资产原值在年内的变化可以在一定程度上折射出企业固定资产整体质量发生变化的情况，也能反映出企业战略实施与调整方面的信息，进一步还可以上升到管理质量层面。通过分析企业年度内固定资产结构的变化与企业生产经营特点之间的吻合程度，以及与企业发展战略的吻合程度，便可以透视出其背后所隐藏的企业管理质量方面的信息。由于在资产负债表中只披露固定资产账面价值一个数字，固定资产原值的变化情况只能进一步借助固定资产附注中所披露的信息来加以分析。

（3）固定资产分布和配置的合理性分析。

固定资产分布合理，是指企业生产用和非生产用固定资产应保持一个恰当的比例。此外，还需要考察生产用固定资产的分布情况及其合理性，这将有助于透视出企业的生产工艺特点、商业模式、资源配置战略实施情况等诸多方面的信息。

固定资产配置的合理性，主要体现在以下几个方面：1）固定资产技术装备的先进程度要与企业的行业选择和行业定位相适应；2）固定资产的生产能力要与企业存货的市场份额所需要的生产能力相匹配；3）固定资产的生产工艺水平要达到能够使产品满足市场需求的相应程度。

对固定资产分布和配置合理性的评价，应根据企业报表相关附注的说明，结合企业的生产经营特点、技术水平和发展战略等因素综合地予以分析。固定资产分布与配置合理与否，会在很大程度上决定其利用效率和效益，即质量的高低。

（4）固定资产的盈利性分析。

固定资产的盈利性会在很大程度上决定企业整体的盈利能力。固定资产生产出存货，存货销售获取营业收入，营业收入创造核心利润，核心利润最终带来经营活动产生的现金净流量。这样便可以通过结合存货的生产规模和销售规模考察固定资产的生产能力（即产能利用情况）；通过营业成本和存货规模的比较（即存货周转率）考察（固定资产所生产出来的）产品的市场开拓能力；通过营业成本和营业收入的比较（即毛利率）考察产品的初始获利能力；通过营业收入与核心利润的比较考察产品的最终获利能力；通过核心利润与经营活动产生的现金净流量的比较（即核心利润的含金量）考察产品当期给企业带来的实际贡献，如果不考虑行业结算差异，也可以在相当程度上反映出产品的市场开拓能力。

（5）固定资产的周转性分析。

固定资产的周转性，衡量的是企业一定规模的固定资产推动其营业收入的能力与效率。因此，固定资产周转率可以有效衡量企业固定资产的周转性。需要注意的是，应采用固定资产原值（或公允价值）来衡量其固定资产的规模。

（6）固定资产的保值性分析。

固定资产的保值程度将直接决定企业长期偿债能力的大小。因此，从对企业偿债能力进行分析的角度来看，可以将固定资产分为具有增值潜力的固定资产和无增值潜力（贬值）的固定资产两类，应结合特定固定资产的技术状况、市场状况和企业对特定固定资产的使用目的等因素综合确定。

可以根据企业固定资产减值准备的计提情况，对企业固定资产整体的保值性做出初步判断。在此基础上，再结合报表附注中有关项目构成的说明以及各项目的具体特点展开进一步的分析。

（7）固定资产与其他资产组合的增值性。

固定资产与其他资产组合的增值性，强调的是固定资产通过与其他资产适当组合，在使用中产生协同效应的能力。由于相同物理质量的资产，在不同企业之间、在同一企业的不同时期之间，甚至是在同一企业同一时期的不同用途之间，都有可能会表现出不同的贡献能力，因此，在对固定资产进行质量分析时，应关注固定资产与其他资产组合的增值能力，强调其相对有用性。

（8）企业固定资产会计政策恰当性分析。

企业在固定资产的初始入账、折旧以及减值等一系列环节上所选择的会计政策的恰当性，都会直接影响到固定资产的质量分析结果。为此，我们有必要在分析固定资产的质量时关注一下有关固定资产会计政策选择方面的披露内容。

12. 如何对无形资产的质量进行分析？

一般来说，无形资产具有如下特征：不具有实物形态；属于非货币性长期资产；为企业使用而非出售的资产；在创造经济利益方面存在较大不确定性。在对无形资产进行质量分析时，应结合该项目的上述特征，着重从盈利性和保值性两个方面来进行。

（1）无形资产的盈利性分析。

相对于无形资产的内在价值其账面价值往往是象征性的。无形资产本身所具有的属性决定了其盈利性具有很大的不确定性，因而分析无形资产的盈利性，不是一件容易的事情。在分析时，要详细阅读报表附注及其他有助于了解企业无形资产类别、性质等情况的资料。

不同项目的无形资产的属性相差悬殊，其盈利性也各不相同，不可一概而论。一般来说，专利权、商标权、著作权、土地使用权、特许经营权等无形资产由于有明确的法律保护的时间，因此其盈利性相对较为容易判断。而像专有技术等不受法律保护的项目，其盈利性就不太好确定，同时也易产生资产泡沫。

无形资产只有与固定资产或存货等有形资产进行适当组合，才能得以正常发挥，为企业盈利做出贡献。无形资产在与其他资产组合过程中所释放的增值潜力的大小，直接决定了无形资产的盈利性，进而在很大程度上决定了无形资产的质量好坏。

（2）无形资产的保值性分析。

通过分析企业无形资产减值准备的计提情况，可以分析判断企业所拥有的各项无形资产的保值性。当然在分析时还要注意无形资产减值准备计提的合理性。现行准则规定无形资产减值准备一经计提，在以后期间不得任意转回，这会在一定程度上杜绝企业利用无形资产减值准备的计提来操纵利润的行为发生。

13. 如何对企业资产结构的质量进行分析？如何从资产结构入手考察企业的资源配置战略？

（1）资产结构质量分析。

1）资产结构的有机整合性。

企业管理的境界，应该体现在最大限度降低不良资产占用、加快资产周转并不断获取更多的盈利。资产结构的有机整合性要求企业不断进行资产结构的优化，尽力消除应收账款呆滞、存货积压、固定资产闲置、对外投资失控等现象。这也是企业进行资产重组所要实现的目标。

2）资产结构的整体流动性。

资产结构的整体流动性可以通过流动性较强的资产在总资产中所占比例来加以衡量。企业资产的流动性是为企业整体的发展目标服务的，企业管理所追求的应该是资产结构的整体流动性与盈利性的动态平衡。

此外，资产结构还会影响到成本结构，从而进一步决定企业的经营风险。企业应该努力寻求一个合理的资产结构，在可能的情况下增强企业资产整体的流动性，从而尽可能减少生产经营面临的各种风险，为企业的可持续发展奠定坚实的基础。

3）资产结构与资本结构的对应性。

与资本结构的对应性主要体现在：首先，企业资产报酬率应能补偿企业资本成本；其次，资产结构中基于流动性的构成比例要与资金来源的期限构成比例相互匹配。只有这样的资产结构，才能保证企业有可能在允许的范围内将资本成本和财务风险降至合理水平，从而达到最佳的生产经营状态。

资产结构与资本结构的对应性，通常要求企业应在所能承受的财务风险范围内运行。然而在某些情况下，企业也会出现“另类”的资产结构与资本结构的对应关系，如某些行业龙头企业采用的类金融模式。

4）资产结构与企业战略承诺的吻合性。

企业的资源配置战略，主要是靠资产的有机整合和配置来实现的，无论资源配置战略的具体内容是什么，在资产结构上的表现一定都是资产项目之间的不同组合。

通常在上市公司年报中的“经营情况讨论与分析”部分，企业都会表述出自身所选择的资源配置战略，即所谓的“战略承诺”；而通过考察企业资产中经营资产与投资资产的结构关系，以及经营资产的内部结构等方面，就可以在一定程度上透视出企业资源配置战略的具体实施状况。通过将企业实际的资源安排与企业战略承诺进行比较，便能判断出公司资源配置战略具体的实施状况与所承诺的选择之间的吻合性。

（2）对企业资源配置战略的考察。

按照企业经营资产与投资资产各自在资产总规模中的比重大小，可以将企业区分为三种资源配置战略类型：以经营资产为主的经营主导型、以投资资产为主的投资主导型和经营资产与投资资产比较均衡的投资与经营并重型。我们可以进一步认为，资产的规模与结构就是企业资源配置战略的实施结果。

1）经营主导型企业的发展战略分析。

资产结构中以经营资产为主的企业，以固定资产、存货的内在联系及其与市场的关系管理为核心，为企业的利益相关者持续创造价值。经营主导型企业能够最大限度保持其自身的核心竞争力。

2）投资主导型企业的发展战略分析。

资产结构中以投资资产为主的企业，往往是规模较大的企业集团，通常以对子公司的经营资产管理为核心，通过快速扩张为企业的利益相关者持续创造价值。投资主导型企业可以在较短时间内通过直接投资或者并购实现做大做强企业集团的目标，或者在整体上保持财务与经营的竞争能力和竞争地位。

3）经营与投资并重型企业的发展战略分析。

经营与投资并重型企业实施的往往是积极而稳健的扩张战略：企业既通过保持完备的生产经营系统和研发系统来维持其核心竞争力，又通过对外控制性投资的扩张，来实现企业的跨越式发展。

第5节 教材案例讨论与分析提示

从润和软件资产项目质量分析看传统财务指标的局限性

1. 采用润和软件2019—2021年基本财务数据，计算企业偿债能力、营运能力、盈利能力相关财务比率。

（1）润和软件基本财务比率如表3-7和表3-8所示。

表3-7 盈利能力比率分析（%）

项目	2021年	2020年	2019年
净资产收益率（加权）	5.92	5.98	−48.27
营业利润/营业总收入	6.51	6.40	−85.40
销售净利率	6.55	6.78	−84.94
销售成本率	71.60	70.61	73.31
销售毛利率	28.40	29.39	26.69

表3-8 偿债能力与营运能力比率分析

项目	2021年	2020年	2019年
资产负债率（%）	30.75	33.64	39.10
流动资产/总资产（%）	47.90	48.61	53.40
流动比率	2.50	2.26	1.84
速动比率	2.15	1.97	1.84

续表

项目	2021年	2020年	2019年
现金比率	0.76	0.86	0.93
营业周期（天）	184.63	208.30	202.12
应收账款周转天数（天）	133.64	154.21	202.12
应收账款周转率（次）	2.69	2.33	1.78
流动资产周转率（次）	1.31	1.08	0.81

（2）盈利能力比率分析。

2021年，润和软件各盈利指标里，净利率为6.55%，净资产收益率为5.92%，销售毛利率为28.40%，销售成本率为71.60%。近五年间，企业的营业总收入呈上升趋势，复合增长率为11.35%。虽然其毛利率从2019年起降低至30%以下，但主要系公司现有业务和未来业务发展需要，进行了人才扩充和储备，并且毛利率近三年来有所回升，如图3－1和图3－2所示。

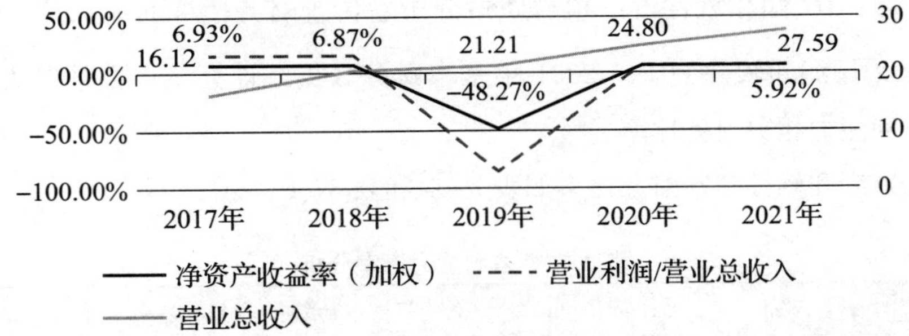

图3－1　盈利能力比率分析1

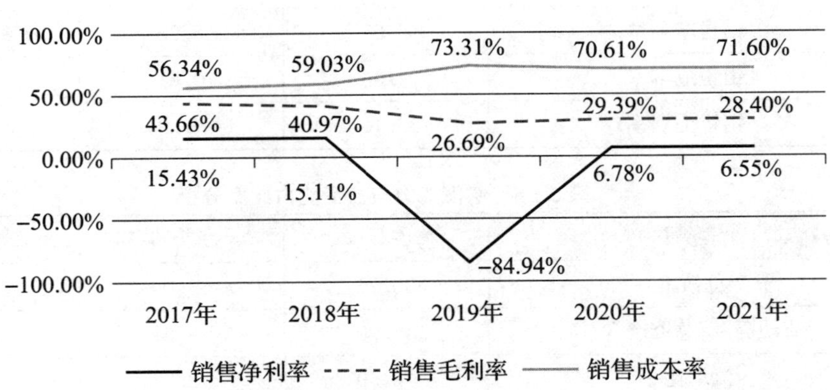

图3－2　盈利能力比率分析2

（3）偿债能力比率分析。

2021 年，润和软件各偿债指标表现不错，资产负债率仅为 30.75%，流动资产占总资产比重为 47.90%，流动比率及速动比率均大于 2。近五年间，企业的资产负债率保持在 30%左右，流动资产占总资产比重从 37%上升至 48%。虽然现金比率总体呈下降趋势，但流动比率和速动比率保持上升趋势，整体上短期偿债压力有所下降；资产负债率降低，利息保障倍数近三年稳步提升表明企业的长期偿债能力提升。从指标上看，企业总体的偿债能力良好，偿债风险较低，如图 3 - 3 和图 3 - 4 所示。

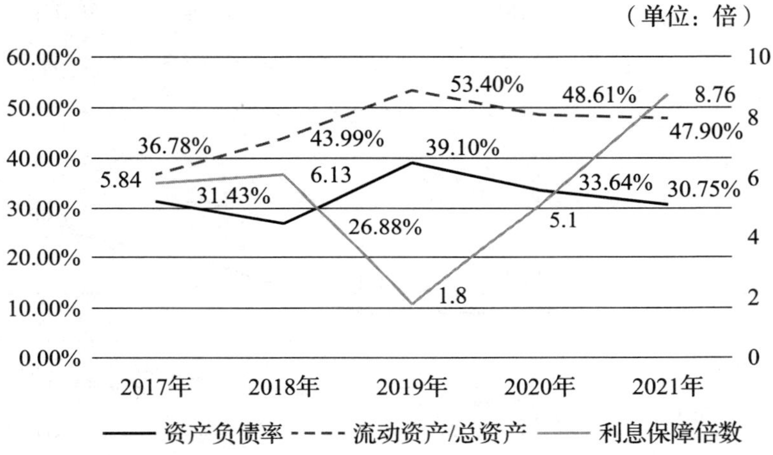

图 3 - 3　偿债能力比率分析 1

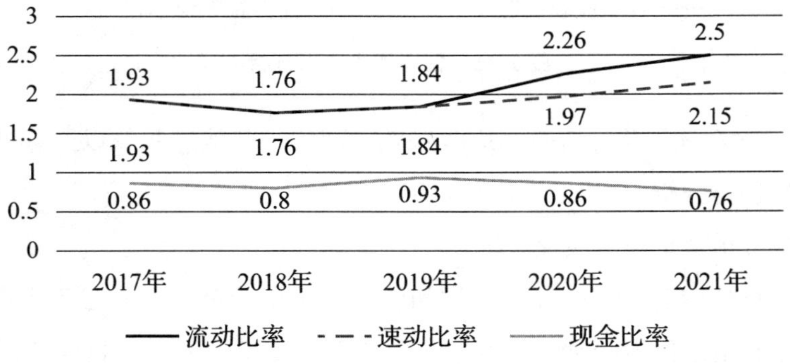

图 3 - 4　偿债能力比率分析 2

（4）营运能力比率分析。

2021 年，润和软件的应收账款周转天数为 134 天，应收账款周转率为 2.69 次，流动资产周转率为 1.31 次。近五年间，应收账款周转天数下降趋势明显，流动资产周转率呈总体上升趋势，表明应收账款周转速度明显加快，流动资金使用效率有所提升，如图3－5和图3－6所示。总体而言，企业营运能力逐步向好。

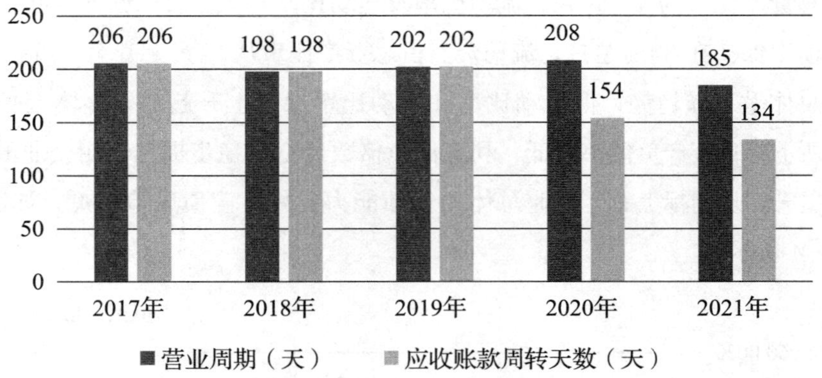

图3－5 营运能力比率分析1

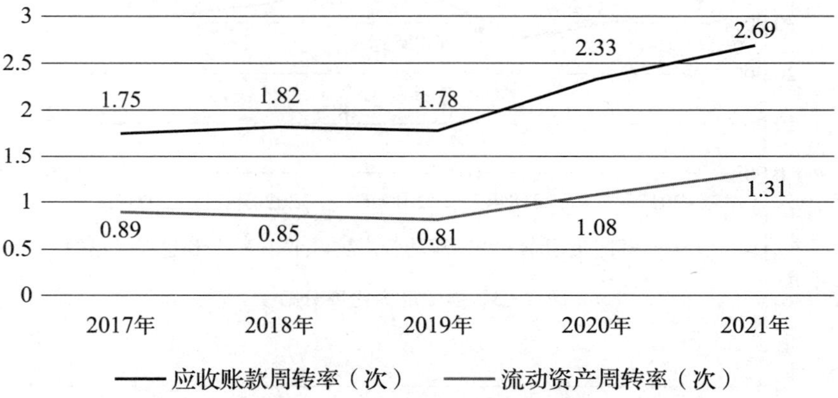

图3－6 营运能力比率分析2

2. 对润和软件货币资金、应收账款、商誉、其他应收款以及存货等主要资产项目质量进行分析。

（1）货币资金项目质量分析。

在趋势分析上，2018年后，润和软件的货币资金余额呈逐年下降趋势，2021年末货币资金余额为58 800万元，不及2018年末的50％。同时，现金比率及货币资金占总资产比重也在2018年后逐年下降，说明公司短期偿债能力有所下降。

在结构分析上，润和软件货币资金自由度较高，但在2021年末受限货币资金占比却随着货币资金余额下降而显著提升。受限资金中占比最高的是为全资子公司捷科智诚开具保函存入的保证金。而捷科智诚自2016年完成业绩承诺后，财务表现上只是增收不增利，润和软件保证金存在一定的回收风险，如图 3－7 和图 3－8 所示。

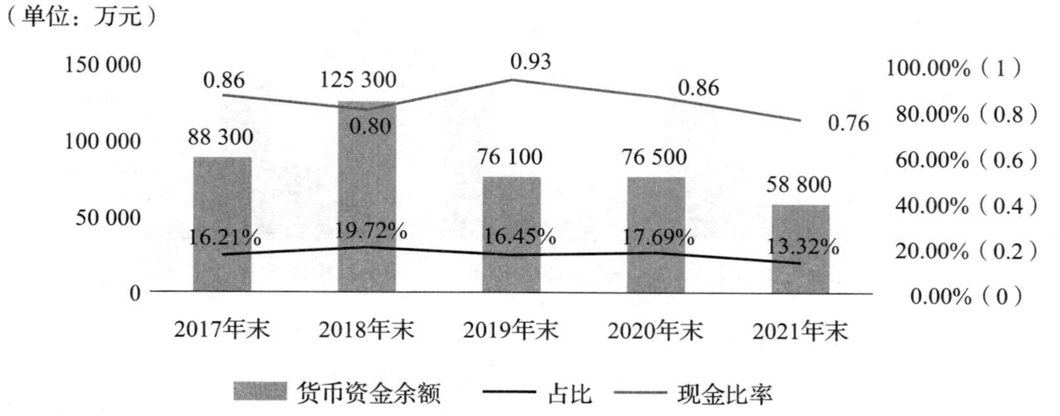

图 3－7　2017—2021 年润和软件货币资金变化

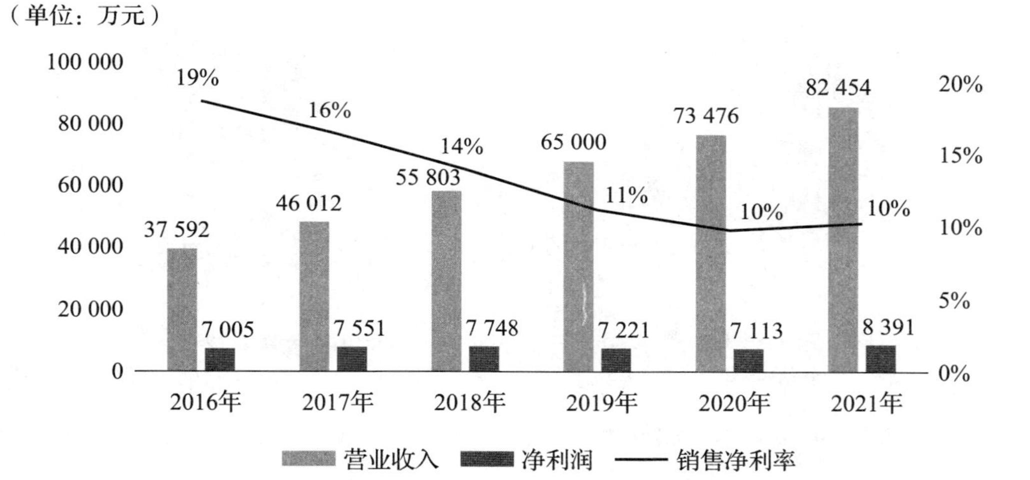

图 3－8　2016—2021 年捷科智诚盈利情况

（2）应收账款项目质量分析。

在资产占比上，应收账款占资产比重较大，且呈增长趋势，偿债能力对应收账款收回能力要求较高。

在账龄结构上，1 年以内新增数额较大，说明新增收入和流动资产质量下降。2020 年 2～3 年账龄应收账款在 2021 年末大部分未收回，该部分应收账款未来可清偿性存疑。

前五名债务人应收账款占比超过 50%，应收账款集中化使得清偿不确定性增强。此外，2021 年该占比显著增加，且幅度远高于应收账款整体。前五大债务人应收账款存量有进一步上升预期，如图 3－9 至图 3－11 所示。

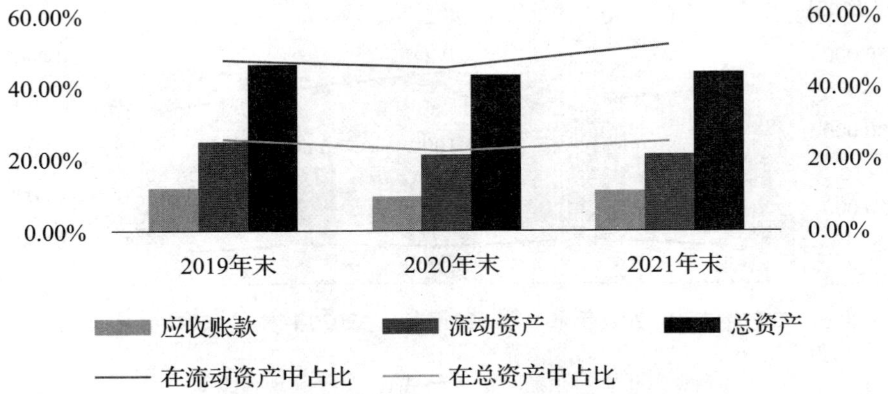

图 3－9　润和软件应收账款占比

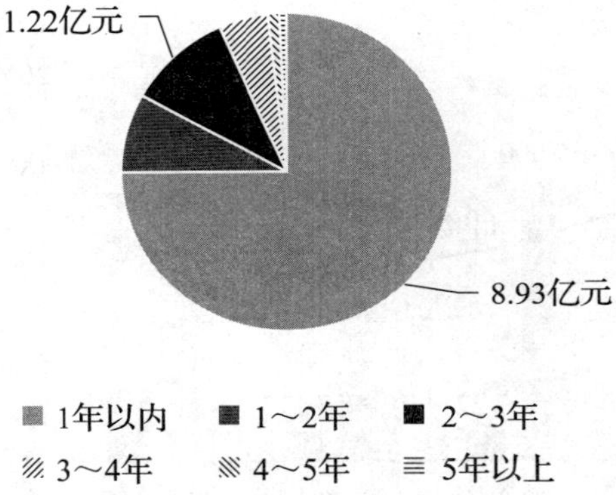

图 3－10　2020 年末账龄结构

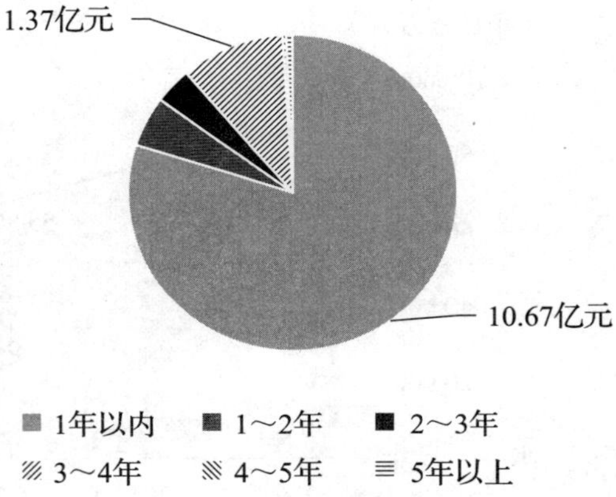

图 3－11　2021 年末账龄结构

（3）商誉项目质量分析。

公司商誉余额 9.77 亿元，占资产总额 22.14%，主要为前期收购北京联创智融信息技术有限公司、北京捷科智诚科技有限公司形成。如果商誉有发生任何减值的情况，对润和软件财务报表可能产生重大影响。

（4）其他应收款项目质量分析。

2020 年度，控股股东润和投资通过相关供应商间接向润和软件拆借资金 6 923 万元，用于归还润和投资的对外借款，截至报告期末，大股东仍占用公司资金 1 600 余万元，占其他应收款余额的 43%。2021 年度，润和投资频繁多次向润和软件拆借资金，共计 7 744 余万元，具体拆借原因未披露，如图 3－12 所示。

具体表现为：

1）股东占用非经营性资金有损公司利益；

2）资金占用制度缺失或未得到有效执行；

3）公司资金可能随时被占用，资产质量不佳。

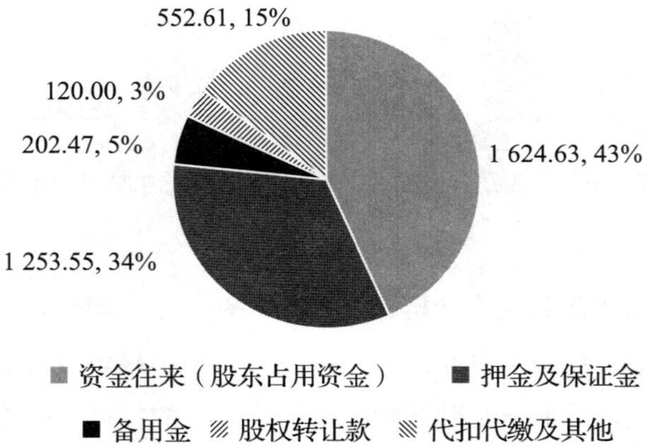

图 3－12　其他应收款按款项性质分类

（5）存货项目质量分析。

存货主要是合同履约成本，公司资产减值准备大部分来源于合同履约成本减值，可能是由于公司外包产品竞争力不够，大客户集中度过高，公司实质话语权不高，项目履约风险增大，履约成本的收回不及预期，资产质量受到一定影响，如图 3－13 和图 3－14 所示。

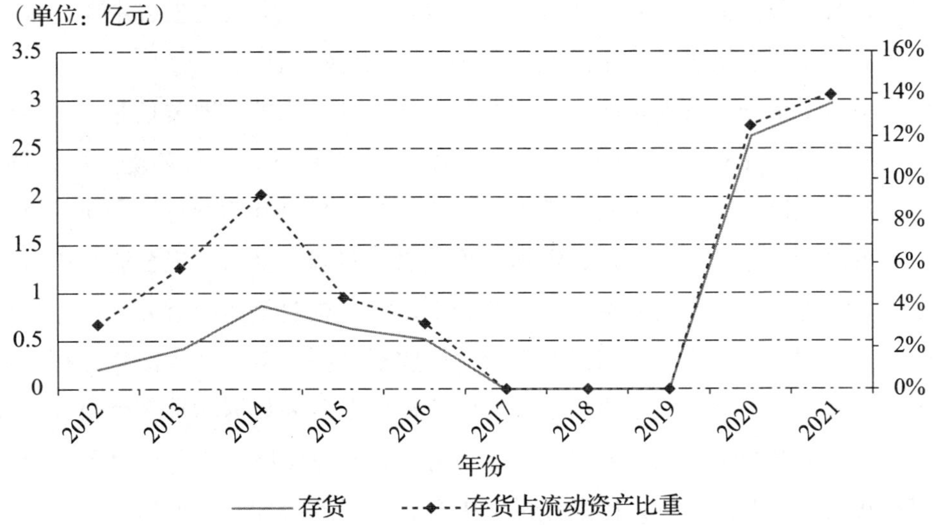

图 3－13　存货占比

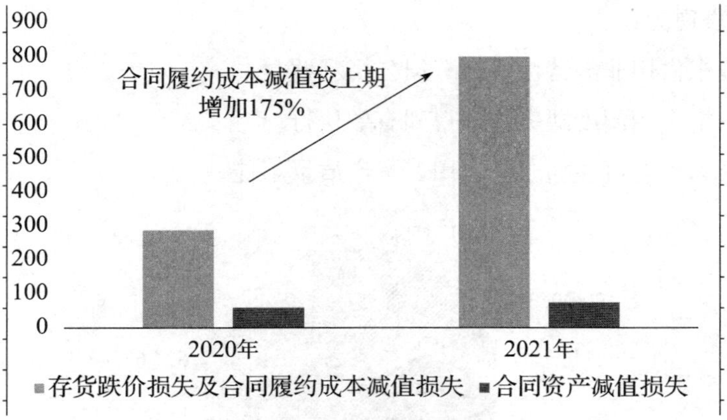

图 3－14　合同履约成本

3. 如何从资产项目质量分析看待财务比率分析的局限性？

基于财务报表数据的财务比率分析法可以利用报表数据之间的逻辑关系，通过两两组合对比来揭示企业财务状况在某些方面的特征，并能够在企业间形成比较，可以说，这一分析方法仍然是截至目前国际上运用最为广泛的一种财务报表分析方法。然而，由于它在分析中并没有结合行业特征、竞争战略、商业模式、结算模式以及经营环境等诸多具体复杂的企业内外部因素，对企业偿债能力、营运能力的分析没有结合企业具体各项资产的实际质量，对企业盈利能力的分析没有考虑盈利质量维度，因此很可能会导致分析结论“以偏概全”，甚至会误导决策者做出错误的决策，从而影响社会资源的优化配置。为了弥补财务比率分析法这一分析局限，我们在分析中必须想办法收集和加工财务报表数据之外更多的有用信息，其中包括报表附注中列示的财务信息和上市公司年度报告中所涉及的大量非财务信息，以及通过其他各种渠道获取到的相关信息。

项目质量分析法主要就是利用报表附注和其他相关非财务信息，根据所分析项目的自身特征和管理要求，结合企业具体经营战略和经营环境等内外部因素，通过对其规模、结构以及状态等方面进行分析，来对其质量进行评价。概括起来说，可以从企业的资产质量、资本结构质量、利润质量以及现金流量质量等几个方面分别进行项目质量分析，在此基础上，再对企业整体的财务状况质量做出判断。这种方法是基于“业财融合”理念，将财务报表分析融入战略选择、业务活动和管理模式等企业具体的场景，从而使每一项财务数据和每一个财务指标因与企业诸多主客观个性化因素相连而变得鲜活并富有实际意义。项目质量分析法可以在相当程度上弥补财务比率分析法中对各个财务指标“一刀切”式的判断标准的不足，将这两种分析方法恰当结合，能够产生较好的分析效果。

第 4 章

资本结构质量分析

第 1 节　知识点回顾

负债		所有者权益
流动负债	非流动负债	
短期借款 交易性金融负债 应付票据 应付账款 预收款项 合同负债 应付职工薪酬 应交税费 其他应付款 持有待售负债 一年内到期的非流动负债 其他流动负债	长期借款 应付债券 租赁负债 长期应付款 预计负债 递延收益 递延所得税负债 其他非流动负债	实收资本 资本公积 其他综合收益 盈余公积 未分配利润

流动负债质量分析

- 流动负债的强制性
- 短期贷款规模可能包含的融资质量信息
- 经营负债的规模、结构及其变化所包含的经营质量信息
- 企业税金缴纳情况与税务环境

- 非流动负债质量分析
  - 长期借款的利率水平高低
  - 长期借款中贷款担保的方式
  - 长期应付款的复杂性
  - 预计负债的合理性

- 或有负债质量分析
  - 已贴现或背书的商业承兑汇票形成的或有负债
  - 未决诉讼和仲裁事项形成的或有负债
  - 为其他单位提供债务担保形成的或有负债

- 盈余公积用途
  - 弥补亏损
    - 用以后年度税前利润弥补
    - 用以后年度税后利润弥补
    - 用盈余公积弥补
  - 转增资本（或股本）
  - 扩大企业生产经营

- 所有者权益质量分析
  - 实收资本（股本）所包含的质量信息：关注股权性质、股权结构以及股东构成情况
  - 资本公积所包含的质量信息分析：资本溢价与其他资本公积分析
  - 其他综合收益所包含的质量信息分析：不产生真实的财务后果；不代表所有者真正享有的权益
  - 盈余公积所包含的质量信息分析
  - 未分配利润所包含的质量信息：长期盈利能力具体体现；以后年度可分配利润规模
  - 投入资本与留存收益的比例关系所包含的质量信息

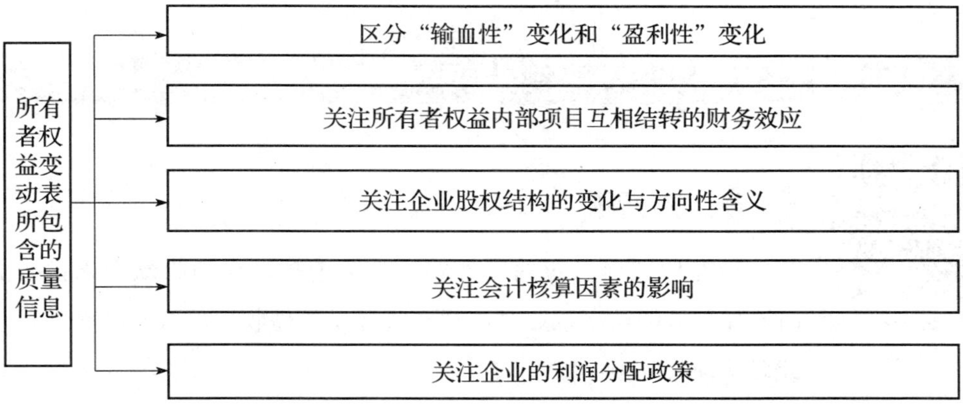
所有者权益变动表所包含的质量信息
区分“输血性”变化和“盈利性”变化
关注所有者权益内部项目互相结转的财务效应
关注企业股权结构的变化与方向性含义
关注会计核算因素的影响
关注企业的利润分配政策

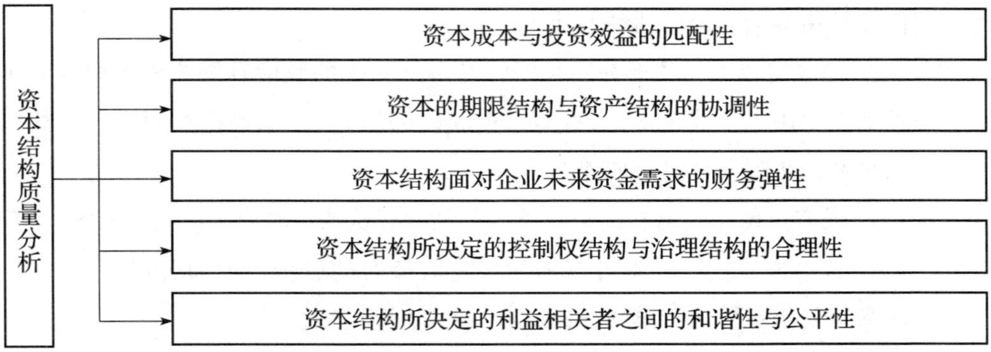
资本结构质量分析
资本成本与投资效益的匹配性
资本的期限结构与资产结构的协调性
资本结构面对企业未来资金需求的财务弹性
资本结构所决定的控制权结构与治理结构的合理性
资本结构所决定的利益相关者之间的和谐性与公平性

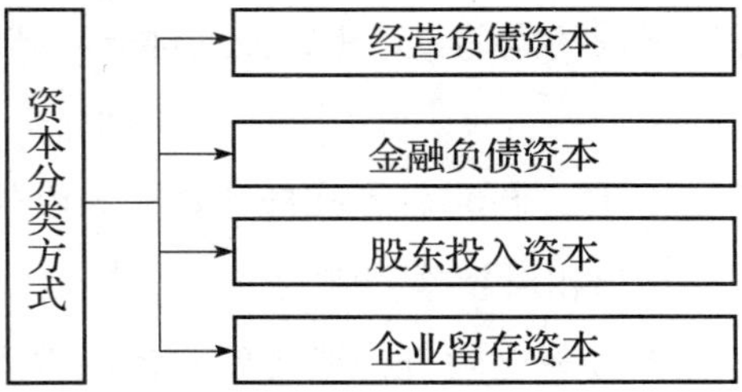
资本分类方式
经营负债资本
金融负债资本
股东投入资本
企业留存资本

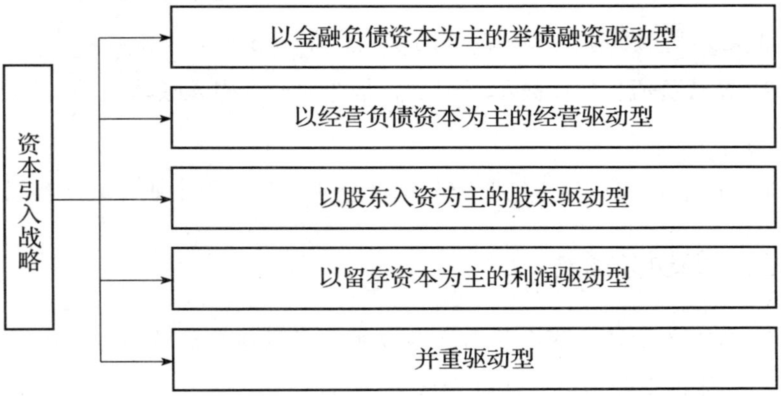
资本引入战略
以金融负债资本为主的举债融资驱动型
以经营负债资本为主的经营驱动型
以股东入资为主的股东驱动型
以留存资本为主的利润驱动型
并重驱动型

第2节 补充练习题及案例分析题

第4章
即测即评

一、判断题

1. 预收款项以履约义务相关性为前提，当预收款尚未被企业收取时，如果能够认定企业对这笔款项有无条件收取的权利，企业就应该对此确认预收款项。（ ）

2. 经营负债的规模在一定程度上反映了企业对上下游的议价能力，即企业利用商业信用推动其经营活动的能力。（ ）

3. 与收益相关的政府补助是指除与资产相关的政府补助之外的政府补助，此类补助主要用于补偿企业已发生或即将发生的收益，受益期相对较长，所以通常在满足补助所附条件时分期摊销。（ ）

4. 或有负债作为潜在义务，符合负债的确认条件时要予以确认入账。（ ）

5. 资本公积转增资本可以增加投资者持有的股份，增加公司股票的流通量，进而激活股价，提高股票的交易量和资本的流动性。（ ）

6. 企业增加永久性流动资产或长期资产，应当通过增加所有者权益来解决；季节性、临时性原因造成的流动资产中的波动部分，则应由短期资金来源解决。

（ ）

7. 一般情况下，具有过高的财务杠杆和财务风险的资本结构，会因企业未来资金回报率较低而表现出相对较差的质量。（ ）

8. 相对于股权融资，从金融机构或者资本市场引入金融负债资本，既可以解决企业发展和扩张过程中的资金问题，又可以保证企业的控制权不会被稀释，这种资本尤其受到有家族控制偏好的家族企业的青睐。（ ）

9. 经营负债长期居高不下，一定是企业资本引入战略成功实施的结果。

（ ）

10. 以股东入资为主的股东驱动型企业一定处于企业发展的初级阶段。（ ）

二、单项选择题

1. 资本公积转增资本并不能导致所有者权益总额的增加，但可以改变企业的（ ），体现企业稳健、持续发展的潜力。

A. 股权结构　　B. 投入资本结构
C. 规模　　D. 股东结构
E. 资金用途

2. 一般来说，利润表中的净利润与资产负债表中留存收益（盈余公积和未分配利润的合计数）的净增加（或减少）额之间的差异主要是由本期的（　　）导致的。

A. 股东入资　　B. 利润分配（分红）
C. 其他综合收益　　D. 股东减资
E. 企业融资

3. 利润质量不好、利润获现能力较差以及对未来融资能力信心不足的企业，一般不会选择大规模的（　　）。

A. 分配股票股利　　B. 分配现金股利
C. 转增资本　　D. 增资扩股
E. 定向增发

4. （　　）并不会引起企业资产、负债和所有者权益中任何一项的总额发生变动，只是引起所有者权益内部有关项目金额和所有者权益的内部结构发生变化。

A. 现金股利　　B. 股票股利
C. 其他综合收益　　D. 定向增发
E. 增资扩股

5. 如果企业的资金来源不能与资金的用途相互协调，在用（　　）支持长期资产和永久性流动资产的情形下，由于企业的长期资产和永久性流动资产的周转时间相对较长，企业有可能出现“短融长投”现象，承受较大的偿债压力。

A. 长期借款　　B. 短期借款
C. 所有者权益　　D. 长期资金来源
E. 长期应付款

6. （　　）是企业融资的结果，它决定了企业的产权归属，也规定了不同投资主体的权益以及所承受的风险，它通常会受到企业控制和经营理念的影响。

A. 资产结构　　B. 资本结构
C. 利润结构　　D. 现金流量结构
E. 投资结构

7. 企业留存资本对企业的战略含义在于，在一定的盈利规模下，企业可以通过制定不同的（　　）政策来改变企业的融资结构，并对企业的战略特别是融资战略形成支撑。

A. 投资组合　　B. 股利分配

C. 产品竞争　　D. 股票发行

E. 银行信贷

8.（　　）往往处于企业发展的初级阶段。

A. 以经营负债资本为主的经营驱动型企业

B. 以金融负债资本为主的举债融资驱动型企业

C. 以股东入资为主的股东驱动型企业

D. 以留存资本为主的利润驱动型企业

E. 各类资本并驾齐驱的并重驱动型企业

9.（　　）往往是一些得到国家政策扶持的行业中的企业以及大型央企，其金融负债在负债总规模中的占比通常较高。

A. 以经营负债资本为主的经营驱动型企业

B. 以金融负债资本为主的举债融资驱动型企业

C. 以股东入资为主的股东驱动型企业

D. 以留存资本为主的利润驱动型企业

E. 各类资本并驾齐驱的并重驱动型企业

10. 对企业的全部资本（或资金）按照其融资渠道做重新分类并展开进一步的分析与考察，就可以透视企业（　　）的选择与实施状况。

A. 资源配置战略　　B. 资本引入战略

C. 产品竞争战略　　D. 差异化战略

E. 经营发展战略

三、多项选择题

1. 按照股东对公司的影响程度，一般可以将股东分为（　　）等类型。

A. 控股股东　　B. 重大影响股东

C. 非重大影响股东（即小股东）　　D. 母公司股东

E. 子公司股东

2. 有关资本溢价的说法正确的有（　　）。

A. 股东溢价购入企业股票是预期企业的股价将会由于其内在的高质量等原因进一步走高

B. 股东溢价购入企业股票是股东预期可以通过长期持有获得较高的投资报酬

C. 一般情况下溢价越多，表明股东对企业未来前景的信心越大

D. 在定向增发的情况下，企业有可能通过低溢价来吸引战略投资者

E. 企业可能通过低溢价向定增对象进行利益输送

3. 所有者权益变动表是反映构成所有者权益的各个组成部分当期增减变动情况的报表。它包括（　　）等内容，能让报表使用者准确理解所有者权益增减变动的根源。

A. 当期损益

B. 直接计入所有者权益的利得和损失

C. 与所有者进行资本交易导致的所有者权益的变动

D. 会计政策变更、前期差错更正

E. 所有者权益内部结转

4. 关于企业派发现金股利的说法正确的有（　　）。

A. 企业发生亏损当年不得派发现金股利

B. 企业发生亏损当年也可以派发现金股利

C. 企业的未分配利润为负时一般不会派发现金股利

D. 企业派发现金股利后所有者权益的结构会发生变化

E. 企业派发现金股利后投资者手中的财富一定会增加

5. 关于企业派发股票股利的说法正确的有（　　）。

A. 股票股利并不会引起企业资产、负债和所有者权益中任何一项的总额发生变动

B. 股票股利会引起所有者权益内部有关项目金额和所有者权益的内部结构发生变化

C. 股票股利会引起留存收益的金额减少，股本和资本公积的金额相应增加

D. 股票股利分派形式下，股东实际上是将收益留存在企业作为对企业的再投资

E. 股票股利相对于现金股利来说更有利于企业财务实力的保持，为日后发展形成更多的储备

6. 资产负债表中负债和所有者权益按照其融资渠道做重新分类，可以分为（　　）。

A. 经营负债资本　　　　　　　　B. 金融负债资本

C. 股东投入资本　　D. 企业留存资本

E. 实收资本

7. 在过高的财务杠杆比率下，企业在财务上面临的问题有（　　）。

A. 有可能不能正常偿还到期债务的本金和利息

B. 在企业发生亏损时，可能会由于所有者权益的比重相对较小而使企业的债权人受到侵害

C. 企业从潜在的债权人那里继续获得资金的难度将会大大增加

D. 当企业未来发展面临资金需求时，债务融资的难度会因企业目前过高的杠杆比率而大大增加

E. 企业只能通过权益融资来解决资金问题，这样就相应降低了企业的融资弹性，也就大大增加了融资难度

8. 不和谐的公司治理经常会引发的问题包括（　　）。

A. 主要股东变动频繁

B. 股东间冲突不断

C. 股东与管理层矛盾重重

D. 公司董事会内部不和谐（尤其是独立董事频繁变更）

E. 大股东利用关联交易占用或转移公司资金

9. 从战略角度对企业的资产负债表进行分析，我们关注的是整体性和框架性的战略信息挖掘。我们不可能也没必要将每个项目均与企业战略联系起来。分析中通常会忽略与企业战略分析关联度较低的项目，如（　　）。

A. 短期借款　　B. 实收资本

C. 应付账款　　D. 应付职工薪酬

E. 应交税费

10. 举债融资驱动型企业战略的财务效应体现在（　　）。

A. 向银行等金融机构举债或者通过资本市场进行债务融资，虽然可以有效解决企业发展过程中的资金问题，但会带来较大的偿付压力和财务风险

B. 向银行等金融机构举债或者通过资本市场进行债务融资，既可以有效解决企业发展过程中的资金问题，也不会带来较大的偿付压力和财务风险

C. 由于各类金融性债务融资均存在一定的资本成本，因而利息负担会成为企业发展的一把双刃剑，一些盈利前景看好的企业会借此驶入发展的快车道，而一些盈利状况堪忧的企业可能由此跌入万丈深渊

D. 为降低融资环境动态不确定性的影响，企业极易出现过度融资问题

E. 由于各类金融性债务融资均存在一定的资本成本，企业不会出现过度融资问题

四、案例分析题

案例一　新城控股偿债能力分析

新城控股（601155）成立于 1993 年，2015 年吸收合并新城地产在 A 股上市，凭借良好的经营表现及持续提升的商业运营实力，新城控股荣获“2022 房地产开发企业综合实力 10 强”，连续四年跻身十强，并连续六年蝉联房地产开发企业商业地产运营榜 TOP2，目前处于行业领先地位。新城控股 2021 年年报中合并财务报表的相关财务数据如表 4－1 所示。

表 4－1　资产负债表主要项目　　单位：元

项目	2021 年	2020 年	2019 年
资产总额	534 293 114 201	537 752 834 107	462 110 080 567
负债总额	437 169 132 719	455 614 365 142	400 174 770 375
其中：应付账款	53 246 021 500	51 042 734 755	34 775 481 057
合同负债	193 284 614 110	202 196 750 417	197 667 554 333
应付票据	6 681 502 481	6 785 407 270	4 267 825 122
预收款项	981 099 349	589 889 955	561 426 406
应付职工薪酬	1 090 933 771	1 888 794 819	1 792 640 303
应交税费	14 302 151 481	16 867 445 359	9 551 036 223
短期借款	558 897 043	449 700 000	670 000 000
长期借款	42 992 325 263	43 623 253 800	24 368 777 554

要求：

1. 根据新城控股 2019—2021 年基本财务数据，计算企业的资产负债率（使用合并财务报表数据），并据此评价企业的偿债能力。

2. 结合企业年报数据，对新城控股的负债类别和具体项目质量进行简要分析。

3. 偿债比率指标与负债类别和具体项目质量分析的结果是否一致？如何客观评价企业实际的偿债能力？

案例二 惠泰医疗资本结构分析

惠泰医疗（688617）2021 年度报告中的部分数据如表 4-2 所示（单位：元）。

表 4-2

报告期	2021-12-31	2021-12-31	2020-12-31	2020-12-31
报表类型	合并财务报表	母公司财务报表	合并财务报表	母公司财务报表
流动负债：				
短期借款	16 000 000	16 000 000	10 500 000	
应付票据及应付账款	21 133 743	53 325 369	8 418 540	734 492
应付票据				
应付账款	21 133 743	53 325 369	8 418 540	734 492
预收款项				
合同负债	32 315 162	7 568 592	16 705 239	6 156 185
应付职工薪酬	76 347 160	21 038 517	40 950 976	11 986 888
应交税费	11 887 899	2 062 550	8 791 522	776 698
其他应付款（合计）	20 394 706	5 847 517	17 994 412	4 223 995
一年内到期的非流动负债	13 553 947	3 885 797	5 000 000	
其他流动负债	2 898 479	63 626	1 051 123	11 294
流动负债合计	194 531 094	109 791 969	109 411 812	23 889 552
非流动负债：				
长期借款	10 228 000		23 592 000	
租赁负债	6 796 564	1 675 612		
递延所得税负债	3 161 603	3 161 603		
递延收益-非流动负债	7 298 958	2 410 723	5 620 982	2 286 823
非流动负债合计	27 485 125	7 247 938	29 212 982	2 286 823
负债合计	222 016 219	117 039 907	138 624 793	26 176 375
所有者权益（或股东权益）：				
实收资本（或股本）	66 670 000	66 670 000	50 000 000	50 000 000
资本公积	1 268 068 816	1 317 604 734	159 465 477	165 388 169
其他综合收益	17 887 620	17 915 753	−8 213	
盈余公积	20 181 743	20 181 743	11 991 821	11 991 821
未分配利润	405 303 334	148 753 121	238 907 160	108 378 831
归属于母公司所有者权益合计	1 778 111 513	1 571 125 350	460 356 246	335 758 822
少数股东权益	12 953 812		−10 269 390	
所有者权益合计	1 791 065 325	1 571 125 350	450 086 856	335 758 822
负债和所有者权益总计	2 013 081 544	1 688 165 258	588 711 649	361 935 197

要求：

1. 以 2021 年 12 月 31 日合并财务报表数据为基础考察一下，在企业的负债与股东权益中，经营负债、金融负债、股东入资与利润积累对企业来说各自扮演了什么角色？

2. 企业的资产负债率较低意味着什么？通过具体分析负债的结构又能得出什么结论？

案例三　亚太药业控制权发生重大变更给企业带来的影响

2022 年 4 月 20 日，亚太药业（002370）发布《关于公司控股股东、实际控制人变更的公告》，部分内容为：

> 经审慎判断，认定公司控股股东由无控股股东变更为宁波富邦控股集团有限公司，公司实际控制人由无实际控制人变更为宋汉平、黄小明、傅才、胡铮辉 4 名自然人组成的管理团队。
>
> 公司前五大股东（一致行动人合并计算）分别为宁波富邦控股集团有限公司及其全资子公司上海汉贵投资管理有限公司、吕旭幸、沈依伊、浙江亚太集团有限公司，持股比例分别为 18.02%、3.74%、3.37%、2.35%，公司第一大股东为宁波富邦控股集团有限公司及其一致行动人上海汉贵投资管理有限公司，持有亚太药业 18.02%的股份，除此之外，公司其余股东持有公司股份的比例均未超过公司股本总额的 5%。因此，富邦集团是持有公司表决权股份最大的股东，且与第二大股东持股差距较大，依其持有的股份所享有的表决权已足以对公司股东大会的决议产生重大影响。
>
> 公司于 2022 年 4 月 15 日召开 2022 年第一次临时股东大会，本次会议选举宋凌杰、黄小明、傅才、宋令波、黄伟、周亚健为公司第七届董事会非独立董事，选举吕海洲、刘岳辉、蔡敏为公司第七届董事会独立董事，上述当选的 4 名非独立董事、2 名独立董事由富邦集团及其子公司汉贵投资提名，占公司董事会成员的半数以上。综合上述情况，富邦集团及其一致行动人拥有公司有表决权股份比例为 18.02%，为公司第一大股东。公司第七届董事会共有 9 名董事，其中 6 名由富邦集团及其子公司汉贵投资提名，占公司董事会成员的半数以上。因此，尽管富邦集团及其一致行动人实际支配公司股份表决权未超过 30%，但从公司第七届董事会组成情况来看，第七届董事会成员半数以上由富邦集团及其一致行动人提名并当选，富邦集团通过实际支配公

司股份表决权已决定了公司董事会半数以上成员选任，符合《上市公司收购管理办法》等规定的拥有上市公司控制权的情形。综上，公司控股股东变更为宁波富邦控股集团有限公司，公司际控制人变更为宋汉平、黄小明、傅才、胡铮辉4名自然人组成的管理团队。

本次公司控股股东及实际控制人的变更，不会对公司日常经营活动产生不利影响；不会影响公司的机构独立、人员独立、财务独立、业务独立和资产完整。

要求：

1. 实际控制人通常会在哪些方面对企业的经营产生影响？

2. 在对企业进行财务报表分析时是否有必要了解企业的实际控制人问题？理由是什么？

3. 企业的实际控制人由无到有，对企业的影响和意义何在？

4. 企业的资本结构与实际控制人之间可能存在何种关联性？

第3节　补充练习题答案及案例分析提示

一、判断题

1. ×	2. √	3. ×	4. ×	5. √
6. ×	7. ×	8. √	9. ×	10. ×

二、单项选择题

1. B	2. B	3. B	4. B	5. B
6. B	7. B	8. C	9. B	10. B

三、多项选择题

1. ABC	2. ABCDE	3. ABCDE	4. BC	5. ABCDE
6. ABCD	7. ABCDE	8. ABCDE	9. DE	10. ACD

四、案例分析提示

案例一　新城控股偿债能力分析

1. 根据新城控股 2019—2021 年基本财务数据，计算企业的资产负债率（使用合并财务报表数据），并据此评价企业的偿债能力。

相关计算如表 4－3 所示。

表 4－3

项目	2021 年	2020 年	2019 年
资产负债率＝负债总额/资产总额	81.82%	84.73%	86.60%

2019—2021 年，新城控股的资产负债率都在 80%以上，一般而言，企业的资产负债率越高，财务风险越大，偿债能力较差。

从该指标的结果来看，新城控股的偿债能力较差；由于该指标数值在逐年下降，说明偿债能力已经得到一定程度的改善，但仍处于较高的水平，财务风险仍然较大。

2. 结合企业年报数据，对新城控股的负债类别和具体项目质量进行简要分析。

从负债的流动性来看，应付账款、合同负债、应付票据、预收款项、应付职工薪酬、应交税费和短期借款构成了新城控股的流动负债，2019—2021 年均占负债的 61%，可以看出，企业负债以流动负债为主。

在流动负债中，由于金融负债短期借款占企业负债总额不到 0.2%，占比极小，由此可以看出新城控股是以经营负债为主。在企业的经营负债中，占比最大的为合同负债和预收款项，在 2021 年占负债总额的 44%，该部分负债是由于企业在履约之前收到合同款项，到期是以商品的形式进行偿还，不会对企业的现金流产生直接的影响，属于非强制性负债，并且在一定程度上反映的是企业来年的经营业绩，以及企业面对下游客户的议价能力。

企业的应付账款和应付票据占负债的比例逐年增加，从 2019 年的 9.76%上升到 2021 年的 13.71%；这得益于应付账款的占比增加。应付账款在一定程度上反映的是企业面对上游的议价能力。由于国内的应付票据多为银行承兑汇票，相比应付账款而言，有一定的财务成本，因此，应付账款比例的相应增加说明企业的竞争优势在增强，与上游的议价能力在增加，同时也说明上游对企业偿债能力有较大的信心，同意给企业提供更多的商业信用。

应付职工薪酬和应交税费的期末余额在企业经营稳定过程中波动不大，因此可以看作“债务沉淀”，也可以视为非强制性负债。

综上所述，在对新城控股的负债类别和具体项目质量进行分析后可以进一步得出如下结论：新城控股2019—2021年负债中均有近61%是经营负债，这些负债的强制性与金融负债比相对较低，质量较好，企业的实际偿债压力并不大。这样的分析结论与基于较高的资产负债率所得出的结论相去甚远，足以说明财务比率分析的局限性，而项目质量分析作为有力的补充，可以在很大程度上弥补财务比率分析“一刀切”的缺陷，提供更加符合企业实际情况的分析结论。

3. 偿债比率指标与基于负债类别的具体项目质量分析的结果是否一致？如何客观评价企业实际的偿债能力？

偿债比率指标与基于负债类别的具体项目质量分析的结果并不一致。从上述分析中可以看出，企业的资产负债率很高，但其实际的偿债压力并不大，财务风险相对较小。

因此，评价企业的偿债能力不能单纯基于企业的财务比率，资产负债率、产权比率、流动比率等指标只是反映了企业在某一时点的财务结果，而指标的形成与结果的呈现却存在“多因一果”的关系。因此，要想客观评价企业的实际偿债能力，不能简单地根据财务比率的计算结果“一刀切”，还应该进一步对负债的各个部分进行拆分，对企业主要的负债项目逐一进行项目质量分析，在此基础上再对企业负债的整体质量进行综合判断。具体地说，企业负债项目的质量分析可从如下三个方面分别进行：

首先，分析流动负债的质量。常见的流动负债包括短期贷款、应付账款、合同负债、应付票据、预收款项、应付职工薪酬、应交税费等。可通过分析流动负债的强制性、短期贷款规模包含的融资质量、经营负债的规模结构及其变化所体现的经营质量信息，以及企业税金缴纳情况与税务环境等多个方面进行分析。

其次，可以分析非流动负债质量。比如分析长期借款（以及其他非流动负债项目）的利率水平高低，可以体现银行对企业风险的评估情况；分析长期借款中贷款担保的方式，担保代价越小，企业的贷款质量越高；分析长期应付款的复杂性与财务效应，是否有租赁负债、其他长期应付款；分析预计负债的合理性；等等。

最后，还需要对企业的或有负债做进一步分析。或有负债是表外资产，其风险无法在报表中体现，需要估量其对企业未来可能造成的影响。一般而言，企业的或有事项有：未决诉讼、提供担保、附有追索权的商业票据等。

当然，对企业实际偿债能力的判断，在考察负债项目质量的基础上，还要进一步分析企业各项资产的实际质量，并不是企业的每一项资产都可以作为偿债的物资保障。

案例二　惠泰医疗资本结构分析

1. 以 2021 年 12 月 31 日合并财务报表数据为基础考察一下，在企业的负债与股东权益中，经营负债、金融负债、股东入资与利润积累对企业来说各自扮演了什么角色?

在 2021 年 12 月 31 日的合并财务报表中，惠泰医疗的资产负债率为 11.03%，权益比率为 88.97%，从资金来源构成来看，企业的融资以自身权益性融资为主。

从负债的内部构成来看，企业的金融负债主要是短期借款、长期借款以及租赁负债，三者占资产的比例（即资产金融负债率）不到 2%，占负债总额的比例不到 15%，企业财务风险较小。刨除金融负债，大部分是经营负债等非强制性负债，比如应付票据及应付账款、合同负债、应付职工薪酬等，实际偿付压力相对较小。由于资产负债率较低，不管主要构成是经营负债还是金融负债，对企业整体的财务风险影响都不是很大。

从所有者权益内部构成来看，股东入资（实收资本和资本公积之和）占资产总额的 66%以上，占所有者权益总额的 75%，占比相当大。这说明与股东入资相比，企业自身的利润积累并不多，因此，公司的战略决策话语权更多的是掌握在投资者（尤其是控股股东）手中，这时大股东入资所带来的资源优势和投资偏好，往往会显著影响企业的经营战略以及企业未来的发展方向。

2. 企业的资产负债率较低意味着什么？通过具体分析负债的结构又能得出什么结论?

企业的资产负债率较低，说明企业的财务风险较小，偿债能力较好。

惠泰医疗的资产负债率仅约为 11%。进一步分析其内部负债结构发现：企业的金融负债占负债总额比例不到 21%，说明企业的强制性负债占比较小，企业的偿债压力较小。

通过比较企业的资产负债率以及负债的内部构成可以进一步说明企业的财务风险较低，偿债压力不大，偿债能力较好。

案例三　亚太药业控制权发生重大变更给企业带来的影响

1. 实际控制人通常会在哪些方面对企业的经营产生影响？

在不同的法律条文中对企业实际控制人的表述有所差异，但思想大多一致。例如：《公司法》中表述为“实际控制人是指虽然不是公司股东，但是通过投资、协议或者其他安排能够实际支配公司的人”；证监会《首次公开发行股票和上市管理办法》中表述为“能够对股东大会决议产生重大影响或者能够实际支配公司行为的权力，其渊源是对公司直接或者间接的股权投资关系”。

由此可见，实际控制人必定是能对企业的经营决策有重大影响，并能支配公司的一个重要角色。企业在经营过程中会发生相关的经营活动、融资活动以及筹资活动。实际控制人能够根据自身对公司未来发展的考量，制定相应的经营战略；可以根据自身风险偏好，选择不同的融资方式和筹资方式，进而影响公司的财务风险和未来的资本结构布局。毫不夸张地说，实际控制人将在很大程度上影响公司的未来走向。

按照常理来分析，实际控制人对公司的经营产生的影响应该是深刻的，当然在短时间内“不会对公司日常经营活动产生不利影响；不会影响公司的机构独立、人员独立、财务独立、业务独立和资产完整”，但从长期来看，会在公司战略的选择和调整以及各类重大经营决策中发挥着举足轻重的作用，否则，实际控制人将毫无存在感。一般情况下，企业越发展，就越依赖实际控制人及其所决定的公司治理机制。应该说实际控制人的偏好及公司治理机制会在很大程度上决定着企业的未来。

2. 在对企业进行财务报表分析时是否有必要了解企业的实际控制人问题？理由是什么？

有必要了解。

通过财务分析得出的财务比率以及其他的财务分析只是最终结果的呈现，而要找到形成这样结果的原因，需要去追根溯源。只有了解了企业的资本引入战略以及由此决定的实际控制人和公司治理机制，才有可能搞清楚企业为何会选择这样的资源配置战略，以及这样的资源配置战略又带来了什么样的财务结果。这样的分析思路有利于分析者从战略层面考察企业的财务状况质量，有利于更加科学、客观地预测企业的发展前景和趋势。

3. 企业的实际控制人由无到有，对企业的影响和意义何在？

企业的实际控制人由无到有将对企业产生一定的积极影响。在没有实际控制人的情况下，企业面临如下三个风险：一是投资效率低，企业的重大决策通常需要以少数服从多数的原则进行制定，由于没有能够一锤定音的主导者，企业在决策时可能会争持不下、议而不决，尤其在日新月异的今天容易错失发展机遇；二是容易被管理层掏空，由于没有实际控制人，公司的经营决策权很可能最终落入管理层，这将产生较高的代理成本，如果管理层与股东利益不一致，将很可能导致公司利益被掏空；三是容易被恶意收购，引起控制权的争夺，比如万科的控制权之争。企业无实际控制人往往是因股权过于分散造成的，由于单个投资者手中的股权份额较低而使得被恶意收购的难度降低、风险加大。因此，实际控制人从无到有，可以有效降低上述风险。保持实际控制人的长期稳定，则可以保证战略的一致性和连续性，对企业的经营发展大有裨益。

当然，实际控制人的出现也有其局限性。实际控制人权力过大，容易产生"一言堂"的情形；若大小股东利益不一致，还容易出现实际控制人与控股股东掏空公司的情况，这些都需要通过建立有效的治理机制来加以防范。

4. 企业的资本结构与实际控制人之间可能存在何种关联性?

本教材对资本结构的理解和界定，突破了传统的资本结构概念（主要指长期负债与股东权益之间的比例关系）的束缚，将资本结构概念拓展至更广泛的融资结构以及更深入的股权结构和控制权结构等多个层面。资本结构质量分析也没有仅仅局限于传统的对公司财务风险和偿债能力的考察，没有单纯强调资本结构对企业价值的影响，而是进一步评价企业资本结构与企业当前以及未来发展的适应性。通常来讲，公司股权结构影响着公司控制权结构，制约着公司治理机制，决定着公司的实际控制人是谁，而公司的实际控制人又会在很大程度上左右公司资源配置战略的选择以及公司未来的发展方向。也可以这样说，公司股权结构及控制权结构的特征决定了公司的实际控制人，而公司实际控制人的特征和偏好又往往会对公司的运行与发展具有根本性影响。

第4节　教材关键术语和思考题参考答案

一、关键术语解释

1. 负债：是指企业在某一特定日期承担的、过去的交易或者事项形成的、预期会导致经济利益流出企业的现时义务。按照会计的历史成本原则，负债仅限于那些企业承担的过去或现在已完成的经济业务所引起的、可以用货币计量的未来的经济责任。

2. 流动负债：是指那些应该在1年或者超过1年的一个营业周期以内偿还的债务，包括短期借款、交易性金融负债、应付票据、应付账款、预收款项、应付职工薪酬、应交税费、应付利息、应付股利、其他应付款、一年内到期的非流动负债及其他流动负债等项目。

3. 非流动负债：是指偿还期在1年或者超过1年的一个营业周期以上的债务，包括长期借款、应付债券、长期应付款、专项应付款、预计负债、递延所得税负债及其他非流动负债等。

4. 所有者权益：是指企业资产扣除负债后由所有者享有的剩余权益，一般包括企业所有者的投入资本（实收资本和资本公积的合计数）和留存收益（盈余公积和未分配利润的合计数）两大类。

5. 资本结构：是在企业管理、财务管理和财务分析等领域广泛应用的一个概念。本书对资本结构的理解，突破了传统的资本结构概念（主要指长期负债与股东权益之间的比例关系）的束缚，甚至对资本与资金两个概念并不严格加以区分，将资本结构概念拓展至更广泛的融资结构以及更深入的股权结构和控制权结构等多个层面。它可以是企业资产负债表右边全部项目之间的各种比例关系，包括借入资金与自有资金之间的比例关系、短期资金来源与长期资金来源之间的比例关系、无息负债与有息负债之间的比例关系、商业信用资金来源与非商业信用资金来源以及按照不同的融资渠道形成的各类资本之间的比例关系等。

6. 资本结构质量：简单地说，资本结构质量就是指企业融资结构的合理性，它会在很大程度上影响公司运营的效益和风险，而公司股权结构所确定的公司控制权结构则制约了公司治理模式，决定了公司的发展方向，公司的股权结构及其控制权结构特征对公司的运行与发展具有根本性影响。只有在更广泛、更深入的层面上对公司的资本结构进行分析与考察，才能够反映出它在公司经营层面的质量，更可以透视出它在公司战略制定层面的质量——即公司资本引入战略的选择与实施状况，而这一层面的质量更能揭示出公司未来发展的方向、路径和特色。

7. 经营负债资本：经营负债资本，也可以称为商业信用资本，是指企业在自身的经营活动中通过商业信用所获得的资本。经营负债资本体现在资产负债表的负债项目中，主要包括应付票据、应付账款和预收款项等。经营负债不只是在会计核算层面反映了企业与上下游企业或者用户进行结算时利用商业信用所产生的债务情况，更重要的是在战略和竞争力层面反映出企业在商业信用资本的引入方面所做出的安排。

8. 金融负债资本：金融负债资本是指企业从金融机构或者资本市场通过债务融资形成的资本，它既可以通过向银行等金融机构举债获得，也可以在资本市场上通过发行债券、融资租赁等方式获得，主要包括长短期借款、交易性金融负债、应付利息、一年内到期的非流动负债、应付债券以及长期应付款等。金融性资本的一个显著特点是偿还本金的压力较大，并需要支付利息。

9. 股东投入资本：在资产负债表上，反映股东入资的项目包括股本（实收资本）和资本公积（这里仅讨论资本公积中所包含的股东入资引起的部分，其他因素引起的资本公积的变化暂不涉及），它是企业发展的原动力。股东对企业的入资情况具有极强的战略色彩。

10. 企业留存资本：企业留存资本是指企业实现的净利润中，股东没有分配而留存在企业的权益部分，在规模上相当于我们通常所指的留存收益部分。这部分企业留存资本在资产负债表上主要表现为盈余公积和未分配利润，也是企业自身累积的利润。

11. 资本引入战略：我们可以按照企业经营负债资本、金融负债资本、股东投入资本以及企业留存资本等四类资本在负债和股东权益总规模中的比重大小，将企业按照不同的资本引入战略区分为几种类型：以经营负债资本为主的经营驱动型、以金融负债资本为主的举债融资驱动型、以股东入资为主的股东驱动型、以留存资本为主的利润驱动型以及各类资本并驾齐驱的并重驱动型。当然，在很多情况下，企业会灵活运用各类资本为自身发展提供充足的资本动力。不同的资本引入战略，显示了不同类型的企业资本驱动模式，会为企业带来不同的财务效应。

二、思考题参考答案

1. 如何认识资本结构对企业的重要性?

资本结构是在企业管理、财务管理和财务分析等领域广泛应用的一个概念。本书对资本结构的理解，突破了传统的资本结构概念（主要指长期负债与股东权益之间的比例关系）的束缚，甚至对资本与资金两个概念并不严格加以区分，将资本结构概念拓展至更广泛的融资结构以及更深入的股权结构和控制权结构等多个层面。它可以是企业资产负债表右边全部项目之间的各种比例关系，包括借入资金与自有资金之间的比例关系、短期资金来源与长期资金来源之间的比例关系、无息负债与有息负债之间的比例关系、商业信用资金来源与非商业信用资金来源以及按照不同的融资渠道形成的各类资本之间的比例关系等。

资本结构对企业的重要性可以体现在以下几个方面：

（1）不同的资本结构会影响企业的加权平均资本成本，进而影响企业的盈利状况，最终影响企业净资产的规模。从成本效益关系的角度来分析，只有当企业的资产报酬率（应当为企业的利息和税前利润与企业总资产之比）大于企业的加权平均资本成本时，企业才能在向资金提供者支付报酬以后使企业的净资产得到增加，企业净资产的规模得以扩大。反之，在企业的资产报酬率小于企业的加权平均资本成本时，企业向资金提供者支付报酬将缩减企业的净资产，企业净资产的规模将逐渐缩小。

（2）不同的资本结构会产生不同的偿债压力。如果企业的资金来源不能与资金的用途相配比，在用长期资金来源来支持短期波动性流动资产的情形下，由于企业长期资金来源的资本成本相对较高，企业的效益将会下降；在企业用短期资金来源来支持长期资产和永久性流动资产的情形下，由于企业的长期资产和永久性流动资产的周转时间相对较长，企业可能经常会出现急迫的短期偿债压力。

（3）不同的资本结构具有不同的财务风险。企业财务杠杆比率越高，表明企业资源对负债的依赖程度越高。在企业财务杠杆比率过高的条件下，企业在财务上将面临两个主要压力：一是不能正常偿还到期债务的本金和利息；二是在企业发生亏损的时候，可能会由于所有者权益的比重相对较小而使企业的债权人受到侵害。受此影响，企业从潜在的债权人那里获得资金的难度会大大提高。这就是说，企业在未来进行债务融资以满足未来正常经营与发展的难度会因企业较高的杠杆比率而提高。因此，较高财务杠杆比率的企业，其财务风险相对较高。

（4）不同的资本结构可以把企业引向不同的发展方向。企业的股权结构对企业的类型、发展以及组织结构的形成都具有重大的意义。股权结构的动态变化会导致企业组织结构、经营走向和管理方式的变化。因此，分析者要在企业的股权结构发生重大变化时，进一步分析控股股东、重大影响股东会发生怎样的变化，以及这种变化对企业会产生什么样的方向性影响，因为这将在很大程度上决定企业未来的发展方向。

2. 怎样看待企业经营负债的规模变化和结构变化？

企业经营负债又称商业负债，是指企业通过经营活动所产生的各项债务，如在采购和销售等经营活动中形成的对上游供应商和下游经销商的应付票据、应付账款和预收款项等。经营负债的规模在一定程度上反映了企业对上下游的议价能力，即企业利用商业信用推动其经营活动的能力。尤其需要特别关注应付票据与应付账款的规模变化及其与企业存货规模变化之间的关系。这是因为，应付票据与应付账款构成了存货的财务来源。由于应付票据和应付账款的财务成本并不相同（在我国商业汇票普遍采用银行承兑的条件下，应付票据是有成本的），因此，从企业应付票据和应付账款的相对规模变化，可以在一定程度上透视出整个行业所面临的生存环境变化，甚至有可能反映出企业的经营管理质量和相对竞争优势。

（1）在企业普遍采用赊购方式的情况下，应付账款的相对规模不断增加。

在企业普遍采用赊购方式的情况下，如果应付账款相对于应付票据（我国企业普遍采用银行承兑汇票）来说相对规模不断增加，从债务企业角度来说，这种增长在很大程度上代表了债务企业与供应企业在结算方式上具有越来越强的谈判能力：企业成功地利用商业信用来支持自己的经营活动，又避免了采用商业汇票结算所可能引起的财务费用。从债务企业角度来说，之所以接受这种结算方式而不采用商业汇票结算方式，是因为对债务企业的偿债能力有信心，对到期回收商业债权有信心。

（2）在企业普遍采用赊购方式的情况下，应付票据的相对规模不断增加。

在企业普遍采用赊购方式的情况下，如果应付票据相对于应付账款来说相对规模不断增加，从债务企业角度来说，这种增长可能意味着债务企业（因支付能力下降等原因）与供应商在结算方式上的谈判优势在逐渐丧失，而不得不采用商业汇票结算方式。同时，采用商业汇票结算，不可避免地会引起财务费用的增加、货币资金的周转压力增大。从债务企业角度来说，之所以只接受商业汇票结算方式，除了商业汇票具有更强的流动性外，还可能是因为对债务企业的偿债能力缺乏信心。

（3）预收款项的规模变化及其信息含义

预收款项规模的变化情况一般会被业界认为是企业来年经营业绩的晴雨表，具有一定的预测价值。同时，也会在一定程度上反映出行业的景气程度变化、市场的整体需求变化、企业的相对竞争优势变化以及企业相对于下游客户的议价能力变化。

另外有一点需要强调的是，由于预收款项作为一项流动负债并不需要全额的现金偿付，只需要发运相应金额的货物或者提供相应规模的劳务，两者之间相差一个“毛利”，因此，企业在拥有大规模的预收款项时，其真实的偿债能力往往要大大高于通过流动比率、速动比率等财务指标所显示出来的偿债能力。

3. 或有负债和预计负债之间有哪些区别？如何看待它们各自的质量对企业未来的财务状况可能造成的影响？

预计负债项目反映企业确认的对外提供担保、未决诉讼、产品质量保证、重组义务、亏损合同等很可能产生的负债。如果与或有事项有关的义务同时符合以下条件，企业应将其确认为负债，并在资产负债表中以预计负债单独反映：第一，该义务是企业承担的现时义务；第二，该义务的履行很可能导致经济利益流出企业；第三，该义务的金额能够可靠地计量。其中，“很可能”指发生的可能性为“大于50%但小于或等于95%”。

或有负债是指过去的交易或事项形成的潜在义务，其存在须通过未来不确定事项的发生或不发生予以证实；或过去的交易或事项形成的现时义务，履行该义务不是很可能导致经济利益流出企业或该义务的金额不能可靠地计量。严格地说，或有负债并不属于负债范畴，因而或有负债并不在资产负债表中体现，但是必须将其在报表附注中进行披露。

由于预计负债即便是在最初入账时也是以履行相关现时义务所需支出的最佳估计数为基础，而在每个资产负债表日还要对预计负债的账面价值进行检查，如有客观证据表明该账面价值不能真实反映当前最佳估计数，就应做相应调整，因此，该项目是否作为负债入账以及入账的金额有多大，后续金额如何调整，在很大程度上都会取决于人为的主观判断，这样就不可避免会出现企业利用该项目来进行利润操纵的现象。是否有利用预计负债操纵利润的嫌疑，要根据财务报告中的其他资料以及企业历史资料进行判断。

对于或有负债的质量分析，主要是针对引起或有负债的原因进行分析。从前面对或有负债和预计负债的讨论可以看出，或有负债有的是由于外部经济环境变化引起的，有的是企业从事正常的经营活动所必须发生的（如质量保证等引起的或有负债），有的则是由于企业自身管理不善引起的。在特定的经济条件下，或有负债的不确定性可能会朝不利于企业的方向发展。因此，不管是企业内部还是外部的会计信息使用者，都应该在理解和使用会计信息时注意到这种可能性，以规避风险。

4. 如何对所有者权益进行质量分析？

对企业所有者权益的质量进行分析，应该关注以下几个主要方面：

（1）实收资本（股本）所包含的质量信息。

实收资本是企业接受的投资者投入企业的资本，表明投资者对企业的基本产权关系。按照股东对公司的影响程度，一般可以将股东分为控股股东、重大影响股东和非重大影响股东（即小股东）三种类型。分析实收资本项目时，要关注股权结构、股权性质以及股东构成情况。由于控股股东和重要影响股东在很大程度上决定着企业未来的发展战略和方向，因此，应着重分析他们的背景、资源优势、自身的经营状况、投资目的等，以判断这些股东的“立场”是否与全体股东的“立场”相一致：是会站在“全体股东的立场”来真正支持企业谋求长期发展呢？还是会站在“自身立场”来掏空企业以谋求其自身的发展？这些判断分析结论对于预测企业的未来发展方向和趋势极其具有价值。

（2）资本公积所包含的质量信息。

1）资本溢价（或股本溢价）。

股东之所以向企业注入非分红性的入资（如资本溢价或股票溢价），主要是因为：第一，股东预期企业的股价将会由于其内在的高质量等原因持续走高，在将来可以通过高价出售而获利；第二，股东预期可以通过长期持有而分得高比例的现金股利，从而获得较高的投资报酬。无论是哪种原因，都基本表明股东对企业未来发展有较好的预期和较大的信心。

2）其他资本公积。

以权益结算的股份支付一般用于奖励机制，以换取职工的劳务等。在确认费用时并没有给出如现金等实质性的东西，这部分的劳务报酬要到以后才确实支付。在行权的时候是以股份来进行结算的，所以企业在支付这部分支出时用的是股票，而不是现金，职工可以用低于股票市价的价格购买股票，相应公司股本增加，股票面值和股票市价的差异就是资本公积，相当于公司以低于市价的股价把股票卖给了职工。

（3）其他综合收益所包含的质量信息。

1）并不产生真实的财务后果。

一般情况下，由资产的公允价值变动等原因引起的其他综合收益，是尚未实现的损益，并不是以真实的交易事项为基础。因此，其他综合收益似乎有些难以“捕捉”，并不是像真实交易事项那样产生实实在在的财务后果，但可以揭示出这些项目可能在未来对企业业绩造成的影响。

2）并不代表所有者真正享有的权益。

由其他综合收益形成的所有者权益仅仅是相关资产和负债所对应的调整项目，如果这些价值发生变动的资产尚未进行处置、尚未实施期权或套期保值过程尚未结束，所形成的所有者权益就会继续存在于资产负债表中；一旦进行处置、实施期权或完成套期保值，这些“直接计入所有者权益的利得和损失”就会结转进入利润表，计入当期损益，相应的所有者权益数额也会随之加以核销。因此，其他综合收益所形成的所有者权益只是相关资产和负债所对应的调整项目，并不代表所有者真正享有的权益。

（4）投入资本与留存收益的比例关系所包含的质量信息。

投入资本总额大致反映了企业所有者对企业进行的累计投资规模，而留存收益则大致反映了企业从最初成立以来的自身积累规模。因此，在企业没有大规模进行转增资本的情况下，通过计算投入资本与留存收益之间的比例关系，就可以揭示出企业主要的自有资金来源，由此评价企业的资本充足性、自身积累和自我发展能力。

5. 如何理解所有者权益变动表所包含的质量信息？

所有者权益变动表的分析是从动态的角度，侧重于考察所有者权益各构成项目的具体变动情况。具体地说，该表所包含的财务状况质量信息主要有以下几个方面：

（1）区分“输血性”变化和“盈利性”变化。

这里的“输血性”变化是指企业靠股东入资而增加所有者权益，“盈利性”变化则是指企业依靠自身的盈利而增加所有者权益。显然，这两个方面均会引起所有者权益的变化，但对报表使用者却传达出不同的质量信息：“输血性”变化虽然也会导致企业资产的增加，但因此而增加的资产其盈利性是不确定的，投资方向也难以预料；而“盈利性”变化则表明企业的盈利质量较高，可持续发展的前景相对较好。

（2）关注所有者权益内部项目互相结转的财务效应。

所有者权益内部项目互相结转，虽然不改变所有者权益的总规模，但是，这种变化会对企业的财务形象产生直接影响：或增加企业的股本数量（转增资本），或弥补了企业的累计亏损（盈余公积弥补亏损）。这种变化，虽然对资产结构和质量没有直接影响，但对企业未来的股权价值变化以及利润分配前景可能会产生直接影响。

（3）关注企业股权结构的变化与方向性含义。

股权结构变化，既可能是由于原股东之间股权结构的调整，也可能是由于增加了新的投资者。这种变化对企业的长期发展具有重要意义：由于企业股权结构变化，可能导致企业的发展战略以及人力资源结构与政策等方面发生显著变化。这样，按照原来的惯性思维去对企业进行前景预测将有可能失去意义。

（4）关注会计核算因素的影响。

会计核算因素的影响，是指会计政策变更和差错更正对企业所有者权益的影响。这种影响，除了数字上的变化以外，对企业的财务状况质量没有实质影响。需要警惕年度间频繁出现前期差错更正事项的情况，很有可能是企业蓄意调整利润所导致的结果。

（5）关注企业的利润分配政策。

利润表中的净利润与资产负债表中留存收益（盈余公积和未分配利润的合计数）的净增加（或减少）额及两者之间的差异恰恰是由本期的利润分配（分红）所导致的，所有者权益变动表也明确揭示了企业的分红规模，通过与同行业的对标企业、其他行业具有相似盈利能力的企业以及本企业以前年度的分红情况进行比较，便可以大致了解到企业分红政策的偏好以及持续性。

值得注意的是，企业高比例地派发股票股利，不但不意味着企业一定具有较高的盈利能力和良好的财务状况质量，反而会引起企业股本规模的过快增长，如果企业的盈利水平不能以相应速度进行增长，就会引起企业每股收益的大幅下降，进而会影响其市场形象和市场表现。

6. 如何对企业的资本结构进行质量分析？

资本结构质量分析，不应仅仅局限于传统的对公司财务风险和偿债能力方面的考察，单纯强调资本结构对企业价值的影响，而是应进一步深入下去，评价企业资本结构与企业当前以及未来发展的适应性。具体来说，企业资本结构质量分析主要应关注以下几个主要方面：

（1）资本成本与投资效益的匹配性。

只有当体现企业投资效益的资产报酬率（应当为企业的息税前利润与企业平均总资产之比）大于企业的综合（或加权）资本成本时，企业才能在向资金提供者支付报酬以后获取到适当的净利润。这就是说，从财务效应的角度而言，质量较高的资本结构一般应表现为企业在融资后能够获得增量利润，即在企业具体的资本结构下所发生的综合资本成本不能超过企业利用这些资本所带来的投资效益。

（2）资本的期限结构与资产结构的协调性。

按照财务管理理论，企业筹集资金的用途，决定筹集资金的类型。如果企业的资金来源不能与资金的用途相互协调，在用长期资金来源来支持短期波动性流动资产的情形下，由于企业长期资金来源的资本成本相对较高，企业的效益将会下降；在企业用短期资金来源来支持长期资产和永久性流动资产的情形下，由于企业的长期资产和永久性流动资产的周转时间相对较长，企业就有可能会出现“短融长投”现象，将承受较大的短期偿债压力。

（3）资本结构面对企业未来资金需求的财务弹性。

当企业未来发展面临资金需求时，债务融资的难度会因企业目前过高的杠杆比率而大大增加，企业只能通过权益融资来解决资金问题，这样就相应降低了企业的融资弹性，也就大大增加了融资难度。因此，一般情况下，具有过高的财务杠杆和财务风险的资本结构，会因适应企业未来资金需求的财务弹性较差，而表现出相对较差的质量。

（4）资本结构所决定的控制权结构与治理结构的合理性。

资本结构是企业融资的结果，它决定了企业的产权归属，也规定了不同投资主体的权益以及所承受的风险，它通常会受到企业控制和经营理念的影响。此外，资本结构还决定了投资者对企业的控制程度和干预方式。如果股权比较集中，投资者拥有大额股份，他就会进入董事会，通过“用手投票”来控制和干预企业经营；而如果股权比较分散，单个股东的股权比例很小，投资者就大多通过在资本市场上的“用脚投票”来间接实施对企业经营者行为和重大决策的控制及干预。

股权结构是公司治理结构的基础，它决定了股东大会的权力核心，进而决定了董事会、监事会和经理人员的构成及权力归属，也决定了出资人对管理者监督的有效性。因此，资本结构影响并决定着公司治理结构，进而影响到企业价值，它的质量会直接关系到企业的生存与发展。

（5）资本结构所决定的利益相关者之间的和谐性与公平性。

伴随着利益相关者的产权与控制权博弈过程，企业的资本结构总会发生变动。如何协调企业各利益相关者之间的冲突，使企业资本结构长期趋于稳定？怎样才有利于使企业各利益相关者间的合作持久并使资源配置不断朝着有效的方向发展呢？这是公司治理的核心问题。

资本结构从某种程度上来说揭示了企业可持续发展的保障机制：利益相关者利益的公平与和谐。企业各资源供给者之间利益的公平与和谐将有助于企业各资源供给者之间的这种产权与控制权博弈朝均衡的方向发展，将有助于企业资本结构的不断优化，而资本结构的不断优化是企业可持续发展的决定性因素与保障机制。

不和谐的公司治理，经常会发生主要股东变动频繁、股东间冲突不断、股东与管理层矛盾重重、公司董事会内部不和谐（尤其是独立董事频繁变更）、董事会议案遭股东大会否决、大股东利用关联交易占用或转移公司资金和利润等等。

7. 如何在战略视角下通过对企业资本做另一种分类来考察企业的资本引入战略？

跳开传统的资产负债表中负债和所有者权益的分类方式，对企业的全部资本（或资金）按照其融资渠道作重新分类并展开进一步的分析与考察，就可以透视出企业有关资本引入战略的选择与实施状况方面的信息。

经营负债资本，也称商业信用资本，是指企业在自身的经营活动中通过商业信用所获得的资本。经营负债资本体现在资产负债表的负债项目中，主要包括应付票据、应付账款和预收款项等。经营负债不只是在会计核算层面反映了企业与上下游企业或者用户进行结算时利用商业信用所产生的债务情况，更重要的是在战略和竞争力层面反映出企业在商业信用资本的引入方面所做出的安排。

金融负债资本是指企业从金融机构或者资本市场通过债务融资而形成的资本，它既可以通过向银行等金融机构举债而获得，也可以在资本市场上通过发行债券、融资租赁等方式而获得，主要包括长短期借款、交易性金融负债、应付利息、一年内到期的非流动负债、应付债券以及长期应付款等。金融性资本的一个显著特点是偿还本金的压力较大，并需要支付利息。

股东投入资本在资产负债表上，反映股东入资的项目包括股本（实收资本）和资本公积（这里仅讨论资本公积中所包含的股东入资引起的部分，其他因素引起的资本公积的变化暂不涉及），它是企业发展的原动力。股东对企业的入资情况具有极强的战略色彩。

企业留存资本是指企业实现的净利润中，股东没有分配而留存在企业的权益部分，在规模上相当于我们通常所指的留存收益部分。这部分企业留存资本在资产负债表上主要表现为盈余公积和未分配利润，也是企业自身累积的利润。

我们可以按照企业经营负债资本、金融负债资本、股东投入资本以及企业留存资本等四类资本在负债和股东权益总规模中的比重大小，将企业按照不同的资本引入战略区分为以下几种类型：以经营负债资本为主的经营驱动型、以金融负债资本为主的举债融资驱动型、以股东入资为主的股东驱动型、以留存资本为主的利润驱动型以及各类资本并驾齐驱的并重驱动型。当然，在很多情况下，企业会灵活运用各类资本为自身发展提供充足的资本动力。不同的资本引入战略，显示了不同类型的企业资本驱动模式，会为企业带来不同的财务效应。

第5节 教材案例讨论与分析提示

万泰生物资源配置战略与资本引入战略分析

1. 以母公司资产负债表为基础，分析企业资产结构中包含的企业资源配置战略信息。

若简单地将企业的“交易性金融资产、一年内到期的非流动性资产、债权投资、其他非流动金融资产和长期股权投资”视为企业的投资资产，将扣除货币资金和其他应收款（由于母公司数大大高于合并数，这部分资金可以视为被子公司占用的资金）后的其他资产项目都看成是企业的经营资产，则以母公司资产负债表为基础，企业2020年度经营资产占比约为25%；然而在2021年度，该比例快速增加至35%。从企业资产占比变化来看，其他应收款和在建工程在2021年度有了大幅增加。

这说明上市公司（即母公司）的资源配置战略正在从投资主导型向经营与投资并重型转变。在2021年度，公司大幅增加了在建工程方面的支出，固定资产和无形资产规模也有了一定程度的增长，说明公司正试图努力通过增加在经营领域的投资，来提升公司自身的核心竞争力，进一步打造其行业竞争优势。

2. 在母公司资产负债表的负债部分，年度内变化最大的是哪两个项目？意味着什么？

母公司的资产负债率从2020年的23%上升到2021年的35%，有所增加。从增长率的角度来看，短期借款和应付账款的增长率最高，分别增加了397%和88%；从增长的绝对值角度来看，其他应付款和短期借款增长最多，分别增加了3.58亿元和1.49亿元。

企业的金融负债和经营负债同时增加，结合前面企业经营资产也在同时增加的现象，这很可能是企业正处于经营的快速扩张期，经营规模不断扩大导致的结果。应付账款的增加说明企业面对上游供应商的议价能力有所增加，当然仅靠这样的商业信用并不能满足企业快速扩张的资金需求，因此通过金融负债获取外部资金支持也属正常情况，当然要考虑到短期借款所带来的财务风险，避免“短贷长投”可能带来的不利影响。

3. 合并财务报表中的负债和股东权益结构体现了企业怎样的资本引入战略？

2021年合并财务报表中的资产负债率为35%，权益比率为65%。进一步分析可以看出，所有者权益中资本投入占资产总额 15％，利润积累占比 48％，显示出企业具有"以留存资本为主的利润驱动型企业"的特征。这说明企业在行业中处于优势地位，盈利能力较强，在长期发展过程中累积了较为丰厚的留存收益，从而大大降低了企业融资的外部依赖性，也大大降低了企业的财务风险。同时利润驱动型战略也在相当程度上反映出企业经营者对公司所做出的卓越贡献。当然，未来公司在资本引入战略选择上，可以再稍微激进一些，基于已有的行业竞争优势和盈利能力，完全可以通过进一步利用其他融资渠道来获取更多的资金支持，抓住机遇谋取更大的发展。

4. 如何理解资本引入战略与资源配置战略之间的关联性？

按照企业经营负债资本、金融负债资本、股东投入资本以及企业留存资本等四类资本在负债和股东权益总规模中的比重大小，可以将企业按照不同的资本引入战略分为以下几种：以经营负债资本为主的经营驱动型、以金融负债资本为主的举债融资驱动型、以股东入资为主的股东驱动型、以留存资本为主的利润驱动型以及各类资本并驾齐驱的并重驱动型。

按照企业经营资产与投资资产各自在资产总规模中的比重大小，将企业资源配置战略分为三种：以经营资产为主的经营主导型，以投资资产为主的投资主导型，经营资产与投资资产比较均衡的经营与投资并重型。资本结构及其质量通常可以体现出企业资本引入战略的选择及其带来的运行和治理效应，而企业的资产结构及其质量则通常可以体现出企业资源配置战略的实施及其产生的经济后果。一般情况下，前者会在很大程度上影响后者，即资本引入战略往往决定了公司治理结构、治理特征和核心人物（通常体现为实际控制人），而核心人物的特征和偏好又在很大程度上影响着企业资源配置战略的选择。

第5章

利润质量分析

第1节 知识点回顾

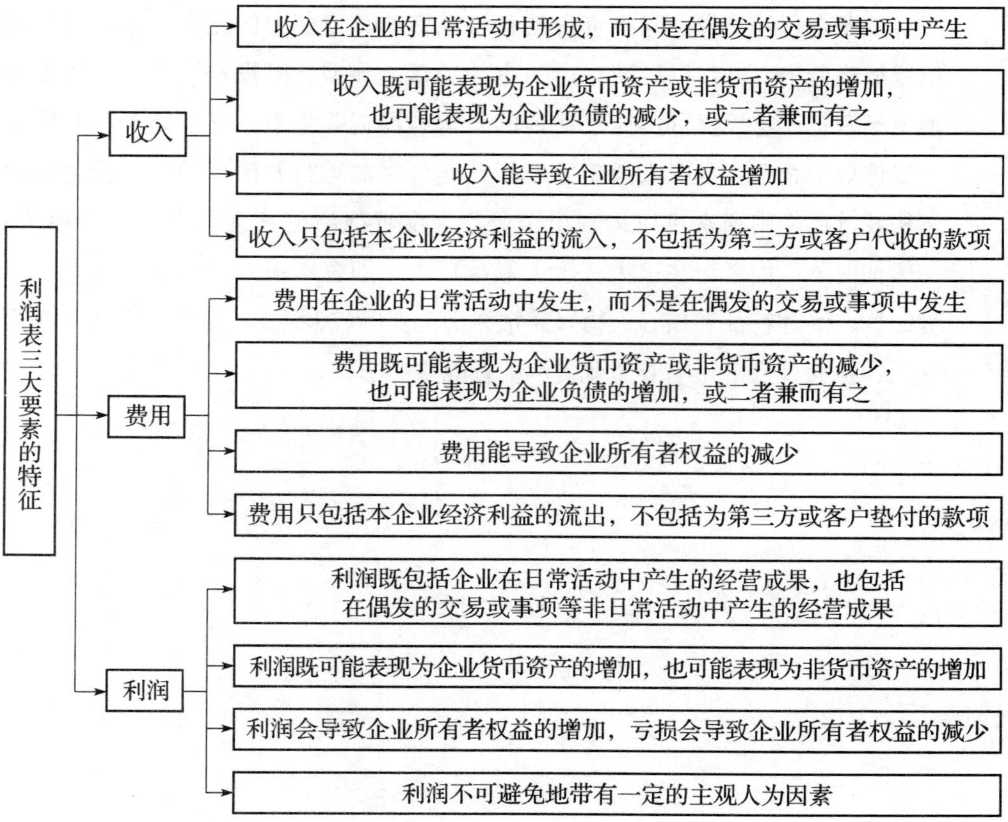

- 利润表的作用
  - 有助于解释、评价和预测企业的经营成果盈利能力
  - 有助于解释、评价和预测企业的偿债能力
  - 有助于评价企业经营战略的实施效果
  - 有助于评价和考核经营者的经营业绩
  - 有助于企业做出更科学的经营决策

- 营业收入项目质量分析
  - 卖什么——营业收入的品种构成分析
  - 卖给谁——营业收入的地区构成分析
  - 卖给谁——营业收入的客户构成分析
  - 靠什么——关联方交易对营业收入的贡献程度分析
  - 靠什么——部门或地区行政手段对营业收入的贡献程度分析
  - 靠什么——线上销售还是线下销售

- 营业成本项目质量分析
  - 营业成本的计算是否真实？有无大大偏离同行业平均水平的情况发生？
  - 会计核算方法的选择是否恰当、稳健？当期有无发生变更？其变更是否对营业成本产生较大影响？
  - 营业成本是否存在异常波动？导致其异常波动的因素可能有哪些？哪些是可控因素？哪些是不可控因素？哪些是暂时性因素？哪些是对企业长期发展造成影响的因素？影响程度如何？
  - 关联方交易及地方或部门行政手段对企业“低营业成本”所做出的贡献如何？其持续性如何？

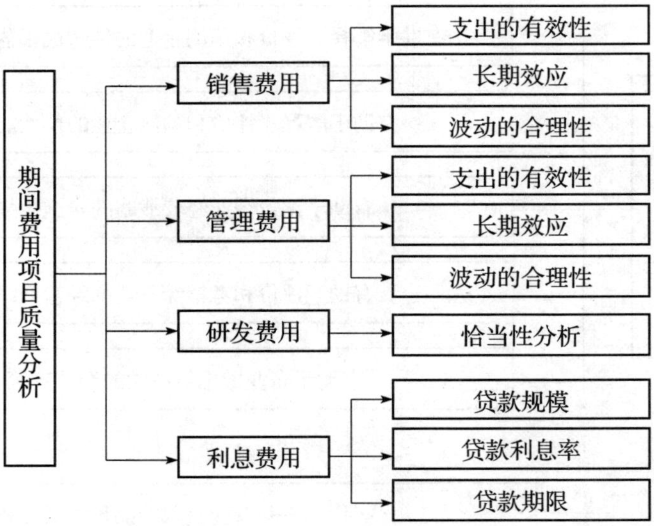
期间费用项目质量分析
销售费用
支出的有效性
长期效应
波动的合理性
管理费用
支出的有效性
长期效应
波动的合理性
研发费用
恰当性分析
利息费用
贷款规模
贷款利息率
贷款期限

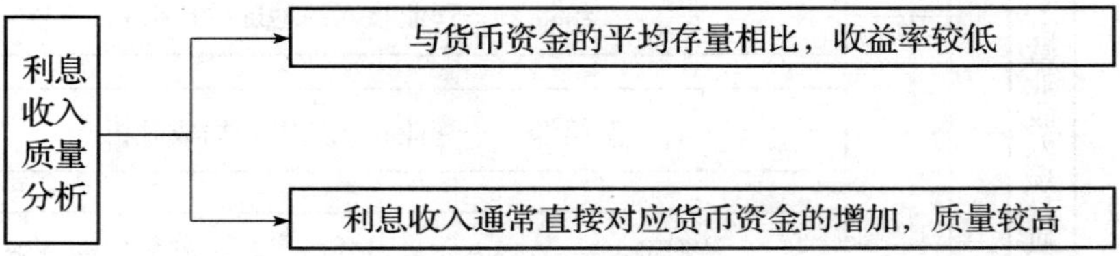
利息收入质量分析
与货币资金的平均存量相比，收益率较低
利息收入通常直接对应货币资金的增加，质量较高

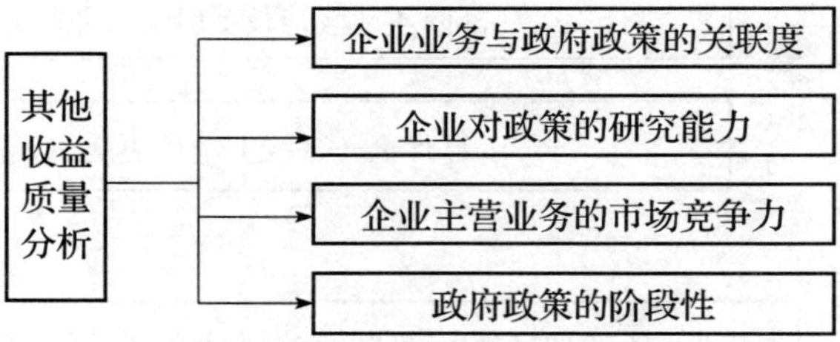
其他收益质量分析
企业业务与政府政策的关联度
企业对政策的研究能力
企业主营业务的市场竞争力
政府政策的阶段性

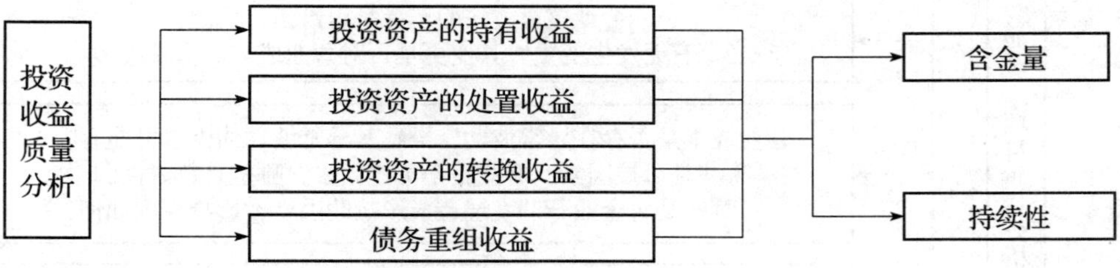
投资收益质量分析
投资资产的持有收益
投资资产的处置收益
投资资产的转换收益
债务重组收益
含金量
持续性

- 公允价值变动收益质量分析
  - 影响利润含金量
  - 影响利润持续性
  - 影响利润真实性

- 资产减值损失与信用减值损失质量分析
  - 资产减值损失计提恰当与否将直接影响企业利润的真实性与利润质量
  - 既取决于企业相应资产或债权的质量，也取决于企业对减值进行会计处理的质量
  - 揭示出相关资产的保值质量以及企业对这些资产的管理质量

- 营业外收支项目质量分析
  - 并不是由企业常规的经营资金耗费所产生的
  - 在企业的利润中占比过大，会影响企业利润的持续性

- 所得税费用质量分析
  - 既不会与利润表中的利润总额存在固定的税率关系，也不会直接反映出企业当期实际缴纳的所得税规模
  - 与应交所得税之间的差异大小可大体反映会计准则与税法在确认该企业经营成果问题上的分歧大小

- 其他综合收益质量分析
  - 在当期属于未实现损益，既不纳入计税范围，也不会带来实际的现金流量
  - 有可能影响企业未来的经营成果，对信息使用者来说具有一定的预测价值

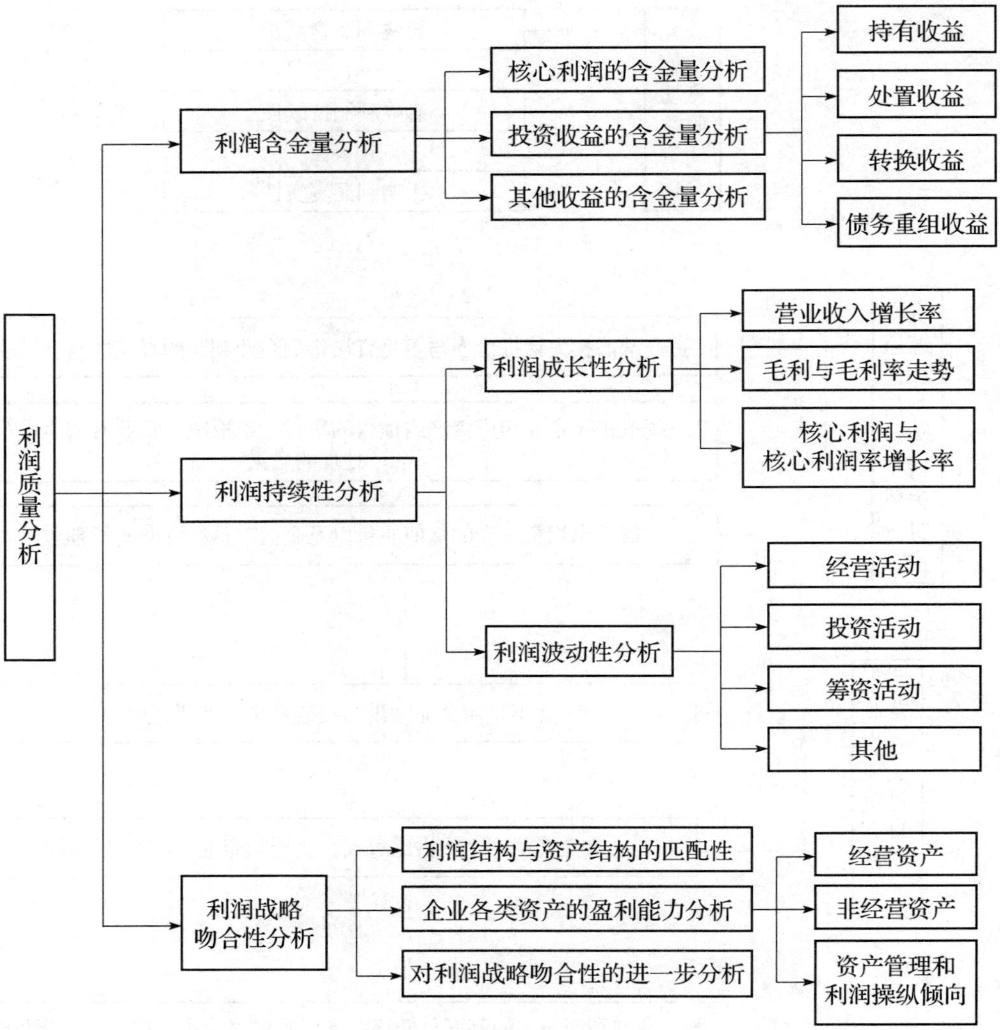
利润质量分析
利润含金量分析
核心利润的含金量分析
投资收益的含金量分析
其他收益的含金量分析
持有收益
处置收益
转换收益
债务重组收益
利润持续性分析
利润成长性分析
营业收入增长率
毛利与毛利率走势
核心利润与核心利润率增长率
利润波动性分析
经营活动
投资活动
筹资活动
其他
利润战略吻合性分析
利润结构与资产结构的匹配性
企业各类资产的盈利能力分析
对利润战略吻合性的进一步分析
经营资产
非经营资产
资产管理和利润操纵倾向

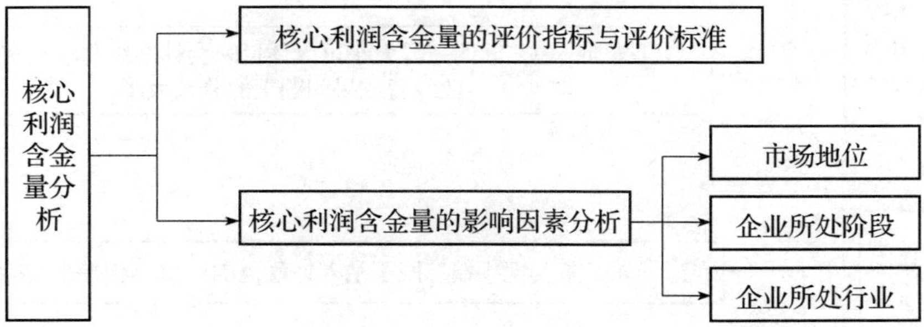
核心利润含金量分析
核心利润含金量的评价指标与评价标准
核心利润含金量的影响因素分析
市场地位
企业所处阶段
企业所处行业

资产	利润	现金流量
经营资产（识别：一般包括商业债权、存货、固定资产和无形资产等项目）	核心利润	经营活动产生的现金净流量
控制性投资（识别：母公司长期股权投资与合并财务报表长期股权投资之差；母公司其他应收款与合并财务报表其他应收款之差；母公司预付款项与合并财务报表预付款项之差）（注：当“之差”为正时才有意义）	首先表现为子公司的核心利润，被合并计入合并利润表的核心利润中	首先表现为子公司的经营活动产生的现金净流量，被合并计入合并现金流量表的经营活动产生的现金净流量中
	如果子公司分红，则表现为母公司的投资收益（即采用成本法确认的投资收益）	取得投资收益收到的现金
其他投资（识别：交易性金融资产、债权投资、其他债权投资、其他权益工具投资、合并财务报表中的长期股权投资）	权益法确认的投资收益，债权投资收益，投资处置收益，等等。为准确起见，也可以包括公允价值变动收益	比较复杂，主要通过“取得投资收益收到的现金”和“收回投资收到的现金”等项目进行分析
其他资产（识别：一般包括货币资金、其他流动资产、其他非流动资产等）	利息收入等（根据资产实际类别决定）	根据资产实际类别决定

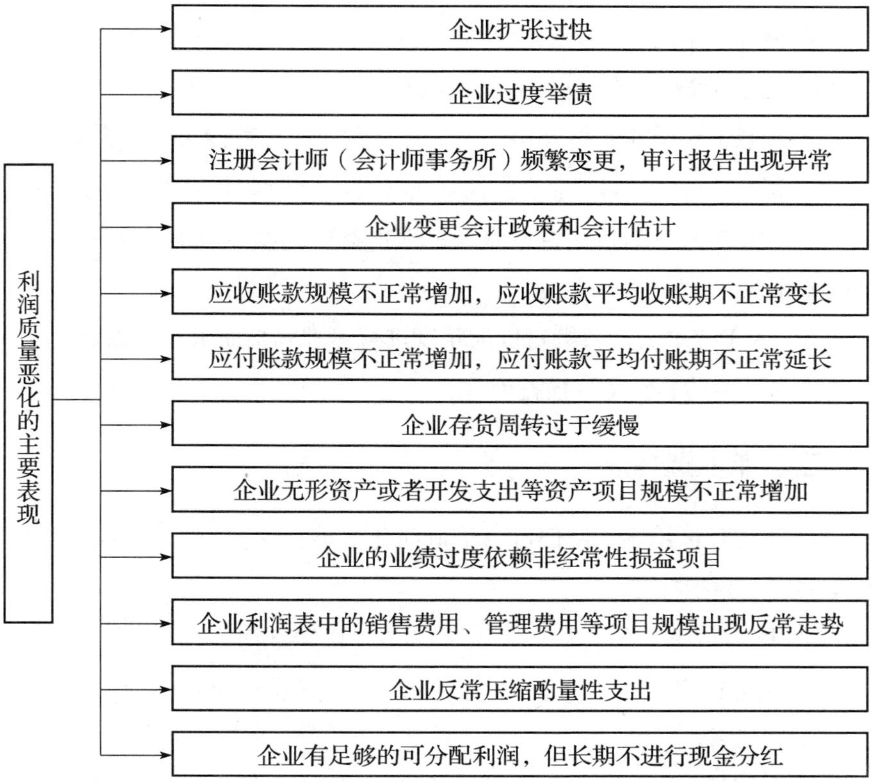

第2节　补充练习题及案例分析题

第5章
即测即评

一、判断题

1. 与企业战略关联度低的业务只要规模较大、盈利能力较强，就可以认为是符合企业发展战略的高质量的业务。（　）

2. 企业的销售客户越分散、集中率越低，说明企业产品销售（或劳务提供）的市场化程度越低，行业竞争力越弱，营业收入的持续性就会越差。（　）

3. 关联方之间的交易属于企业间的正常交易，不可能为了“包装”某个企业的业绩而人为地制造一些业务。（　）

4. 企业只要经营活动赚取了充足的利润，就不会面临现金缺乏的财务问题。（　）

5. 投资资产在重分类过程中会形成“转换”收益，计入投资收益，一般情况下，这种投资收益是有含金量的。（　）

6. 债务重组给企业带来的投资收益仅仅是一种账务处理结果，不会产生任何现金流，是一种没有含金量的投资收益。（　）

7. 非经常性损益是指公司发生的与经营业务无直接关系的损益。（　）

8. 哪些项目应该属于非经常性损益项目，企业会计准则中有明确规定。（　）

9. 在判断某项损益是否为非经常性损益时，就是考虑该项损益与生产经营活动的联系。（　）

10. 由于变更会计政策对以前年度进行追溯调整而引起的以前年度损益的变化应该作为当年的非经常性损益处理。（　）

二、单项选择题

1. 在实际运用中，我们可以采取简化的方式考量企业的核心利润含金量，即采用（　）指标。

A. 核心利润率　　B. 毛利率

C. 现金比率　　D. 核心利润获现率

E. 获现率

2. 利润的（　）是指企业盈利能力在过去与未来一段时期内持续发展的

状况。

A. 持续性　　B. 真实性

C. 谨慎性　　D. 含金量

E. 一致性

3. 利润的含金量是指企业的主要利润构成项目获得现金的能力，利润的含金量分析实际上是对利润的（　　）进行分析。

A. 过程　　B. 环节

C. 结构　　D. 结果

E. 来源

4. 在上市公司年报中的“主要会计数据和财务指标”部分，一般都会列示出（　　），我们将这一数据与“归属于上市公司股东的净利润”进行比较，便可直接获取该企业非经常性损益的规模。

A. 扣除非经常性损益的净利润

B. 归属于上市公司的扣除非经常性损益的净利润

C. 归属于上市公司股东的扣除非经常性损益的利润

D. 归属于上市公司股东的扣除非经常性损益的净利润

E. 归属于母公司股东的扣除非经常性损益的净利润

5. 当上市公司（即母公司）的长期股权投资以控制性投资为主时，通常情况下应通过考察（　　）来分析长期股权投资的投资业绩。

A. 母公司的投资报酬率　　B. 母公司的投资收益

C. 子公司的核心利润　　D. 合并财务报表的核心利润

E. 合并财务报表的投资收益

6. 在核算过程中，无论是收入的确认还是成本费用的确认，都受会计政策主观选择的影响，存在一定的人为因素，同时也不可避免地给企业提供一定的利润操纵空间，出于判断利润（　　）的考虑，也需要在一定程度上关注利润的含金量问题。

A. 持续性　　B. 真实性

C. 谨慎性　　D. 成长性

E. 一致性

7. 如果企业的利润构成中存在某些（　　）项目，就会在一定程度上影响企业利润的波动性。

A. 经常性损益　　B. 非经常性损益
C. 投资收益　　D. 其他综合收益
E. 其他收益

8.（　　）是企业开展经营活动所赚取的经营成果，因此通过与经营活动产生的现金流量净额进行比较，就可以了解这部分利润的含金量问题。

A. 毛利　　B. 营业利润
C. 核心利润　　D. 利润总额
E. 净利润

9. 由于投资企业对合营企业和联营企业的长期股权投资采用权益法，将被投资企业所实现的净利润（或者发生的净亏损）的相应份额确认为投资收益，因此这种投资收益的含金量取决于被投资企业的（　　）。

A. 盈利能力　　B. 投资规模
C. 资产规模　　D. 分红政策
E. 会计政策

10. 企业的利润结构与（　　）之间的吻合性可以在一定程度上体现企业资源配置战略的实施效果。

A. 盈利模式　　B. 资产结构
C. 融资结构　　D. 股权结构
E. 公司治理结构

三、多项选择题

1. 对利润表进行分析的内容包括（　　）。

A. 通过比较和分析利润表中各种构成要素，掌握各项收入、成本费用与利润之间的升降趋势，发现各方面工作中存在的问题，查找原因，改善经营管理，努力组织收入、控制成本费用开支，提高资金的使用效率和效益
B. 通过收支结构和业务结构分析，评价各分部业绩成长对企业总体效益的贡献程度
C. 通过对利润的形成过程进行分析，找出形成利润的主要来源
D. 通过比较和分析利润表中各种构成要素，评价各分部业绩成长对企业总体效益的贡献程度
E. 通过对利润的结构进行分析，评价各分部业绩成长对企业总体效益的贡献程度

2. 对营业成本的质量评价应综合考虑的因素有（　　）。

A. 营业成本的计算是否真实，有无大大偏离同行业平均水平的情况发生

B. 会计核算方法（如存货计价方法、固定资产折旧方法等）的选择是否恰当、稳健，当期有无发生变更，其变更是否对营业成本产生较大影响

C. 营业成本是否存在异常波动，导致其异常波动的因素可能有哪些，哪些是可控因素，哪些是不可控因素，哪些是暂时性因素，哪些是对企业长期发展造成影响的因素，影响程度如何

D. 关联方交易及地方或部门行政手段对企业“低营业成本”所做出的贡献如何，其持续性如何

E. 营业成本与期末存货余额之间的相对规模有无异常波动

3. 一般而言，投资收益主要是由企业拥有或控制的投资资产所带来的收益，当然目前的构成变得越来越复杂，主要包括（　　）。

A. 投资资产的持有收益，即在其持有期间从被投资企业获取的一定形式的利润

B. 投资资产的处置收益，即在处置投资资产时，售价与初始取得成本之间的差额

C. 投资资产的转换收益，即投资资产在重分类过程中（如企业增持或减持被投资企业的股权达到一定程度后，要从一个投资资产项目转入另一个投资性项目进行核算）所产生的投资收益

D. 债务重组收益

E. 其他权益工具投资的持有收益

4. 在稳定发展的条件下，同口径核心利润应该与现金流量表中经营活动产生的现金流量净额大体相当。如果差距巨大，可能的原因主要有（　　）。

A. 企业收款不正常减少，导致回款不足

B. 企业付款不正常增加，导致现金流量表中经营活动产生的现金流量净额下降

C. 企业存在不恰当的资金运作行为

D. 企业在经营活动的收款和付款方面主要与关联方发生业务往来，存在相当程度的操纵因素

E. 企业报表编制有错误

5. 考察企业的利润质量，可以从（　　）方面进行分析。

A. 利润的含金量
B. 利润的持续性
C. 利润与企业战略的吻合性
D. 利润的连续性
E. 利润的排他性

6. 在企业开展的以下活动中，有可能产生非经常性损益的有（　　）。

A. 经营活动
B. 投资活动
C. 筹资活动
D. 分配活动
E. 减资活动

7. 属于经营活动可能引起的非经常性损益项目的有（　　）。

A. 企业在商品经营活动中，对于显失公允的关联购销交易产生的损益
B. 存货等流动资产的非正常处置损益
C. 有关资产的盘盈或盘亏
D. 补贴收入、税收优惠，但符合相关规定且能在未来较长期限内获得的补助收益和税收优惠除外
E. 资产减值损失

8. 属于投资活动可能引起的非经常性损益项目的有（　　）。

A. 通过对外的长期股权、债权投资在持有期间所获取的投资收益
B. 长期投资的处置收益
C. 公允价值变动收益
D. 企业向其他企业拆出资金，实际获取的收益与按照同期银行贷款利率计算的结果之间的差额
E. 企业对固定资产、无形资产等非流动资产的处置或置换损益

9. 以控制性投资为主体的上市公司自身基本不开展经营活动，主要从事对外投资活动以及后续的投资管理工作，因此这类企业母公司财务报表的资产中通常主要包含的项目有（　　）。

A. 货币资金
B. 其他应收款
C. 存货
D. 应收账款
E. 长期股权投资

10. 利润质量恶化的主要表现有（　　）。

A. 反常压缩酌量性支出
B. 应收账款规模的不正常增加
C. 业绩过度依赖非营业项目
D. 期间费用出现反常性的压缩
E. 存货规模增加

四、案例分析题

案例一　企业利润结构的质量分析

上市公司中芯国际（688981）2021 年度报告中合并利润表的部分内容如表 5-1 所示（单位：元）。

表 5-1

报告期	2021-12-31	2020-12-31
	年报	年报
报表类型	合并财务报表	合并财务报表
营业收入	35 630 634 000	27 470 709 000
营业成本	25 189 070 000	20 937 253 000
税金及附加	115 825 000	241 809 000
销售费用	176 219 000	199 578 000
管理费用	1 643 674 000	1 562 431 000
研发费用	4 120 592 000	4 671 919 000
财务费用	—721 097 000	—1 259 959 000
其中：利息费用	710 143 000	506 036 000
减：利息收入	1 438 956 000	1 174 152 000
加：其他收益	2 440 542 000	2 489 016 000
投资净收益	2 926 888 000	695 316 000
公允价值变动净收益	507 506 000	331 091 000
资产减值损失	383 383 000	—149 875 000
信用减值损失	6 376 000	4 547 000
资产处置收益	274 171 000	10 327 000
营业利润	11 645 217 000	4 498 100 000

要求：

1. 该企业连续两年的利润结构有什么特征？
2. 你认为这个企业的主营业务有竞争力吗？为什么？
3. 请评价该企业的利润结构所包含的利润质量信息。

案例二　复星医药的利润含金量分析

复星医药（600196）2021 年度报告中关于企业利润的相关信息如表 5-2 所示（单位：元）。

表5-2

报告期	2021-12-31	2020-12-31
	年报	年报
报表类型	合并财务报表	合并财务报表
营业收入	39 005 086 602	30 306 981 264
营业成本	20 228 269 453	13 431 177 923
税金及附加	234 459 823	217 338 579
销售费用	9 098 891 843	8 463 943 181
管理费用	3 215 831 902	2 962 491 698
研发费用	3 834 482 890	2 795 494 051
财务费用	464 062 114	724 273 093
其中：利息费用	822 534 029	880 952 446
减：利息收入	233 727 097	199 608 714
加：其他收益	327 830 730	393 627 134
投资净收益	4 623 826 020	2 283 980 915
公允价值变动净收益	352 298 612	578 657 017
资产减值损失	−829 873 344	−148 253 542
信用减值损失	−74 015 847	−104 836 395
资产处置收益	−15 418 719	5 707 404
营业利润	6 313 736 031	4 721 145 274
附注中的投资收益信息：		
权益法核算的长期股权投资产生的收益	1 789 136 938.26	1 580 334 829.89
处置长期股权投资产生的投资收益	687 245 029.77	220 274 910.04
交易性金融资产在持有期间取得的投资收益	7 103 120.97	2 482 487.00
其他非流动金融资产在持有期间取得的收益	40 791 345.23	23 099 680.32
其他权益工具投资的股利收入	8 440.99	1 554 442.36
处置交易性金融资产取得的投资收益	75 780 241.24	13 069 849.18
处置其他非流动金融资产取得的投资收益	10 651 455.49	435 018 297.68
处置子公司的投资收益	2 013 109 448.48	8 146 418.90
投资收益合计	4 623 826 020.43	2 283 980 915.37
现金流量表部分信息：		
经营活动产生的现金流量净额	3 948 747 009	2 579 774 350
取得投资收益收到的现金	662 250 768	572 901 938

要求：

1. 连续两年企业的利润结构有什么特征？

2. 企业研发费用与毛利率之间有什么关系？又说明了什么？

3. 请对企业 2021 年核心利润、投资收益的含金量进行评价。

案例三　财务造假特征分析

2022 年 4 月 1 日，中国证监会发布了〔2022〕17 号行政处罚决定书，对新疆同济堂健康产业股份有限公司（以下简称同济堂）、张美华、李青、魏军桥等责任人员进行处罚。

处罚书认定同济堂存在以下信息披露违法事实。

（1）同济堂 2016 年度报告、2017 年度报告、2018 年度报告中存在虚假记载，虚增营业收入、营业成本、销售及管理费用，导致 2016 年、2017 年、2018 年虚增利润总额分别为 6.8 亿元、9.2 亿元、8.3 亿元。

2016—2018 年，同济堂通过同济堂医药有限公司（以下简称同济堂医药）、南京同济堂医药有限公司（以下简称南京同济堂）、新沂同济堂医药有限公司（以下简称新沂同济堂）三家子公司虚构销售及采购业务、虚增销售及管理费用、伪造银行回单等方式，累计虚增收入 207.35 亿元，虚增成本 178.51 亿元，虚增利润总额 24.3 亿元。其中：2016 年虚增营业收入 64.42 亿元，虚增营业成本 56.05 亿元，虚增费用 1.57 亿元，相应虚增利润总额 6.8 亿元，占当期披露利润总额的 90.43%；2017 年虚增营业收入 72.32 亿元，虚增营业成本 61.36 亿元，虚增费用 1.76 亿元，相应虚增利润总额 9.2 亿元，虚增净利润 7.01 亿元，占当期披露净利润的 120.65%；2018 年虚增营业收入 70.61 亿元，虚增营业成本 61.1 亿元，虚增费用 1.21 亿元，相应虚增利润总额 8.3 亿元，虚增净利润 6.08 亿元，占当期披露净利润的 107.61%。上述情况导致同济堂披露的 2016 年度报告、2017 年度报告和 2018 年度报告存在虚假记载。

（2）同济堂 2019 年度报告中存在虚假记载，虚增其他业务收入 3.86 亿元，虚增利润总额 3.86 亿元。

2019 年同济堂通过虚构业务的方式虚增营业收入——其他业务收入 3.86 亿元，虚增利润总额 3.86 亿元，虚增净利润 2.99 亿元，占 2019 年度报告中披露净利润的 226.52%，上述情况导致同济堂披露的 2019 年度报告存在虚假记载。

（3）同济堂未及时披露及未在 2016—2019 年度报告中披露控股股东及其关联

方非经营性占用资金的关联交易。

2016年1月至2019年12月，同济堂在未经过审议程序的情况下，直接或间接通过团风县鑫旺药业有限公司、武汉日月新保健食品有限公司等多家公司累计向控股股东湖北同济堂投资控股有限公司（以下简称同济堂控股）及其关联方提供非经营性资金25.92亿元（其中募集专户资金1.35亿元），截至2020年6月30日已归还11.31亿元，未归还14.61亿元。

上述占用资金主要用于控股股东及其关联方偿还股票质押融资本息、大股东投资等用途，同济堂未及时披露且未在2016年度报告、2017年度报告、2018年度报告、2019年度报告中按规定披露控股股东及其关联方非经营性占用资金的关联交易情况。其中，2016年同济堂控股占用资金合计11 915万元，已归还8 915万元，未归还3 000万元，主要用于同济堂控股归还银行借款、对外投资等；2017年同济堂控股占用资金合计27 701万元，已归还27 701万元，未归还0万元，主要用于归还同济堂控股及其关联方融资本息；2018年同济堂控股及其关联方占用资金合计156 767万元，已归还73 500万元，未归还83 267万元，主要用于同济堂控股偿还融资本息、工程建设、对外投资等；2019年同济堂控股及关联方占用资金合计62 852万元，已归还3 030万元，未归还59 822万元，主要用于同济堂控股偿还融资本息、归还借款、支付投资款等。

（4）同济堂未如实披露公司募集资金存放及实际使用情况。

2016年5月，同济堂借壳新疆啤酒花股份有限公司重组上市并以非公开发行方式募集资金15.51亿元，其中支付重组交易现金对价7.81亿元，拟用于3个募投项目7.70亿元。2018年6月至2019年4月期间，同济堂以预付工程款的名义分别向中胜（北京）建设有限公司（以下简称中胜建设）、汉唐电力建设有限公司（以下简称汉唐电力）等四家公司累计支付1.62亿元，中胜建设、汉唐电力等四家公司将上述资金同日转回至同济堂医药，用于支付股利及日常经营开支等方面。上述变更募集资金用途占募集资金总额（7.70亿元）的21%。同济堂在2019年4月披露的《关于2018年募集资金存放及实际使用情况的专项说明》、2020年6月披露的《关于2019年募集资金存放及实际使用情况的专项说明》中未如实披露募集资金存放及实际使用情况。

要求：

1. 企业一般会有哪些财务造假动机？

2. 请阐述企业利润质量恶化与财务造假之间有什么关系。

3. 如何评价同济堂利润表相关项目的质量?

4. 请对本案例资料中出现的造假情形进行归纳，并对该企业进行财务造假的特征进行总结。

案例四　长安汽车盈利能力分析

长安汽车（000625）是中国汽车四大集团阵营企业，拥有 150 多年历史底蕴、36 年造车积累，全球有 14 个生产基地，33 个整车、发动机及变速器工厂，两度入选央视“国家品牌计划”，成为中国品牌汽车行业领跑者。2014 年，长安系中国品牌汽车产销累计突破 1 000 万辆，2016 年，长安汽车年销量突破 300 万辆，在 2021 年中国汽车销量排名前十五的企业中，长安汽车排名第二。

长安汽车谱系全面，覆盖传统燃油和新能源车型，拥有排量从 1.0L 到 2.0L 的发动机平台。目前，公司旗下包括自主和合资品牌，推出了包括 CS 系列、逸动系列、UNI 序列等经典自主车型；合资品牌拥有全新福克斯、福睿斯、锐际、锐界等。

伴随着新能源汽车行业的快速发展，长安汽车终于在 2021 年扭亏为盈。2021 年，长安汽车的营业收入达到 1 051.42 亿元，同比增长 24.33%；归属股东的净利润为 35.52 亿元，同比增长 6.87%；扣除非经常性损益后净利润为 16.53 亿元，同比增长 150.85%。此外，公司现金净流入同比大幅提升，经营现金净流量 229.72 亿元，较上年同期增长 115.17%。

长安汽车历年年报中的合并财务报表基本财务数据如表 5 - 3 至表 5 - 12 所示（单位：元）。

表 5 - 3　资产负债表中的主要资产项目数据

项目	2021 年	2020 年	2019 年
货币资金	51 976 242 149.37	32 001 775 600.07	10 066 171 353.48
交易性金融资产	195 798 300.00	204 254 400.00	2 419 476 200.00
应收票据	24 267 633 416.65	28 371 541 054.75	26 805 635 587.19
应收账款	1 675 427 534.87	2 141 197 139.45	838 314 076.82
预付款项	3 241 248 831.28	460 703 603.80	623 801 896.07
存货	6 852 874 420.59	5 967 516 230.57	3 375 441 488.37
合同资产	1 151 292 247.36	1 450 031 414.61	0
固定资产	21 325 959 850.16	24 300 590 850.02	26 939 490 554.19

续表

项目	2021年	2020年	2019年
无形资产	4 385 997 657.67	4 431 582 944.74	5 209 619 313.49
其他权益工具投资	701 409 600.00	691 990 000.00	734 506 100.00
长期股权投资	13 245 374 860.55	12 109 089 795.67	11 008 336 989.09
资产总额	135 404 623 479.63	118 265 186 394.86	97 617 053 590.38
负债总额	79 538 383 535.43	64 784 878 929.11	53 682 982 611.93

表5-4　利润表主要项目及现金流量表主要项目数据

项目	2021年	2020年	2019年
营业收入	105 141 877 237.05	84 565 544 146.58	70 595 245 133.28
营业成本	87 648 705 534.14	72 101 062 128.83	60 232 585 428.08
税金及附加	3 972 433 040.45	3 228 273 573.84	2 488 057 067.83
销售费用	4 645 654 234.59	3 405 913 730.59	4 591 170 885.94
管理费用	3 499 654 508.49	4 171 768 588.16	2 265 231 518.65
研发费用	3 515 029 178.76	2 888 873 626.82	3 169 063 761.13
利息费用	45 160 385.56	46 672 055.34	40 109 729.93
利息收入	868 952 893.13	341 543 220.81	245 520 358.56
其他收益	330 174 796.23	—	1 537 625 620.93
投资收益	1 013 650 091.28	3 153 614 176.97	−2 109 369 113.31
公允价值变动收益	42 078 804.00	2 035 390 665.86	889 154 888.69
资产处置收益	745 601 530.26	80 607 908.05	56 658 864.17
营业利润	3 730 523 462.21	2 624 104 531.79	−2 107 108 138.38
净利润	3 604 218 189.98	3 288 478 642.70	−2 649 131 890.88
经营活动现金流量净额	22 971 723 210.84	10 675 953 479.24	3 881 748 238.39
投资活动现金流量净额	−1 489 225 441.02	3 604 702 867.29	−3 794 613 339.65
取得投资收益收到的现金	985 428 249.71	1 100 783 602.42	1 386 844 687.60

表5-5　营业收入明细资料

项目	2021年	2020年	2019年
主营业务	102 696 170 307.57	82 944 092 566.82	69 315 716 509.29
其他业务	2 445 706 929.48	1 621 451 579.76	1 279 528 623.99
销售商品	99 238 618 010.70	80 899 429 445.67	70 528 420 564.07
提供服务及其他	5 903 259 226.35	3 666 114 700.91	66 824 569.21
总计	105 141 877 237.05	84 565 544 146.58	70 595 245 133.28

表 5-6 营业成本明细资料

项目	2021年	2020年	2019年
主营业务	86 348 567 579.13	71 134 054 024.11	59 445 831 613.01
其他业务	1 300 137 955.01	967 008 104.72	786 753 815.07
总计	87 648 705 534.14	72 101 062 128.83	60 232 585 428.08

表 5-7 销售费用明细资料

项目	2021年	2020年	2019年
工资及福利费	570 208 149.45	472 740 938.97	420 884 406.19
广告及促销费	1 872 615 623.45	1 468 788 200.29	2 224 959 385.19
销售服务费	1 657 420 104.39	1 093 632 556.09	
运输及仓储费	347 165 629.82	231 401 208.99	1 796 397 367.83
差旅费	71 196 292.69	65 224 349.32	89 905 543.70
包装费	35 130 297.34	15 020 690.68	8 979 853.46
咨询费	7 580 858.70	7 974 664.26	9 278 821.91
培训费	29 950 509.42	12 005 918.53	28 185 324.64
其他	54 386 769.33	39 125 203.46	12 580 183.02
合计	4 645 654 234.59	3 405 913 730.59	4 591 170 885.94

表 5-8 管理费用明细资料

项目	2021年	2020年	2019年
工资及福利费	2 239 444 389.16	2 608 374 416.48	1 360 795 649.37
办公费	351 316 057.92	290 703 720.70	314 648 478.13
股份支付	268 539 867.92	—	—
折旧及摊销	196 426 684.61	246 546 382.19	276 550 788.64
油耗负积分费用	175 899 501.68	738 036 573.58	—
交通费	43 244 134.99	38 609 198.85	39 399 677.23
差旅费	16 681 419.45	13 777 623.02	24 604 006.43
其他	208 102 452.76	235 720 673.34	188 371 683.26
合计	3 499 654 508.49	4 171 768 588.16	2 265 231 518.65

表 5-9 研发费用明细资料

项目	2021年	2020年	2019年
工资及福利费	1 320 641 894.55	1 071 054 626.63	1 079 128 106.16
折旧及摊销	1 223 956 918.63	1 206 793 291.03	1 129 018 488.23
委外费	339 472 444.83	175 437 188.11	321 189 407.67

续表

项目	2021年	2020年	2019年
物料费	168 390 304.98	141 189 749.12	223 007 996.05
试验费	135 140 093.55	142 173 069.92	187 139 269.95
其他费用	327 427 522.22	152 225 702.01	148 270 912.69
合计	3 515 029 178.76	2 888 873 626.82	3 169 063 761.13

表5-10　财务费用（收入）明细资料

项目	2021年	2020年	2019年
利息收入	868 952 893.13	341 543 220.81	245 520 358.56
减：汇兑损失	16 412 404.08	47 017 013.03	−8 130 682.63
利息支出	45 160 385.56	46 672 055.34	40 109 729.93
其他	26 456 906.31	37 464 702.81	22 691 799.53
合计	780 923 197.18	210 389 449.63	190 849 511.73

表5-11　其他收益明细资料

项目	2021年	2020年	2019年
产业支持补贴	248 073 126.32	—	237 726 222.29（资产）
其他政府补助	82 101 669.91	—	1 299 899 398.64（收益）
合计	330 174 796.23	—	1 537 625 620.93

表5-12　投资收益明细资料

	2021年	2020年	2019年
权益法核算的长期股权投资收益/（损失）	924 827 870.13	−566 732 463.22	−2 158 815 891.20
非同一控制下企业合并产生的损失	—	−6 937 641.07	—
交易性金融资产在持有期间取得的投资收益	3 363 000.00	2 840 290.34	4 332 388.16
仍持有的其他权益工具投资的股利收入	78 499 905.15	25 354 391.86	38 343 163.30
处置长期股权投资产生的投资收益	—	1 438 639 602.10	—
丧失控制权后剩余股权按公允价值重新计量的利得	—	2 246 681 836.54	—
委托贷款利息收入	6 959 316.00	13 768 160.42	6 771 226.43
合计	1 013 650 091.28	3 153 614 176.97	−2 109 369 113.31

要求：

1. 根据长安汽车 2019—2021 年度合并财务报表中的基本财务数据，计算企业盈利能力相关财务比率并进行趋势分析。

2. 主要针对 2021 年年报数据，对长安汽车各盈利项目质量以及整体的盈利质量进行分析（其他年份数据可以作为参考依据）。

3. 盈利比率指标与盈利项目质量和盈利质量分析的结果是否一致？如何更为全面地评价该公司的真实盈利能力？

第 3 节　补充练习题答案及案例分析提示

一、判断题

1. ×	2. ×	3. ×	4. ×	5. ×
6. √	7. ×	8. ×	9. ×	10. √

二、单项选择题

1. D	2. A	3. D	4. D	5. C
6. B	7. B	8. C	9. D	10. B

三、多项选择题

1. ABC	2. ABCDE	3. ABCD	4. ABCDE	5. ABC
6. ABC	7. ABCD	8. BDE	9. ABE	10. ABCD

四、案例分析提示

案例一　中芯国际利润结构的质量分析

1. 该企业连续两年的利润结构有什么特征？

从合并财务报表的数据来看，该企业 2020 年业绩的主要支撑点是利息收入、其他收益、投资净收益和公允价值变动收益，在 45 亿元的营业利润中利息收入贡献了近 12 亿元，其他收益贡献了 25 亿元，投资净收益贡献了近 7 亿元，公允价值变动收益贡献了逾 3 亿元，扣除其他收益之后的核心利润甚至是负数；而在 2021 年，116 亿元的营业利润中利息收入贡献了 14 亿元，其他收益贡献了 24 亿元，投资净收益贡献了29亿元，公允价值变动收益贡献了5亿元，虽然核心利润的贡献度大幅增加，但仍有较大的成长空间。

总体来看，企业尚属于快速成长期，自身主业的盈利能力不足，募集资金尚未得到充分使用（带来了超过10亿元的利息收入），但该企业所属行业属于战略新兴产业，受到国家政策的大力扶持，获得的政府补助（其他收益项目体现）对企业这两年的业绩发挥了强有力的支撑作用。此外，2021年企业投资收益的大幅增加对当年业绩的提升也做出了显著的贡献。

2. 你认为这个企业的主营业务有竞争力吗？为什么？

这个企业的主营业务能力比较有竞争力。主要原因有：第一，公司2021年营业收入较2020年相比大幅增长，增长29.7%，这说明企业产品存在较大的市场空间，企业正处于快速成长期；第二，公司2021年销售费用下降了11.7%，可以在一定程度上说明企业产品的竞争力较好，正受到市场的认可和青睐；第三，公司主营业务成本较上年增长20.31%，增长幅度低于主营业务收入的增长幅度，毛利率从上一年的24%提高到本年的29%，说明公司主营业务盈利能力在增强，产品的市场竞争力和盈利能力都在增加；第四，公司每年巨额的研发费用符合企业发展的战略，进一步夯实了企业主营业务未来的竞争实力；第五，公司的核心利润较上一年大幅增加（增加了43亿元），说明公司主营业务得到了迅猛发展，也彰显出在行业中具有较强的竞争力；第六，公司连续两年得到近25亿元的政府补助，说明公司所处行业属于国家产业政策大力扶持的行业，在这样的宏观大背景下，公司的未来发展值得期待。

3. 请评价该企业的利润结构所包含的利润质量信息。

按照本书的利润结构质量分析框架，企业利润总额的四个重要组成部分包括核心利润（含其他收益）、投资收益（含公允价值变动损益）、资产处置收益和营业外收支净额。其中，为体现企业所处行业的发展态势以及企业在行业中的核心竞争力，核心利润通常应该提供企业业绩的主要支撑并且呈现出良好的成长态势。当然，对于投资主导型企业来说，投资收益或者子公司的核心利润应该成为企业业绩的重要支柱，但本书仍然认为，无论如何，公司自身的主业还是不应轻易"荒废"的重要战场。至于资产处置收益和营业外收支净额两个项目，由于具有偶发性和不可持续性的特点，一般认为如果这两个项目在利润结构中对企业利润形成主要支撑，那么该企业的利润质量就应大打折扣。

高质量的利润一般能够更有利于企业的持续发展，提升企业在行业中的核心竞争力，且如果企业利润获取现金流的能力较强，便可以保证企业具有良好的“造血”功能。

本案例中，在合并资产负债表上，由于资产的主体是经营资产（总资产中货币资金占比 35%，其余几乎均为经营资产，占比将近 60%），因此逻辑上要求在合并利润表中，核心利润应该成为营业利润的主体。然而非常遗憾的是，该企业在营业利润中起支撑作用的并非核心利润，由此可以推断出企业利润的战略吻合度还有待进一步提高。当然，这与企业目前现阶段尚处于快速成长期有很大关系，可喜的是，该企业的核心利润在 2021 年有了大幅增长，希望这一势头能够继续保持下去。进一步还可以结合现金流量表分析判断企业各部分利润的含金量。

同时我们也注意到，企业合并财务报表的对外投资质量较高，可以产生较大规模的投资收益，为企业 2021 年的业绩提升做出了重要贡献。

案例二　复星医药的利润含金量分析

1. 连续两年企业的利润结构有什么特征？

从合并财务报表数据来看，该企业 2020 年和 2021 年业绩主要的支撑点都是投资收益，分别为 23 亿元和 46 亿元，两年的营业利润中分别贡献了 49%和 73%，如果再加上公允价值变动收益的贡献则几乎达到了 60%和 80%。2020 年 303 亿元的营业收入和 2021 年 390 亿元的营业收入均贡献了不到 20 亿元的核心利润。因此，企业盈利的主要来源并不是自身经营活动所创造的核心利润。

2. 企业研发费用与毛利率之间有什么关系？又说明了什么？

笼统地说，企业研发费用与毛利率之间并没有必然的联系。但是我们从企业研发费用与毛利率之间的变动关系中，也许可以获取反映该企业所处行业特征、成长阶段、产品竞争力等一系列对企业未来发展具有预测价值的信息。一般而言，研发费用的投入通常会改善企业产品的技术性能，提升产品的市场认可度，进而有可能提升产品的市场竞争力和毛利率。但是，从时间上来看，研发费用发挥作用是一个长期过程，即便会带来企业毛利率的提高也往往具有一定的滞后性，即当期的研发费用很可能导致未来企业产品毛利率的提高。

2020 年和 2021 年复星医药的毛利率分别是 55.68%和 48.14%，7.54%的降幅几乎是近十年来的最高值，而 2021 年的研发费用却较上一年增加了 10 多亿元，可见企业产品的市场竞争激烈程度以及企业为此所做出的努力。由于药品研制存在长周期、大投入和高风险等特点，企业通常需要以较高的盈利能力和筹资能力来维系科研体系的巨额支出。在这种情况下，企业选择通过对外投资活动提高投资收益和公允价值变动收益来维持一定的盈利水平是完全可以理解的一种战略选择。在资金允许的条件下，企业可以考虑进一步加大研发投入，加强自主研发和创新能力，这样才有可能继续保持产品的竞争力和市场占有率。

3. 请对企业2021年核心利润、投资收益的含金量进行评价。

核心利润的含金量评价：2020年和2021年复星医药的核心利润（包括其他收益项目）分别为19.5亿元和19.0亿元，2020年和2021年的经营活动产生的现金净流量分别为25.8亿元和39.5亿元，因而两年的核心利润获现率分别是132.3%和207.9%。可以看到虽然2021年核心利润绝对值有所下降，但核心利润获现率却大幅上升且达到较为理想的水平，说明核心利润产生现金净流量的能力在增强，核心利润的含金量在提高。当然，如果考虑现金回流通常具有一定的滞后性，2021年较高的经营活动现金净流量也许是2020年较高的核心利润所带来的结果，则需要对2021年的核心利润获现率打上一定的折扣，关于这一点，分析中应观察连续几年核心利润获现率的变动趋势，同时也可以结合企业的信用政策和应收账款周转速度和项目质量来做进一步的分析。

投资收益的含金量评价：投资收益含金量的评价通常需要针对投资收益的不同构成内容分别进行。其中，持有收益的含金量分析，应主要关注权益法核算的长期股权投资产生的收益，这种投资收益的含金量取决于被投资企业的分红政策，而可以肯定的是，只要被投资企业不将净利润全部用于分红，投资企业所确认的投资收益就会存在不同程度的“泡沫”，有可能造成投资企业有利润而没有现金流。2021年复星医药权益法核算的长期股权投资产生的收益为17.9亿元，而取得投资收益收到的现金却只有6.6亿元，投资收益和与之对应的“现金回款”之间差异较大，说明这部分投资收益没有带来充足的现金流入，投资收益的含金量不足。

案例三　财务造假特征分析

1. 企业一般会有哪些财务造假动机？

概括起来，企业一般会出于以下动机进行财务造假：

（1）融资。公司IPO或上市公司再融资都必须满足上市条件，这是监督部门为优化上市公司的质量以保护投资人利益的重要措施。但由于财务指标的设计过于简单，一方面造成企业管理层的压力，另一方面导致企业很容易通过会计处理来调节，公司为了符合上市或再融资标准，就有可能通过千方百计地造假达到融资的目的。

（2）保壳。A 股对上市公司的净利润有各种各样的高要求，比如连续两年亏损就要 ST、连续三年亏损就要暂停上市。那些一年亏损、连续两年亏损的企业在接下来的年度就有非常大的扭亏压力，如果这些企业靠实际业务无法扭亏为盈，为了维护上市公司形象或者保壳，就有可能会铤而走险进行财务造假。

（3）兑现业绩承诺。只要有压力，就有造假的动机。由于对赌协议的存在，上市公司为了兑现业绩承诺，有时不惜铤而走险。一般来说，借壳上市的公司都要业绩承诺，因此，借壳上市公司财务造假的概率远远要大于一般的上市公司。

（4）避税甚至逃税。企业可能出于纳税的目的进行财务造假，致使用于纳税的财务数据与其向股东和债权人展示的财务数据在口径上很可能存在显著差异。

（5）向少数股东隐瞒财务业绩。企业是被大股东或者实际控制人控制的。因此，当企业不希望非控制性投资者（即少数股东）了解企业全面的财务状况尤其是盈利状况的时候，企业可能在控股股东的授意下，将虚假的财务报表展示给少数股东。实际上，资本市场上的造假行为经常是在控股股东的授意下进行的。

（6）维持股价或配合庄家炒作。毋庸置疑，在所有粉饰报表的动机中，维持股价是最直接的。把报表粉饰得好看了，就可以通过讲故事维持一个比较满意的股价水平，从而使企业持股的高管和员工通过减持来获得不错的收益。此外，为了配合庄家的各种题材炒作，上市公司往往通过粉饰业绩来达到最终的炒作目的。

（7）其他财务造假动机。

2. 请阐述企业利润质量恶化与财务造假之间有什么关系。

利润质量恶化往往是一个较为缓慢的过程，甚至具有一定的隐蔽性和欺骗性。而第一问中提到财务造假的动机往往都和业绩承诺、利润表现有关，当企业利润质量恶化时，可能会面临无法达到业绩承诺、股价下跌、融资困难的问题，甚至会有退市的风险。所以当企业利润质量恶化存在以下外在表现，再加上企业有问题 1 所提到的财务造假动机时，信息使用者就可以考虑该企业是否存在财务造假的可能性：

（1）企业扩张过快。虽然我们认为成长性是企业发展的灵魂，是衡量企业财务状况和预测企业发展前景的重要方面，但需要意识到毫无节制的野蛮生长有可能使企业多年的努力毁于一旦。因为企业在发展过程不可避免地会受到来自资金、资源、管理水平等各方面的制约，这就注定了企业不是无所不能而是技有所长，如果企业在一定时期内扩张过快，涉及的领域过多、过宽，那么企业把触角延长到自己不擅长的领域的概率就会加大，利润质量就有可能恶化，随之而来的就是财务造假的可能性增大。

（2）企业过度举债，除了发展、扩张性原因外，还有可能是由于企业通过正常经营活动、投资活动难以获得正常的现金流支持，即利润的含金量下降，所以企业只能依靠扩大贷款规模来解决资金短缺的难题。但是扩大贷款规模会因企业未来承担更多的利息支出而使企业的业绩雪上加霜。这时企业为了偿还利息很有可能进行财务造假，如同济堂控股股东及关联方占用资金偿还股票质押融资本息。

（3）注册会计师（会计师事务所）频繁变更，审计报告出现异常。对于注册会计师而言，企业是他们的客户，注册会计师一般不愿意轻易失去客户。只有在审计过程中，当注册会计师与企业管理者就报表编制出现重大意见分歧、难以继续合作时，注册会计师才有可能出于审计风险的考虑而主动放弃客户。因此，对于频繁变更注册会计师（会计师事务所）的企业，会计信息使用者应当考虑企业因业绩下降而不得已造假的可能。

（4）企业变更会计政策和会计估计。根据一致性原则，企业一旦确定了会计政策和会计估计基础，一般不得随意变更。然而在实务中，有很多企业在并不符合会计准则要求的情况下变更会计政策和会计估计，如变更固定资产的折旧方法、延长固定资产的折旧年限、压低应收账款等资产项目的减值计提准备时，其变更的目的不排除借此改善企业财务业绩。

（5）企业无形资产或开发支出等资产项目规模不正常增加。这有可能是因为收入不足以弥补应当归于当期的花费或支出，企业为了减少研究和开发支出对利润表的冲击而利用这些虚拟资产将费用资本化，从而形成企业“虚盈实亏”的现象。因此，我们有理由认为，企业无形资产或开发支出等资产项目规模不正常增加是企业盈利能力下降、利润质量恶化的一种掩盖方式。

（6）企业利润质量恶化的其他表现。

3. 如何评价同济堂利润表相关项目的质量？

案例中的资料显示，同济堂的利润表数据中，占有较大比重的数据是财务造假所形成的：主要是通过虚构销售及采购业务、虚增销售及管理费用、伪造银行回单等方式，虚增营业收入和利润总额。在此情况下，公司的盈利能力被严重扭曲。究其原因，通常是企业在利润质量恶化的情况下为了维护良好的外在形象而采取了违规做法。

此外，同济堂 2019 年虚增其他业务收入和净利润，占 2019 年度报告中披露净利润的 226.52%。即使其他业务收入是真实发生的，其质量也会受到质疑：该业务并非同济堂的主营业务板块，这与企业的发展战略、核心竞争力以及股东投资企业的“初心”毫不相干。这种业务除非是企业转型导致的，否则会离企业的初心“越来越远”。

控股股东及其关联方非经营性占用资金，用于偿还股票质押融资本息、大股东投资等，会导致大股东编制虚假财务报表蒙蔽中小股东，这会严重损害中小股东的合法权益。巨额的非经营性资金占用，还会严重影响企业的正常经营活动，侵蚀企业利润，降低企业的盈利能力。另外同济堂未及时披露募集资金存放及使用情况，变更部分募集资金使用用途，影响企业正常经营，不能合理有效配置资源，进一步恶化了利润质量。

4. 请对本案例资料中出现的造假情形进行归纳，并对该企业进行财务造假的特征进行总结。

本案例中同济堂财务造假情形：（1）通过虚构销售及采购业务、虚增销售及管理费用、伪造银行回单等方式虚增营业收入、利润总额；（2）通过虚构业务的方式虚增营业收入一其他业务收入，虚增利润总额和净利润；（3）控股股东和关联方非经营性占用资金，用于偿还股票质押融资本息、大股东投资、归还借款等；（4）未如实披露公司募集资金存放及实际使用情况，变更募集资金用途。

该企业进行财务造假有以下特征：（1）财务造假可行性强，医药行业关联方较多、信息透明度较低，行业容易实施造假，伪造合同，虚构收入费用等；（2）上市的动机或压力使公司尽可能地想去迎合监管机构，以达到上市的“结果状态”；（3）业绩压力大，公司高管为迎合经济效益评价指标，“润色”会计数据；（4）不完善的股权结构使公司治理存在缺陷，控股股东和少数股东存在较大矛盾和冲突，极大提高了公司出现财务造假的可能性；（5）被质疑或调查甚至接受过证监会的处罚。2020 年 4 月，同济堂因涉嫌信息披露违法违规被中国证监会立案调查，同年被出具保留意见审计报告。

案例四　长安汽车盈利能力分析

1. 根据长安汽车 2019—2021 年度合并财务报表中的基本财务数据，计算企业盈利能力相关财务比率并进行趋势分析。

相关财务比率的计算结果如表 5 - 13 所示。

表5-13

项目	2021年	2020年	2019年
毛利率	16.64%	14.74%	14.68%
核心利润率	2.04%	−1.51%	−0.93%
总营业费用率	11.09%	12.38%	14.20%
销售净利率	3.43%	3.89%	−3.75%
总资产报酬率	2.24%	1.97%	−2.49%
股东权益报酬率	6.45%	6.15%	−6.02%

2019—2021年，长安汽车的毛利率和核心净利率、销售净利率（2021年该指标稍有下降）、总资产报酬率和股东权益报酬率等各项反映企业盈利能力的财务指标均呈现出逐年上升的趋势，说明企业的盈利能力正在稳步提升。与此同时，总营业费用率呈现出逐年下降的趋势，说明企业的成本控制措施成效显著，这也是企业盈利能力得到提升的一个重要原因。此外，我们注意到，长安汽车的股东权益报酬率大大高于总资产报酬率，说明企业有效地利用了财务杠杆为股东创造了更大的价值（当然，财务杠杆效应会使盈的年份更盈，亏的年份更亏）。

2. 主要针对2021年年报数据，对长安汽车各盈利项目质量以及整体的盈利质量进行分析（其他年份数据可以作为参考依据）。

2021年合并财务报表中各盈利项目质量分析：

（1）营业收入项目：2019—2021年公司的营业收入逐年增加，2021年公司营业收入达到1 051亿元，其中97.7%来自主营业务收入，并且94.4%来自销售商品赚取的收入，这与企业经营主导型战略（经营资产占比较大）是较为吻合的。

（2）营业成本项目：2019—2021年公司的营业成本也在逐年增加，各年毛利率分别为14.73%、14.78%和16.65%，稳中有升，成本控制取得一定成效，2021年主营业务成本占营业成本的98.52%，成本结构与收入结构基本匹配。

（3）期间费用项目：2019—2021年，公司销售费用与营业收入的比率由6%下降至4%。2021年公司的销售服务费和广告及促销费较上年有较大幅度的增长，说明在开拓市场、增加知名度上的投入增加，另外工资及福利费也有所增长，这在一定程度上会提高员工的工作积极性。2021年公司的管理费用较上年有所下降，主要是因为油耗负积分费用的减少。2021年长安汽车研发营收比约为4.6%，研发投入35亿元位居行业前列，为企业继续保持竞争优势奠定基础。2021年利息收入大幅增加，主要是由于公司报告期内货币资金余额同比增加，金融机构存款利息收入增加所致。

（4）其他收益项目：2021 年公司的其他收益主要是政府的产业支持补贴，而 2020 年并未收到任何政府补贴，其他政府补助年度间更是体现出非常大的波动性，说明这种其他收益即便是在近几年也并不一定具有持续性，应属于非经常性损益，公司不应对此存有过高期望，尽管处于政府大力扶持的产业赛道，未来的长远发展也主要靠自身的主业竞争力和坚持不懈的努力。

（5）投资收益项目：2019—2021 年公司的投资收益波动较为剧烈，内在构成也变动较大，说明公司投资收益的持续性不高；2021 年公司投资收益主要来源于权益法核算的长期股权投资收益（占比 91.22%）和仍持有的其他权益工具投资的股利收入（占比 7.69%），而这两项投资收益金额 10.03 亿元与取得投资收益收到的现金 9.85 亿元较为接近，说明其含金量还是较为充足的。

（6）资产处置收益项目：2021 年公司产生了 7.46 亿元的资产处置收益，占当年营业利润的 20%，较上年增加约 6.6 亿元，但一定要认识到这种业绩“改善”与营业收入并无关联，也不会有持续性，因而对年当真实业绩的认识和评价应剔除该项目所造成的影响。

公司整体盈利质量分析：

（1）利润含金量：从核心利润来看，2019—2021 年，长安汽车的核心利润分别约为−7 亿元、−13 亿元和 21 亿元，经营活动产生的现金净流量分别约为 39 亿元、107 亿元和 230 亿元，不需要计算核心利润获现率（前两年核心利润为负，2021 年为 1 095.24%），就能看出公司自身的经营活动具有极强的吸金能力，这当然是行业竞争力的充分体现。此外，投资收益也有较高的含金量（2020 年的投资收益中处置收益和转换收益占比较高，这一点需要特殊考虑）。

（2）利润的持续性、与企业战略的吻合度分析：长安汽车 2021 年营业收入较上年同比增长 24.33%，毛利率为 16.65%，较上年增长近两个百分点，说明在经济下行背景下公司仍能保持较好的发展势头，持续盈利能力较强。战略上，公司的利润结构也与经营主导型战略相契合。

因此，整体来看，公司的盈利质量非常高。

3. 盈利比率指标与盈利项目质量和盈利质量分析的结果是否一致？如何更为全面地评价该公司的真实盈利能力？

指标分析和质量分析结果并不完全一致，盈利比率指标分析存在一定的局限性，由于只涉及财务数据的比较，如果不参考大量报表附注内容进行项目质量分析和利润整体质量分析，很可能会以偏概全，分析内容与企业业务和战略实施联系不够紧密，得出的结论“一刀切”，过于强调最终结果，而忽视导致该结果的不同企业具体情况，更不利于对企业未来业绩预测提供科学、全面的依据。就长安汽车而言，盈利能力相关比率显示 2019—2021 年，公司盈利情况较好，成本也到了有效控制。但实际上通过盈利项目质量分析可以进一步看出，虽然公司营业收入成本与业务结构相符，利润较为可观，但是仍存在其他收益、投资收益及资产处置收益等波动性大、可持续性差的项目影响公司盈利质量。

因此，要想更为全面地评价公司的真实盈利能力，第一，需要对公司进行背景分析，了解其基本情况、经营战略、竞争优势、控制性股东等，考察公司治理机制以及战略选择决定因素；第二，通过关注审计意见的类型与措辞来间接对公司会计信息质量进行判断；第三，通过财务指标计算初步考察公司的盈利能力；第四，结合报表附注中关于利润表主要项目的详细披露材料，对各主要项目进行质量分析；第五，进行整体利润质量分析，分别从利润含金量、持续性和战略吻合性入手。在分析的过程中，还需要关注公司是否存在利润质量恶化的表现，以及是否存在财务造假动机和各种隐患。

第 4 节　教材关键术语和思考题参考答案

一、关键术语解释

1. 毛利：是由营业收入减去营业成本后得出来的一种企业盈利衡量指标，它反映企业自身经营活动的初始获利空间。毛利率则是由毛利除以营业收入后得出来的。

2. 毛利率：是企业当期毛利与营业收入之比，其中毛利等于营业收入减去营业成本。该比率用来衡量管理者根据产品成本进行产品定价的能力，也就是企业的产品还有多大的降价空间。但是，由于各个企业所处行业和会计处理方式不同，产品成本的组成有很大的差别，在用该比率比较两个企业时要注意分析具体情况。

3. 核心利润：是指企业自身开展经营活动所产生的经营成果，该概念的建立有助于挖掘资产负债表、利润表和现金流量表之间内在的逻辑关系，在企业的经营资产、核心利润和经营活动产生的现金流量净额之间建立起必然的联系，从而便于分析企业经营资产的盈利能力以及自身经营活动经营成果的含金量。公式表示为：核心利润＝营业收入－营业成本－税金及附加－销售费用－管理费用－研发费用—利息费用＋其他收益。

4. 核心利润率：是企业的核心利润与营业收入之比。由于利润表中的公允价值变动收益、投资收益以及营业外收入和营业外支出等项目与营业收入无直接关系，并不是企业开展自身经营活动所谋求的经营成果，因此，只有将核心利润与营业收入相比较，而非将营业利润（更不是利润总额或净利润）与营业收入相比较，才能更加客观地评价出管理层在经营活动中的经营绩效和管理能力。

5. 利润质量：是衡量企业盈利能力的一个非常重要的维度。除了采用一些传统的财务指标从数量维度来考察企业盈利的相对规模之外，还应从利润的含金量、利润的持续性以及利润结构与企业战略的吻合度等三个方面来考察企业质量维度的盈利能力，即利润质量。

6. 利润的含金量：指企业的主要利润构成项目获得现金的能力，利润的含金量分析实际上是对利润的结果进行分析。从利润给企业带来的结果来看，企业利润各项目均会引起资产负债表项目的相应变化：企业收入的增加，对应资产的增加或负债的减少；费用的增加，对应资产的减少或负债的增加。一般认为企业赚取利润最终能够带来充足的可自由支配的现金，应该是最理想的状态，因此，考察企业利润的质量，有必要分析利润的含金量。

7. 核心利润获现率：是企业经营活动产生的现金流量净额与（同口径）核心利润之比。衡量企业自身经营活动的盈利能力不仅应从数量维度考察企业盈利的绝对规模（核心利润）和相对规模（核心利润率），还应从质量维度考察企业盈利的含金量和持续性。其中核心利润的含金量可以通过核心利润获现率来进行考察。由于经营活动产生的现金流量净额与核心利润的计算口径并非完全一致，因此，在计算时往往需要进行一些调整，将核心利润调整为同口径核心利润。在实务中，为简便起见，也可将经营活动产生的现金流量净额与核心利润直接进行比较，对于传统制造业企业与商业企业，在企业存货周转速度一年大于两次的正常条件下，经营活动现金净流量与核心利润的比率在 120％～150％之间较为理想。需要说明的是，在利用核心利润获现率来评价核心利润的含金量时，要注意年度间经营规模（主要体现为营业收入）的大幅变化对分析结果造成的影响，如果企业大量采用赊销，且回款速度较慢，当年销售商品、提供劳务收到的现金可能是以前年度实现的核心利润在当期回款所带来的，这种情况下，与当年的核心利润规模进行比较，就可能使分析结论在一定程度上失去意义了。如果企业的销售信用政策和回款速度较为稳定，可以考虑将当年销售商品、提供劳务收到的现金与上一年的核心利润规模进行比较。当然这种比较是比较粗略的，因为企业的实际回款速度不可能呈现出这种较为明显的规律。

8. 利润的持续性：指企业盈利能力在过去与未来一段时期内持续发展的状况。企业实现的利润水平是否具有持续性是判断企业投资价值的核心要素，利润的持续性可以从成长性和波动性两个方面分别考察，利润的持续性分析是衡量企业利润质量的另一重要方面。

9. 非经常性损益：指公司发生的与经营业务无直接关系，以及虽与经营业务相关，但由于其性质、金额或发生频率而影响了真实、公允地反映公司正常盈利能力的各项收入和支出。关于哪些项目应该属于非经常性损益项目，难以穷尽，只能依据会计准则进行实质性判断。

10. 利润的战略吻合度：企业不同的资源配置战略选择会导致不同的资产结构（指经营资产与投资资产的比例关系），直接带来不同的盈利模式，不同的盈利模式又会产生不同的利润结构，因而企业的利润结构与资产结构之间的吻合性可以在一定程度上体现企业资源配置战略的实施效果。也就是说，可以通过企业的利润结构与资产结构之间的对应关系来判断利润的战略吻合性。

11. 资产的结构性盈利能力：在分析中可以把投资资产进一步分为控制性投资资产和其他投资资产，这样，资产就分为经营资产、控制性投资资产和其他投资资产三个部分。其中，经营资产和控制性投资资产是分析的重点。经营资产在企业的经营活动中会直接获取核心利润，而控制性投资资产实际上就是子公司的经营资产，因此，控制性投资资产所带来的经营成果主要体现为子公司的核心利润。基于这种资产结构所对应的利润结构的盈利能力分析，可以进一步分别揭示企业在自身经营领域和对外投资领域的相对盈利区域以及更加真实的盈利能力，简称资产的结构性盈利能力。

12. 利润质量恶化：是指企业利润的含金量、持续性以及战略吻合度等几个衡量利润质量的维度中的某一个或者全面出现问题，并进一步有可能导致企业陷入财务困境的情形。企业利润质量的恶化往往是一个较为缓慢的过程，甚至具有一定的隐蔽性和欺骗性。但通常情况下，利润质量的恶化总会反映在企业经营的某些方面，因此信息使用者可以根据某些外在表现及时发现企业利润质量恶化的蛛丝马迹。

二、思考题参考答案

1. 企业利润表的基本内容和具体结构如何？

利润表一般由表头、表身和补充资料三部分构成。利润表的表头，主要填制编制单位、报表日期、货币计量单位等。表身是利润表的主体部分，主要反映收入、费用和利润各项目的具体内容及其相互关系。在我国，企业利润表采用的基本上是多步式格式。为了使报表使用者通过比较不同期间利润的实现情况，判断企业经营成果的未来发展趋势，企业需要提供比较利润表，利润表还就各项目再分为“本期金额”和“上期金额”两栏分别填列。补充资料列示或反映了一些在主体部分中未能提供的重要信息或未能充分说明的信息，这部分资料通常在报表附注中列示。

我国的多步式利润表的结构是按照企业收益形成的主要环节，通过营业利润、利润总额、净利润和综合收益四个层次来分步披露企业的收益，并详细地揭示企业收益的形成过程。利润表中各项目之间的联系可简单通过下列计算公式给出：

营业利润＝营业收入－营业成本－税金及附加－销售费用－管理费用
－研发费用－财务费用＋其他收益＋投资收益
＋公允价值变动收益＋资产处置收益－资产减值损失
－信用减值损失

利润总额＝营业利润＋营业外收入－营业外支出

净利润＝利润总额－所得税费用

综合收益总额＝净利润＋其他综合收益

2. 如何理解利润表的作用？

（1）有助于解释、评价和预测企业的经营成果和盈利能力。

经营成果是指一定时期内企业生产经营活动所创造的有效劳动成果的总和，通常在利润表中以净利润和综合收益的形式来反映。它们是绝对值指标，可以反映企业创造财富的绝对规模（通常引起资产增加或者负债较少）。盈利能力则是指企业在一定时期内运用一定经济资源（如人力、物力）获取经营成果的能力，因此它需要通过相对值指标来加以衡量，如资产报酬率、权益报酬率、成本费用利润率以及人均利润等。然而，这些指标实际上也只是反映了企业创造财富的相对规模。对企业盈利能力的诠释，除了从数量维度强调利润的绝对规模和相对规模之外，还包括利润的质量维度，在分析形成利润的各个项目的质量的基础上，从含金量、持续性以及与企业战略的吻合度等三个方面考察企业整体的利润质量。

分析和比较利润表的相关信息，有助于企业的股东、债权人和管理者解释、评价和预测企业的经营成果和盈利能力，据以针对是否投资或追加投资、投向何处、投资多少等方面做出决策。

（2）有助于解释、评价和预测企业的偿债能力。

偿债能力通常是指企业以资产清偿债务的能力。利润表本身并不直接提供偿债能力的信息，然而企业的偿债能力不仅取决于资产的流动性和资本结构，还取决于企业的盈利能力。企业在个别年份盈利能力不足，不一定会影响偿债能力，但若一家企业长期丧失盈利能力，资产的流动性必然逐步由好转坏，资本结构也将逐渐由优变劣，企业最终有可能陷入资不抵债的困境。因此对于连年亏损的企业来说，其偿债能力通常会受到较大的影响。

分析和比较利润表的相关信息，有助于企业的债权人和管理者间接地解释、评价和预测企业的偿债能力，尤其是长期偿债能力，并揭示偿债能力的变化趋势，更客观地做出各种信贷决策，如维持、扩大或收缩现有信贷规模，提出何种信贷条件等；管理者也可据以找出提高偿债能力的有效途径，进一步改善企业的财务形象。

（3）有助于评价企业经营战略的实施效果。

企业经营首先面临的是一系列战略的选择，不同的战略选择与盈利模式选择会形成不同的利润结构，因而企业的利润结构体现了公司的战略实施效果。利润的各组成要素之间的比例关系或在利润总额中所占的比重构成了利润的结构特征。

不同的利润项目对公司的获利能力有不同的意义。高质量的利润结构，意味着公司所依赖的业务与公司的战略高度一致并保持较稳定的行业竞争地位和核心竞争力，拥有较扎实的资产支持、较强的现金获取能力以及较光明的市场发展前景，这些都将为公司未来发展奠定良好的基础。

分析和比较利润表的相关信息，有助于企业的股东和债权人了解和评价企业经营战略的实施效果，据以预测企业未来的发展方向和发展趋势；管理层则可以发现企业经营战略实施过程中存在的问题，更加及时地采取措施以保证经营目标的顺利实现。

（4）有助于评价和考核经营者的经营业绩。

利润表中的各个项目，体现了企业在生产、经营和理财等各方面的管理效率与效益，是对企业经营业绩的直接揭示，是经营者受托责任履行情况的真实反映。

通过比较前后期利润表上各项收入、费用、成本及收益的增减变动情况，分析其增减变动原因，可以较为客观地评价各职能部门、各生产经营单位的绩效，以及这些部门和人员的绩效与整个企业经营成果的关系，以便评判各部门管理人员的功过得失，及时做出采购、生产销售、筹资和人事等方面的调整，使各项活动趋于合理。因而，分析和比较利润表的相关信息，有助于企业所有者考核经营者的经营业绩，评价经营者的受托责任履行情况。

（5）有助于企业进行更为科学的经营决策。

比较和分析利润表中各种构成要素，可掌握各项收入、成本费用与利润之间的升降趋势，发现各方面工作中存在的问题，查找原因，改善经营管理，努力提高收入、控制成本费用开支，提高资金的使用效率和效益。此外，还可以通过收支结构和业务结构分析，评价各分部业绩成长对企业总体效益的贡献程度；通过对利润的形成过程进行分析，找出形成利润的主要来源，这些信息均可以为企业的经营决策提供非常有价值的依据。

然而，利润表的上述重要作用能否得到正常发挥，与利润表中各项目的信息质量直接相关。由于会计程序和方法的可选择性，收入和成本费用各项目在确认、计量过程中不可避免会受到人为主观因素的影响，企业可能会选用对其有利的程序和方法，导致经营成果的虚增或虚假，例如，在折旧费用、坏账损失和已售商品成本等方面都存在多种会计核算方法的选择问题，这在一定程度上会影响会计信息的可比性和可靠性。

3. 如何评价利润表各项目的质量？

（1）营业收入项目质量分析。

在对企业的营业收入进行分析时，应着重从以下三个方面入手：卖什么、卖给谁和靠什么。具体地说，对企业的营业收入项目进行质量分析，应从以下几个方面入手：

1）卖什么——营业收入的品种构成分析。

分析在营业收入中占比较大的品种是否为决定企业现在和未来竞争优势的关键性产品，在进一步结合行业发展特征和环境变化的基础上，判断企业营业收入的未来发展趋势。

在对企业营业收入的品种构成进行分析的过程中，需要强调的是，除了关注其结构与变化外，还要注重考察企业现有业务结构与企业战略之间的吻合度。与企业战略关联度低的业务规模即使再大，也不能被认为是符合企业发展战略的高质量的业务。

2）卖给谁——营业收入的地区构成分析。

一般地说，占总收入比重大的地区是企业过去业绩的主要地区增长点，分析不同地区的消费偏好和消费习惯的变化趋势，研究企业产品在不同地区的市场潜力，将有助于预测企业业绩的持续性和未来发展趋势。

3）卖给谁——营业收入的客户构成分析。

一般情况下，若其他条件相同，企业的销售客户越分散、集中率越低，说明企业产品销售（或劳务提供）的市场化程度越高，行业竞争力越强，营业收入的持续性就会越好。同时，企业的销售客户越分散，销售回款因个别客户的坏账所产生的波动会越小，营业收入的回款质量也就越有保障。因此，通过分析营业收入的客户构成情况，有助于判断企业营业收入的质量和业绩的波动性。

4）靠什么——关联方交易对营业收入的贡献程度分析。

关注关联方交易形成的营业收入在交易价格、交易的实现时间等方面是否存在非市场化因素，考察企业业绩的真实性和市场化能力。一般来说，在相同的市场环境下，参与竞争的各方最终会实现优胜劣汰，因此，只有靠市场获得持续发展的企业才具有真正意义上的核心竞争力。

5）靠什么——部门或地区行政手段对营业收入的贡献程度分析。

通过分析部门或地区行政手段对企业营业收入的贡献程度，判断这种行政手段干预对企业利润的含金量及持续性可能造成的影响。

（2）营业成本项目质量分析。

对营业成本的质量评价，应结合多种因素来进行。一般地，在分析中至少应关注以下几个方面：1）营业成本计算是否真实？会计核算方法（如存货计价方法、固定资产折旧方法等）的选择是否恰当、稳健？当期有无发生变更、其变更有无对营业成本产生较大影响？2）营业成本是否存在异常波动？导致其异常波动的因素可能有哪些？哪些是可控因素？哪些是不可控因素？哪些是暂时性因素？哪些可能是对企业长期发展造成影响的因素？影响程度如何？3）关联方交易和地方或部门行政手段对企业低营业成本所做出的贡献如何？其持续性如何？

（3）期间费用项目质量分析。

对各项期间费用的质量分析应强调两个方面的内容：1）分析期间费用的质量，不能只强调各项期间费用发生的规模，更应强调各项费用发生后所带来的效益。大部分期间费用在规模上都是相对固定的，即不能简单通过压缩规模来控制期间费用。不要追求“费用最小化”，而要追求“成本的效益最大化”。2）分析期间费用的质量，应关注各项费用对人的行为和心理所产生的影响。适当的费用宽松可以调动员工工作的积极性、创造性和忠诚度，这对企业是有益的。否则，得到控制的仅仅是费用的发生规模，而其结果可能会导致企业效益和效率的更大幅度的下降。

（4）信用减值损失和资产减值损失项目质量分析。

信用减值损失和资产减值损失反映了企业资产项目的贬值程度及规模，在一定程度上可以揭示出这些资产的保值质量以及企业对这些资产的管理质量。涉及的资产主要包括债权、存货、固定资产、无形资产、商誉以及长期股权投资等。

在对各项资产进行减值测试时，关键环节是要恰当确定各项资产的公允价值，而公允价值的确定从某种程度上说不可避免存在主观上的估计和判断，因此，资产减值损失的确认问题实质上属于会计估计问题。因此资产减值损失计提的恰当与否将直接影响企业利润的真实性与利润质量。

（5）公允价值变动收益项目质量分析。

公允价值变动收益仅仅是一种持有收益（或损失），即一种未实现的收益（或损失），也就是我们平时所说的浮盈（或浮亏），不会给企业带来真实的现金流量。这种公允价值变动收益（或损失）的存在会影响企业利润的质量，既影响利润的含金量，也影响利润的持续性。但它可以在一定程度上反映出这些资产项目的保值质量。

（6）投资收益项目质量分析。

一般而言，投资收益是由企业拥有或控制的投资资产所带来的收益，当然目前的构成变得越来越复杂，主要包括以下四种情况：1）投资资产的持有收益，即在其持有期间从被投资企业获取的一定形式的利润；2）投资资产的处置收益，即在处置投资资产时，售价与初始取得成本之间的差额；3）投资资产的转换收益，即投资资产在重分类过程中（如企业增持或减持被投资企业的股权达到一定程度后，要从一个投资资产项目转入另一个投资性项目进行核算）所产生的投资收益；4）债务重组收益，即债务企业在债务重组过程中以金融资产抵债或者债转股等情形下获得的债权方折让所带来的收益，以及债权企业在债务重组过程中发生的折让损益。在对企业的投资收益项目进行质量分析时，应从含金量和持续性两个方面去考察。

（7）其他收益项目质量分析。

其他收益项目中主要包括那些与企业日常活动相关但不宜确认收入或冲减成本费用的政府补助。对其他收益项目的质量分析主要关注企业业务与政府政策的关联度、企业对政策的研究能力、企业主营业务的市场竞争力以及政府政策的阶段性等几个方面。完全靠政府持续的补助生存的企业不会有持续的竞争力。

（8）资产处置收益项目质量分析。

企业可能会由于处置非流动资产而获得利润（处置收益），从而“改善”营业利润的规模。但实际上，这种“改善”与企业的营业收入没有一点关联，而且这种“改善”不会有持续性。企业资产处置收益水平不高，一方面说明企业没有进行过多的资产处置，另一方面也说明大部分资产都处于正常发挥作用的状态，没有进行处置的必要。这也从另一个侧面印证了企业资产的整体质量较高。

（9）营业外收入与营业外支出项目质量分析。

营业外收入和营业外支出均不是经营活动引起的，一般不会涉及流转税，但它们也是企业盈亏的一部分，因此应将其计入利润总额，与营业利润一起缴纳企业所得税，当然需要按照税法先行调整为应纳税所得额。由于营业外收入和营业外支出通常情况下都具有“偶发性”或者说“一次性”的特点，因此，如果它们在企业的利润中占比过大，就会影响企业利润的持续性。

（10）所得税费用项目质量分析。

所得税费用由于其计算基数是按照会计准则调整后的会计利润，当会计准则与税法在确认应税项目和可抵扣项目上存在不一致的规定时，它和企业实际需要缴纳的所得税额之间或多或少总会存在一些差异，因此，它既不会与利润表中的利润总额存在固定的税率关系，也不会直接反映出企业当期实际缴纳的所得税规模。可以简单地认为，它与应交所得税之间的差异大小可大体反映出会计准则与税法在确认该企业经营成果问题上的分歧大小。

（11）其他综合收益项目质量分析。

其他综合收益是指企业根据会计准则规定未在当期损益中确认的各项利得和损失。它虽然在当期属于未实现损益，既不纳入计税范围，也不会带来实际的现金流量，但是它有可能在未来影响企业的经营成果，因此对信息使用者来说它具有一定的预测价值。

4. 怎样看待公允价值变动收益和资产减值准备对企业利润的贡献？

公允价值变动收益和资产减值准备作为利润表里的“小项目”，正常经营条件下难以成为企业利润贡献的主体项目，即使在某些特定时期上述项目对利润的贡献较大，这种贡献也难以持久。但是，在我国部分上市公司中，偏偏在企业扭亏为盈或保持盈利势头的关键年份，出现了上述小项目的金额对其利润总额乃至净利润起到举足轻重作用的情形。因此应该对这种“小项目的大贡献”的可持续性进行考察。

对于公允价值变动收益项目，应该形成如下认识：第一，相关的损益确定并不会为企业带来相应的现金流入或流出；第二，如果此项变动引起的损益在净利润中所占的比重过大，则在一定程度上说明企业的主体经营活动的盈利能力不高。

对于资产减值损失项目，应该形成如下认识：第一，资产减值损失的确认，本质上属于会计估计问题。既然是估计，就可能发生偏差。因此，资产减值损失在某些年度的估计可能会高一些，在另一些年的估计可能会低一些。但是，要特别注意的是，在某些特殊年份，一些企业为了达到集中亏损或者转亏为盈的目的，可能会出现估计朝着一个方向发展的情况：即或者本年的估计全部朝着加大亏损的方向发展，或者本年的估计全部朝着有利于盈利的方向发展。第二，恰当确认的资产减值损失，在一定程度上反映了企业的管理质量。在经营活动中资产出现减值是很正常的。恰当确认的资产减值损失，在一定程度上反映了企业的管理质量：高水平的企业管理者，会在恰当的时候增加其资产，在恰当的时候处置或者售出其资产，并在这个过程中获得利润，实现企业资本的增值。经常出现高规模资产减值准备的企业，如果其确认恰当，则在其管理过程中一定存在某些方面的问题，如债权管理、存货管理、固定资产管理和投资管理等项目的减值准备可能意味着企业在上述方面的管理质量需要提高。

5. 如何评价企业利润质量？

利润质量是衡量企业盈利能力的一个非常重要的维度。除了采用一些传统的财务指标从数量维度来考察企业盈利的相对规模之外，还应从利润的含金量、利润的持续性以及利润结构与企业战略的吻合度等三个方面来考察企业质量维度的盈利能力，即利润质量。

（1）利润的含金量分析。

1）核心利润的含金量分析。

核心利润是企业开展自身经营活动所赚取的经营成果，因此通过与经营活动产生的现金流量净额进行比较，就可以反映出核心利润产生现金净流量的能力。然而，由于两者在计算口径上有些差异，因此，需要将核心利润调整为同口径核心利润后再与经营活动产生的现金流量净额进行比较。在实务中，为简便起见，也可将经营活动产生的现金流量净额与核心利润直接进行比较，对于传统制造业企业与商业企业，在企业存货周转速度一年大于两次的正常条件下，经营活动现金净流量与核心利润比率在1.2～1.5之间较为理想。需要说明的是，在利用核心利润获现率来评价核心利润的含金量时，需要注意年度间经营规模（主要体现为营业收入）的大幅变化对分析结果造成的影响。

2）投资收益的含金量分析。

一般而言，投资收益是由企业拥有或控制的投资资产所带来的收益，当然目前的构成变得越来越复杂，主要包括以下四种情况：（1）投资资产的持有收益，即在其持有期间从被投资企业获取的一定形式的利润；（2）投资资产的处置收益，即在处置投资资产时，售价与初始取得成本之间的差额；（3）投资资产的转换收益，即投资资产在重分类过程中（如企业增持或减持被投资企业的股权达到一定程度后，要从一个投资资产项目转入另一个投资性项目进行核算）所产生的投资收益；（4）债务重组收益，即债务企业在债务重组过程中以金融资产抵债或者债转股等情形下获得的债权方折让所带来的收益，以及债权企业在债务重组过程中发生的折让损益。在对企业的投资收益项目进行质量分析时，应从含金量和持续性两个方面去考察。

由于投资企业对合营企业和联营企业的长期股权投资采用权益法，将被投资企业所实现的净利润（或者发生的净亏损）的相应份额确认为投资收益，因此这种投资收益的含金量要取决于被投资企业的分红政策。投资企业对其子公司的长期股权投资由于采用的是成本法，将子公司所宣告分派的现金股利按照其持股比例确认为投资收益，因此投资企业（即母公司）的这种投资收益的含金量基本上都是有保障的；其他投资资产在持有期间所带来的投资收益，无论是股利还是利息，一般情况下都会带来相应的现金流入。

由于在利润表上通常是将投资资产的售价与账面价值之间的差额确认为投资收益，而在现金流量表上“收回投资收到的现金”则主要取决于各项投资资产的售价高低，因而，处置收益的含金量具有很大的不确认性，难以一概而论。

3）其他项目的含金量分析。

其他收益项目的含金量通常要视具体补贴形式以及政府财政状况而定；资产处置收益项目的含金量需要考察现金流量表上“处置固定资产、无形资产和其他长期资产收回的现金净额”，主要取决于各项非流动资产的售价高低，因此这种处置收益的含金量也具有很大的不确认性，难以一概而论；至于公允价值变动收益、信用和资产减值损失等项目一般都不会带来现金流量的变化；营业外收入项目的含金量要视具体构成内容的性质来定。

（2）利润的持续性分析。

利润的持续性是指企业盈利能力在过去与未来一段时期内持续发展的状况。企业实现的利润水平是否具有持续性是判断企业投资价值的核心要素。不具备持续盈利能力的企业，意味着它的前景处于高度不确定状态，甚至持续经营的会计基本假设都可能"摇摇欲坠"。此外，如果企业某一期间所实现的利润规模是采用人为手段经粉饰（甚至造假）而成，那么这样的利润因缺乏持续性而迟早会"露出马脚"。因此，利润的持续性分析应成为衡量企业利润质量的另一重要方面。而利润的持续性又可以从成长性和波动性两个方面分别考察。

1）利润的成长性分析。

成长性是企业发展的灵魂，是衡量企业财务状况和预测企业发展前景的重要方面。由于在利润的构成中，核心利润最能体现企业在行业中的竞争地位和核心竞争力，因此，可通过核心利润及核心利润率的增长幅度来考察企业在核心业务上的盈利能力变化趋势；而核心利润高低关键取决于产品销售等业务带来的营业收入的增长幅度，因此，通常情况下，营业收入的增减变化，也可以在一定程度上反映企业的成长性和未来的发展趋势。此外，企业毛利及毛利率的走势也是考察企业核心竞争力变化的一个非常重要的方面。

2）利润的波动性分析。

一般情况下，如果企业的利润构成中存在某些无法持续发生的"非经常性损益"项目，就会在一定程度上影响到企业利润的波动性。在此基础上，还要分析企业所面临的内外部环境、自身的竞争优势以及战略调整情况等各方面因素对利润波动性可能产生的影响。

（3）利润结构的战略吻合度分析。

企业不同的资源配置战略选择会导致不同的资产结构（指经营资产与投资资产的比例关系），直接带来不同的盈利模式，不同的盈利模式又产生不同的利润结构，因而企业的利润结构与资产结构之间的吻合度可以在一定程度上体现企业资源配置战略的实施效果，也就是说，可以通过企业的利润结构与资产结构之间的对应关系来判断利润的战略吻合度。

1）利润的战略吻合度分析。

在分析中，通常采用母公司数据，可以分别计算经营资产与投资资产的比例关系以及核心利润与投资收益之间的比例关系。如果不考虑不同的商业模式、行业间的盈利性差异以及企业处在不同的发展阶段而产生的盈利差异等各种因素，可以简单地通过如下比较来大体上对上市公司自身利润的战略吻合度加以评价：从长期来看，如果两者大致相当，则说明企业战略的实施效果较好，利润的战略吻合度较高；如果两者相差较大，在一些主客观因素无法给出合理解释的情况下，则一般认为企业战略的实施效果不够好，利润的战略吻合度相对较低。

2）资产的结构性盈利能力分析。

通常情况下，各类资产的相对盈利能力是不同的，有必要对企业的各类资产分别进行盈利能力分析（这里主要从数量维度考虑），以帮助分析者找出企业资产中相对比较强的盈利区域，这样更有利于企业管理者及时调整经营战略，也有利于投资者更清晰地判断企业未来的发展走势。

3）资产管理和利润操纵倾向。

通过比较投资收益与投资资产、核心利润与经营资产之间的相对盈利能力差异，可以对企业的资产管理、利润操纵等方面做出判断。

6. 企业利润质量下降有哪些特征？

利润质量恶化，必然会反映到企业的各个方面。对于信息使用者而言，可以从以下方面来判断企业的利润质量可能正在恶化。

（1）企业扩张过快。

由于企业在发展过程中不可避免地会受到来自资金、资源、管理水平等各方面的制约，这就注定了企业并不是“无所不能”而是“技有所长”，因此如果企业在一定时期内扩张过快、涉及的领域过多、过宽，那么，企业把“触角”延伸到自己不擅长领域的概率就会加大，所获利润的质量就会有恶化的可能。

（2）企业过度举债。

在企业由于回款不利等原因导致利润质量恶化的情况下，通常难以满足经营活动正常的现金需求量，企业只能依靠扩大贷款规模来解决资金短缺的困难。但扩大贷款规模会因企业未来承担更多的利息支出而使企业的业绩“雪上加霜”，因此，我们一般认为，企业过度举债往往会导致企业一步步地走向财务困境，它当然也是企业利润质量恶化的外在表现。

（3）注册会计师（会计师事务所）频繁变更、审计报告出现异常。

对于频繁变更注册会计师（会计师事务所）的企业，会计信息使用者应当考虑企业因业绩下降而不得已造假的可能。这种情况下公布出来的企业业绩即便维持住了原有水平，其利润质量也极有可能出现了恶化。此外，如果企业年报的公布日期比正常的要晚，甚至审计人员发生了变化，通常这也可能是企业利润质量恶化的一种迹象。

（4）企业变更会计政策和会计估计。

在实务中，有很多企业在并不符合会计准则要求的条件下变更会计政策和会计估计，如变更固定资产的折旧方法、延长固定资产的折旧年限、压低应收账款等资产项目的减值准备计提比例等，其变更的目的不排除有借此改善企业财务业绩的可能。因此，尤其是在企业面临不良经营状况时，企业有发生变更会计政策和会计估计的举动，并恰好有利于企业账面利润的改善，那么这种变更便可以成为企业利润质量恶化的一种信号。

（5）应收账款规模的不正常增加、应收账款平均收账期的不正常变长。

企业应收账款的不正常增加、应收账款平均收账期的不正常变长，有可能是企业为了增加其营业收入而放宽信用政策的结果。过宽的信用政策，可以刺激企业营业收入的立即增长。但是，企业也面临未来大量发生坏账的风险，影响利润的含金量。

（6）应付账款规模的不正常增加、应付账款平均付账期的不正常延长。

在企业产销较为平稳的条件下，企业的应付账款规模应该与企业的营业收入保持一定的对应关系，企业的应付账款平均付账期也应保持相对的稳定。如果企业的购货和销售状况没有发生很大变化，企业的供货商也没有主动放宽赊销的信用政策，但企业应付账款规模却不正常增加、应付账款平均付账期也不正常延长，这就有可能成为企业支付能力恶化、资产质量恶化、利润质量恶化的一种外在表现。

（7）企业存货周转过于缓慢。

存货周转过于缓慢，表明企业在产品质量、价格、存货控制或营销策略等方面出现了一些问题。存货周转越慢，企业占用在存货上的资金也就越多。过多的存货占用，除了占用资金、引起企业过去和未来的利息支出增加以外，还会使企业承担存货过时的风险，并产生过多的存货损失以及存货保管成本，这些因素都会在一定程度上降低利润的持续性。

（8）企业无形资产或者开发支出等资产项目规模的不正常增加。

如果企业出现无形资产或者开发支出的不正常增加，则有可能是因为收入不足以弥补应当归于当期的花费或开支，企业为了减少研究和开发支出对利润表的冲击而利用这些虚拟资产将费用资本化，从而形成企业“虚盈实亏”的现象。因此，我们有理由认为，企业无形资产或者开发支出等资产项目规模的不正常增加是企业盈利能力下降、利润质量恶化的一种掩盖方式。

（9）企业的业绩过度依赖非经常性损益项目。

正常情况下，无论企业采用何种战略，营业利润都应该成为企业业绩的主要支撑。但是，在实务中有些企业在利润增长潜力挖尽的情况下，为了维持一定的利润水平，就有可能通过非经常性损益项目来弥补核心利润和投资收益的不足。

（10）企业利润表中的销售费用、管理费用等项目规模出现反常走势。

当业务量增加时，费用总额一般会相应增加；而当业务量下降时，企业为了改变这种局面，往往会发生更多的诸如广告费、促销费、新产品开发研制费等项支出。可见，在企业正常的发展过程中，大规模地降低期间费用的发生水平是有难度的。当然，企业采取有效的成本费用控制措施会带来一定程度的费用降低，但如果这种降低缺乏持续性而仅仅是在某一期间出现异常降低的情况，这往往就是企业为缓解业绩恶化而采用人为操纵的手段所带来的结果。

（11）企业反常压缩酌量性支出。

酌量性支出可能并不在当期带来全部效益，但对企业的未来发展非常有利，因此，其发生水平通常与企业当期的经营规模和业绩变化不呈直接的线性关系，而与企业的经营战略和管理风格有更为密切的联系，一般在一定时期内表现出相对稳定的开支状态。如果这类支出规模相对于营业收入的规模来说发生大幅降低的情况，就应考虑有“反常压缩”的可能。也就是说，企业可能为了避免当期利润规模大幅下降，蓄意降低酌量性支出规模或推迟其发生的时间。这种迹象往往预示着企业的利润质量可能会出现进一步的恶化。

（12）企业有足够的可分配利润，但长期不进行现金分红。

获取现金股利是股东投资最基本的投资目的之一。企业支付现金股利一般需具备两个条件：第一，企业应有足够的可供分配利润（即未分配利润）；第二，企业要有足够的货币支付能力。显然，企业如果有足够的可供分配的利润但不进行现金股利分配，无论企业如何解释，我们首先应当考虑怀疑企业没有现金支付能力，或者怀疑管理层对企业未来的发展前景信心不足。在企业没有明确的未来发展规划的情况下，这完全可以被认为是企业利润质量下降的一种外在表现。

第 5 节　教材案例讨论与分析提示

海康威视利润质量分析

1. 连续两年企业的利润结构有什么特征？

从合并财务报表数据来看，2020 年和 2021 年公司的毛利分别为 295 亿元和 361 亿元，毛利率分别为 46.5%和 44.3%，两年的毛利逐年增长，毛利率基本持平。两年的核心利润（包括其他收益项目）分别为 157 亿元和 190 亿元，均超过当年的营业利润总额，说明该企业 2020 年和 2021 年的业绩均基本来自核心利润，贡献度超过 100%。

从母公司财务报表数据来看，2020 年和 2021 年公司的毛利分别为 191 亿元和 228 亿元，毛利率分别为 72.6%和 81.1%，毛利和毛利率均体现出一定的增长态势。两年的核心利润（包括其他收益项目）分别为 124 亿元和 139 亿元，在当年的营业利润中分别占 89%和 94%，说明母公司（即上市公司）2020 年和 2021 年的业绩也均基本来自自身经营活动创造的核心利润，贡献度也相当高。

2. 企业销售费用与营业收入之间有什么关系？年度间的变化说明了什么？

从销售费用的构成来看，它与企业所处行业特征、市场环境、自身的营销模式、业务活动规模、人员待遇、未来发展规划等诸多因素都存在一定的关系，一般来说，在企业业务得到发展的情况下，销售费用也通常会相应增加。当然如果由于市场竞争的加剧、企业的市场地位下降等原因导致销售费用过高，就会挤压利润空间，很可能出现“增收不增利”的现象。我们可以通过计算销售费用与营业收入的比率，通过同行业比较和前后期比较，再结合竞争状况和企业在销售费用控制方面的举措，来考察销售费用的合理性和有效性。

从合并财务报表数据来看，2021 年海康威视营业收入同比增长 28.21%，而销售费用同比增长 16.38%，销售费用与营业收入的比率分别为 11.62%和 10.55%，两年的毛利逐年增长，毛利率基本持平；从母公司财务报表数据来看，营业收入同比增长 6.69%，而销售费用同比增长 25.36%，销售费用与营业收入的比率分别为 10.85%和 12.75%，毛利和毛利率均体现出一定程度的增长。这说明母公司产品的市场竞争力在增强，但母公司在营销方面付出了较大的努力和代价；而相比之下，其各子公司的产品在市场上可能更容易得到认可以及存在更大的增长空间，在营销方面可以相对付出更少的努力就能获得不错的业绩增长，但或许也可以考虑进一步加大销售方面的投入。当然，这与母子公司产品的特点和所处的市场环境等方面也有一定的关系。

3. 请对企业连续两年的资产减值损失情况进行评价。

资产减值准备作为利润表里的“小项目”，正常经营条件下不应对企业利润的影响过大。

从合并财务报表数据来看，2020年和2021年海康威视分别计提了5.5亿元和10.2亿元的资产减值损失（包括信用减值损失在内），对营业利润虽然产生了一定的负面影响，但总体而言计提金额并不是特别巨大，不过仍然需要对相关资产的质量予以重点关注，分析其对企业未来盈利能力可能造成的影响。而从母公司财务报表数据来看，2020年和2021年母公司（即上市公司）分别只计提了0.4亿元和1.2亿元的资产减值损失（包括信用减值损失在内），因此相比之下，子公司的资产质量更加值得关注。

4. 请对企业连续两年的投资收益结构进行评价。

从合并财务报表数据来看，2020年和2021年海康威视的投资收益均主要来自权益法核算的长期股权投资收益、其他非流动金融资产持有期间的投资收益和处置交易性金融资产取得的投资收益，其中，2020年其他非流动金融资产持有期间的投资收益在投资收益中占比较大，2021年存在处置子公司及其他营业单位的投资损失。

从母公司财务报表数据来看，2020年的投资收益主要来自处置资产组取得的投资收益和其他非流动金融资产持有期间的投资收益，2021年的投资收益则主要来自权益法核算的长期股权投资收益和其他非流动金融资产持有期间的投资收益。

一般而言，权益法核算的长期股权投资收益含金量是需要重点考察的方面，主要取决于被投资企业的现金分红力度，其持续性也取决于分红政策的连续性；其他非流动金融资产持有期间的投资收益质量取决于其他非流动金融资产的种类和特征；而处置交易性金融资产或其他资产取得的投资收益则通常具有很大的不确定性，难以保证具有持续性。

5. 请对企业2021年核心利润、投资收益的含金量进行评价。

核心利润含金量评价：从合并财务报表数据来看，2021年海康威视核心利润（包括其他收益项目）为190亿元，经营活动产生的现金流量净额为127亿元，核心利润获现率为66.84%。分析原因可能有：虽然当期营业收入规模增加，但企业回款时间较长，导致经营活动现金流入有一定的滞后性；行业竞争加剧，企业通过放宽信用政策等方式进行促销，导致回款速度放缓或者坏账发生规模超常增加；上游原材料涨价或者供应紧张，使得付款不正常增加等。从母公司财务报表数据来看，2021 年母公司核心利润为 139 亿元，经营活动产生的现金流量净额为 158 亿元，核心利润获现率为 113.67%，因此，相比各子公司来说，母公司（即上市公司）自身的核心利润含金量要更高些。结合前面销售费用与营业收入之间关系的分析结论产生这样的疑问：母子公司是否存在营销手段上的差异（即母公司主要通过增大营销费用开支来开拓市场，而子公司可能通过放宽信用政策来刺激销售）？对这一问题的解答需要进一步结合其他相关资料和报道来进行分析。

投资收益的含金量评价：持有收益的含金量分析主要关注的是权益法核算的长期股权投资收益，这种投资收益的含金量取决于被投资企业的分红政策，而可以肯定的是，只要被投资企业不将净利润全部用于分红，投资企业所确认的投资收益就会存在不同程度的"泡沫"，甚至有可能造成投资企业有利润而没有现金流。2021 年海康威视合并财务报表和母公司财务报表中权益法核算的长期股权投资收益分别为 1.14 亿元和 1.09 亿元，其他非流动金融资产持有期间的投资收益均为 1.16 亿元，母公司财务报表中还有成本法核算的长期股权投资收益 0.16 亿元，合计起来，合并财务报表和母公司财务报表中的投资收益分别为 2.3 亿元和 2.41 亿元，而取得投资收益收到的现金分别为 1.16 亿元和 1.32 亿元，这说明无论是合并财务报表还是母公司财务报表，投资收益与取得投资收益收到的现金均存在较大的差异，投资收益的含金量相对不足。

第 6 章

现金流量质量分析

第 1 节　知识点回顾

- 现金流量表相关概念
  - 现金：企业的库存现金以及可以随时用于支付的银行存款
  - 现金等价物：企业持有的期限短、流动性强、易于转换为已知金额的现金、价值变动风险很小的投资
  - 现金流量：某一段时期内企业现金和现金等价物流入和流出的数量

- 现金流量表作用
  - 有助于解释、评价和预测企业的现金流量和现金获取能力
  - 有助于分析企业利润的含金量，评价企业的支付能力和偿债能力
  - 有助于了解和判断企业的现金流量质量以及战略支撑能力
  - 有助于管理者做出更为科学的经营决策

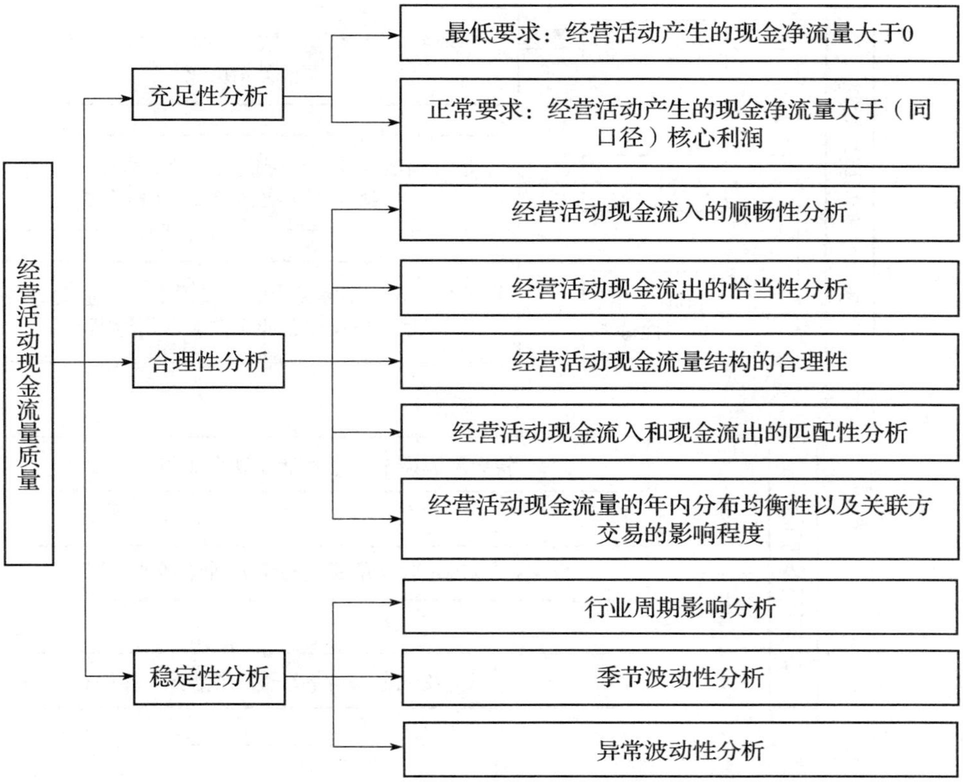
经营活动现金流量质量
充足性分析
最低要求：经营活动产生的现金净流量大于0
正常要求：经营活动产生的现金净流量大于（同口径）核心利润
合理性分析
经营活动现金流入的顺畅性分析
经营活动现金流出的恰当性分析
经营活动现金流量结构的合理性
经营活动现金流入和现金流出的匹配性分析
经营活动现金流量的年内分布均衡性以及关联方交易的影响程度
稳定性分析
行业周期影响分析
季节波动性分析
异常波动性分析

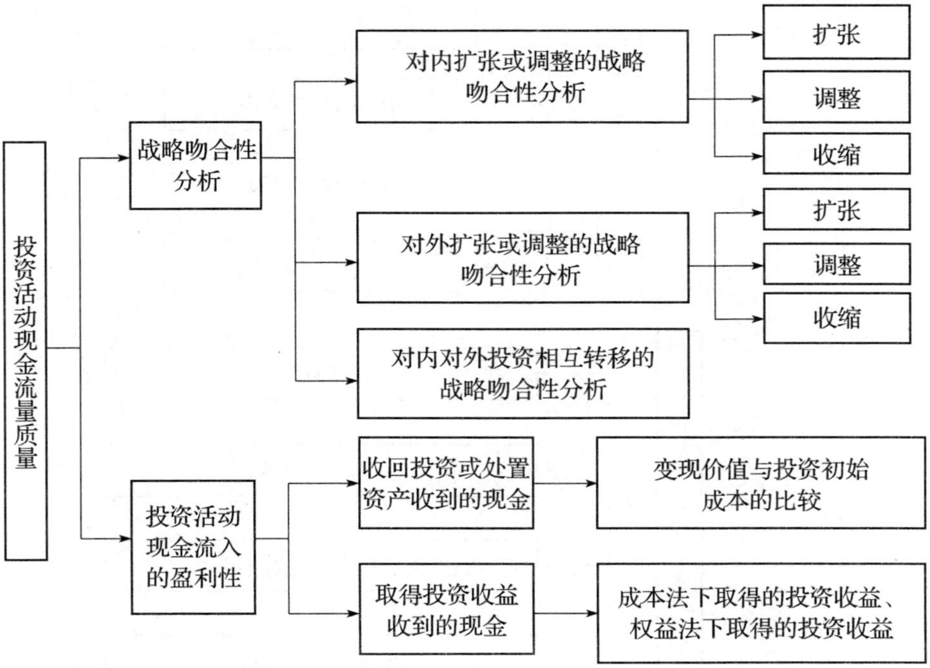
投资活动现金流量质量
战略吻合性分析
对内扩张或调整的战略吻合性分析
扩张
调整
收缩
对外扩张或调整的战略吻合性分析
扩张
调整
收缩
对内对外投资相互转移的战略吻合性分析
投资活动现金流入的盈利性
收回投资或处置资产收到的现金
变现价值与投资初始成本的比较
取得投资收益收到的现金
成本法下取得的投资收益、权益法下取得的投资收益

- 筹资活动现金流量质量
  - 适应性分析 → 是否与经营活动和投资活动现金流量周转状况相适应
  - 多样性分析 → 是否确定合理的筹资规模、期限和还款方式，实现筹资渠道和方式的多样化
  - 融资行为的恰当性分析 → 是否存在超过实际需求的过度融资、企业资金是否存在被其他企业无效益占用等情况

- 现金流量表附注分析
  - 将净利润调节为经营活动现金流量
  - 不涉及现金收支的重大投资和筹资活动
  - 现金及现金等价物净变动情况

- 影响经营活动现金流量变化的原因
  - 发展阶段
  - 结算方式
  - 营销策略和信用政策
  - 异常收付行为
  - 关联方人为操纵

- 影响投资活动现金流量变化的原因
  - 发展阶段
  - 对外扩张加剧
  - 战线明显收缩和大量处置不良固定资产
  - 投资收益获取方式

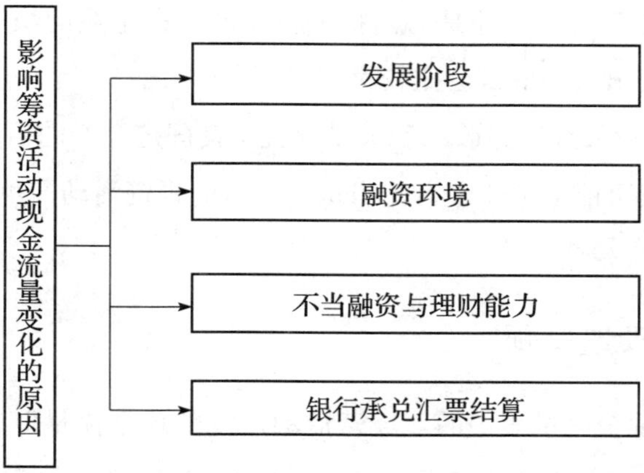

第 6 章
即测即评

第 2 节　补充练习题及案例分析题

一、判断题

1. 现金流量信息并不能直接表明企业经营状况是否良好、资金是否紧张以及企业盈利能力大小等，当然，利用它有助于分析企业的盈利质量。（　　）

2. 不涉及现金收支的重大投资和筹资活动，反映影响企业资产或负债但不形成当期和以后各期现金收支的所有投资和筹资活动的信息。（　　）

3. 只要利润表上反映的企业业绩良好，就不可能处于财务困境，无法偿还到期债务。（　　）

4. 在对企业的现金流量质量进行分析时，不能仅仅关注现金流量的变化结果，更不能仅根据各类活动产生现金流量净额的正负符号得出结论。（　　）

5. 虽然经营活动、投资活动和筹资活动在企业的资金周转过程中发挥不同的作用，体现不同的质量特征，但各项活动现金流量质量分析的侧重点都是相同的。（　　）

6. 筹资活动现金流量与企业经营活动现金流量和投资活动现金流量之间并无任何直接的联系，所以不需要相互适应。（　　）

7. 企业各期投资活动现金流入量和投资活动现金流出量之间并不存在直接的对应关系，考察两者的匹配性和协调性一般是没有意义的。（　　）

8. 关联交易可以对交易的盈亏进行操纵，但不能对现金流量的流向和规模进行操纵。（　　）

9. 无论是对外扩张还是对内扩大再生产，在企业的快速成长期，其投资活动产生的现金流出量一般都会比较大。（ ）

10. 在企业战线明显收缩和大量处置不良固定资产的情况下，投资活动产生的现金流入量很可能会大于现金流出量，这时的投资活动产生的现金流量质量较好。（ ）

二、单项选择题

1. 由于现金流量表中的"经营活动产生的现金流量"代表企业在经营活动中运用其经济资源创造现金流量的能力，"投资活动产生的现金流量"代表企业通过内外部投资导致现金流量变化的能力，"筹资活动产生的现金流量"代表企业从外部筹资获得现金流量的能力，因此通过现金流量表及其补充资料的信息，可以分析企业（ ）的能力，为预测企业未来现金流量提供有价值的信息。

A. 盈利　　B. 获取现金
C. 偿债　　D. 营运
E. 增值

2. 通过分析现金流量表，能够具体了解企业现金流入、流出的构成，有助于从（ ）分析企业利润的含金量，更加客观地评价企业的支付能力和偿债能力，有助于投资者和债权人更加科学地做出投资和信贷决策，提高经济资源的配置效率。

A. 数量维度　　B. 质量维度
C. 规模上　　D. 持续性的角度
E. 预测的角度

3. 经营活动现金流量的（ ）是指企业是否具有足够的经营活动现金流量来满足正常的运转和规模扩张的需要。

A. 合理性　　B. 充足性
C. 稳定性　　D. 盈利性
E. 持续性

4. 经营活动现金流量的合理性是指企业经营活动现金流入是否（ ），经营活动现金流出是否恰当，结构是否合理，经营活动现金流入量与流出量之间是否规模匹配、协调。

A. 顺畅　　B. 多样

C. 滞后　　D. 多元

E. 充足

5. 在公司自身主要从事对外投资管理，而子公司的资金又由该公司提供时，（　　）会成为经营活动现金流出量的主体。

A. 购买商品、接受劳务支付的现金

B. 支付给职工以及为职工支付的现金

C. 支付的各项税费

D. 支付其他与经营活动有关的现金

6. 通过投资活动现金流出量中“购建固定资产、无形资产和其他长期资产支付的现金”与现金流入量中“处置固定资产、无形资产和其他长期资产收回的现金净额”之间的规模比较，可以体现企业经营活动发展的战略要求。以下说法中错误的是（　　）。

A. 若两者均具有较大规模，即“大进大出”，通常表明企业正处在长期经营资产的大规模置换与优化阶段，这也许是企业战略转型的要求，也许是资产更新换代的要求

B. 若前者远大于后者，通常表明企业在原有生产经营规模的基础上，试图通过对内扩张战略来进一步提升市场占有率，夯实主业的竞争力

C. 若前者明显小于后者，通常表明企业在原有生产经营规模的基础上，试图通过对内扩张战略来进一步提升市场占有率，夯实主业的竞争力

D. 若前者明显小于后者，通常表明企业收缩主业经营战线和规模的战略意图，当然也有可能是企业在资金紧张或者市场前景暗淡情况下的一种被动选择

7. 在企业的（　　），企业自身产生现金流量的能力往往越来越差，但为了防止其市场地位的进一步下滑，企业可能会加大现金投入（如广告投入、研发投入等），但其结果通常并不会使经营活动产生现金流量的能力得到改善。

A. 初创期　　B. 成熟期

C. 衰退期　　D. 灭亡期

E. 持续期

8. 企业进入成熟期后，市场竞争优势明显的企业自身产生现金流量的能力显著增强，并处于相对（　　）的状态。

A. 快速增长　　B. 平稳

C. 剧烈波动　　D. 衰减

E. 不变

9. 融资环境较好的企业为防止出现不当的融资行为，减少资金的闲置，往往会使自身的现金流量余额保持在相对（　　）的水平。

A. 较高　　B. 不变

C. 波动　　D. 较低

E. 无法判断

10. 影响经营活动现金流量变化的主要原因中不包括（　　）。

A. 企业购买固定资产的支付方式发生改变

B. 企业发展阶段发生变化

C. 企业营销策略发生变化

D. 发生异常收付行为

E. 关联方的人为操纵

三、多项选择题

1. 现金流量表中的“现金”是指资产负债表的“货币资金”项目中真正可以随时支取的部分，由于被指定了特殊用途而不能随意支取的部分不应包括在内，如（　　）。

A. 银行定期存款

B. 借款质押保证金

C. 金融机构存放中央银行款项中的法定存款准备金

D. 由于受当地外汇管制或其他立法的限制而无法正常使用的外币

E. 保函保证金

2. 根据企业业务活动的性质和现金流量的来源，现金流量表在结构上将企业一定期间产生的现金流量分为（　　）。

A. 经营活动产生的现金流量　　B. 持续经营活动产生的现金流量

C. 投资活动产生的现金流量　　D. 对外投资活动产生的现金流量

E. 筹资活动产生的现金流量

3. 现金流量表的作用有（　　）。

A. 有助于解释、评价和预测企业的现金流量和现金获取能力

B. 有助于分析企业利润的含金量，评价企业的营运能力

C. 有助于了解和判断企业的现金流量质量以及战略支撑能力

D. 有助于管理者做出更为科学的经营决策

E. 有助于了解企业的盈利水平和进行盈利预测

4. 筹资活动产生的现金流入主要包括（　　）。

A. 吸收投资收到的现金　　B. 取得借款收到的利息

C. 接受现金捐赠　　D. 收到的罚款收入

E. 收到其他与筹资活动有关的现金

5. 投资活动产生的现金流入主要包括（　　）。

A. 收回对外投资收到的现金

B. 取得投资收益收到的现金

C. 处置固定资产、无形资产和其他长期资产取得的收益

D. 收到其他与投资活动有关的现金

E. 收到的罚款收入

6. 对企业经营活动产生的现金净流量进行质量分析主要包括（　　）等几个方面。

A. 充足性　　B. 合理性

C. 稳定性　　D. 多样性

E. 异质性

7. 对企业筹资活动产生的现金净流量进行质量分析主要包括（　　）等几个方面。

A. 相对性　　B. 流畅性

C. 层次性　　D. 多样性

E. 恰当性

8. 通过投资活动现金流出量中“购建固定资产、无形资产和其他长期资产支付的现金”与现金流入量中“处置固定资产、无形资产和其他长期资产收回的现金净额”之间的规模比较，可以体现企业经营活动发展的战略要求。以下说法中正确的有（　　）。

A. 若两者均具有较大规模，即“大进大出”，通常表明企业正处在长期经营资产的大规模置换与优化阶段，这也许是企业战略转型的要求，也许是资产更新换代的要求

B. 若前者远大于后者，通常表明企业在原有生产经营规模的基础上，试图通过对内扩张战略来进一步提升市场占有率，夯实主业的竞争力

C. 若前者明显小于后者，通常表明企业在原有生产经营规模的基础上，试图通过对内扩张战略来进一步提升市场占有率，夯实主业的竞争力

D. 若前者明显小于后者，通常表明企业收缩主业经营战线和规模的战略意图，当然也有可能是企业在资金紧张或者市场前景暗淡情况下的一种被动选择

E. 若前者远大于后者，通常表明企业收缩主业经营战线和规模的战略意图，当然也有可能是企业在资金紧张或者市场前景暗淡情况下的一种被动选择

9. 影响投资活动现金流量变化的主要原因有（　　）。

A. 企业对外扩张加剧　　B. 战线明显收缩

C. 大量处置不良固定资产　　D. 企业获取投资收益的方式发生变化

E. 向子公司大量提供资金（不是以直接投资的形式）

10. 影响筹资活动现金流量变化的主要原因有（　　）。

A. 企业结算方式发生改变　　B. 不当的融资行为

C. 理财能力的改变　　D. 改为大量使用银行承兑汇票结算

E. 异常收付行为的发生

四、案例分析题

案例一　复星医药现金流量质量分析

复星医药（600196）2021年度报告中现金流量信息如表6-1所示（单位：元）。

表6-1

报告期	2021-12-31	2021-12-31	2020-12-31	2020-12-31
	年报	年报	年报	年报
报表类型	合并财务报表	母公司财务报表	合并财务报表	母公司财务报表
经营活动产生的现金流量：				
销售商品、提供劳务收到的现金	38 389 629 999	12 867 342	31 962 982 862	36 499 171
收到的税费返还	434 448 522	596 600	289 383 827	
收到其他与经营活动有关的现金	616 886 559	151 701 152	696 578 773	163 525 808
经营活动现金流入小计	39 440 965 080	165 165 094	32 948 945 462	200 024 979

续表

报告期	2021－12－31	2021－12－31	2020－12－31	2020－12－31
	年报	年报	年报	年报
报表类型	合并财务报表	母公司财务报表	合并财务报表	母公司财务报表
购买商品、接受劳务支付的现金	17 531 481 838		14 315 591 373	
支付给职工以及为职工支付的现金	7 096 709 006	150 524 317	5 289 421 419	131 530 733
支付的各项税费	2 270 669 937	604 217	2 485 782 227	37 569 943
支付其他与经营活动有关的现金	8 593 357 290	805 235 853	8 278 376 092	68 570 365
经营活动现金流出小计	35 492 218 071	956 364 387	30 369 171 112	237 671 042
经营活动产生的现金流量净额	3 948 747 009	－791 199 294	2 579 774 350	－37 646 063
投资活动产生的现金流量：				
收回投资收到的现金	1 506 003 066	532 142 752	1 464 268 988	65 884 960
取得投资收益收到的现金	662 250 768	893 453 579	572 901 938	672 593 976
处置固定资产、无形资产和其他长期资产收回的现金净额	97 098 042	27 000	8 881 169	343 250
处置子公司及其他营业单位收到的现金净额	1 688 232 988	1 573 660 000	13 602 505	
收到其他与投资活动有关的现金	680 266 753		161 678 774	
投资活动现金流入小计	4 633 851 618	2 999 283 331	2 221 333 374	738 822 185
购建固定资产、无形资产和其他长期资产支付的现金	4 972 586 604	2 877 551	4 437 119 049	1 931 686
投资支付的现金	1 424 633 716	404 411 804	1 070 102 214	374 369 685
取得子公司及其他营业单位支付的现金净额	1 306 799 135		153 937 806	
支付其他与投资活动有关的现金	786 819 228		1 266 403 022	
投资活动现金流出小计	8 490 838 684	407 289 354	6 927 562 091	376 301 372
投资活动产生的现金流量净额	－3 856 987 066	2 591 993 977	－4 706 228 717	362 520 814

续表

报告期	2021-12-31	2021-12-31	2020-12-31	2020-12-31
	年报	年报	年报	年报
报表类型	合并财务报表	母公司财务报表	合并财务报表	母公司财务报表
筹资活动产生的现金流量：				
吸收投资收到的现金	952 306 954		1 247 961 571	
其中：子公司吸收少数股东投资收到的现金	952 306 954		1 247 961 571	
取得借款收到的现金	29 201 260 470	13 982 421 670	17 961 360 471	7 287 808 000
收到其他与筹资活动有关的现金	326 636 453	13 132 352 500	2 442 187 214	14 281 783 759
筹资活动现金流入小计	30 480 203 877	27 114 774 170	21 651 509 256	21 569 591 759
偿还债务支付的现金	27 391 947 903	12 976 350 200	15 707 759 261	6 679 857 300
分配股利、利润或偿付利息支付的现金	2 205 893 401	1 725 568 340	2 192 526 411	1 518 776 712
其中：子公司支付给少数股东的股利、利润	291 933 343		357 885 492	
支付其他与筹资活动有关的现金	1 713 641 694	14 184 525 696	2 284 094 501	14 161 812 159
筹资活动现金流出小计	31 311 482 998	28 886 444 236	20 184 380 173	22 360 446 171
筹资活动产生的现金流量净额	−831 279 121	−1 771 670 066	1 467 129 083	−790 854 412
汇率变动对现金及现金等价物的影响	−134 711 986	−199 253	−300 164 608	−769 785
现金及现金等价物净增加额	−874 231 165	28 925 363	−959 489 892	−466 749 446
期初现金及现金等价物余额	7 324 881 260	48 610 650	8 284 371 152	515 360 096
期末现金及现金等价物余额	6 450 650 096	77 536 014	7 324 881 260	48 610 650

要求：

以合并财务报表数据为基础，结合本书前面展示的复星医药2021年度利润表信息，对企业2021年的现金流量质量进行分析。

案例二　海康威视现金流量质量分析

海康威视（002415）2021 年度报告中现金流量信息如表 6－2 所示（单位：元）。

表 6－2

报告期	2021－12－31	2021－12－31	2020－12－31	2020－12－31
	年报	年报	年报	年报
报表类型	合并财务报表	母公司财务报表	合并财务报表	母公司财务报表
经营活动产生的现金流量：				
销售商品、提供劳务收到的现金	83 503 340 789	34 148 655 238	68 169 017 614	30 589 118 989
收到的税费返还	4 683 092 024	1 726 725 329	3 274 552 891	1 609 506 273
收到其他与经营活动有关的现金	2 798 426 938	976 326 568	1 427 590 354	728 754 898
经营活动现金流入小计	90 984 859 750	36 851 707 135	72 871 160 859	32 927 380 160
购买商品、接受劳务支付的现金	53 662 747 198	8 696 110 953	37 257 220 824	8 265 995 701
支付给职工以及为职工支付的现金	12 868 949 235	6 188 349 496	10 247 824 583	5 227 053 044
支付的各项税费	6 447 300 353	4 406 691 365	4 901 863 280	3 096 614 910
支付其他与经营活动有关的现金	5 297 338 277	1 765 753 448	4 376 095 605	1 827 804 822
经营活动现金流出小计	78 276 335 063	21 056 905 262	56 783 004 292	18 417 468 477
经营活动产生的现金流量净额	12 708 524 687	15 794 801 873	16 088 156 567	14 509 911 683
投资活动产生的现金流量：				
收回投资收到的现金	6 189 975 413	33 398 190	1 693 378 691	6 450 064
取得投资收益收到的现金	115 644 802	131 960 802	150 000 000	210 000 000
处置固定资产、无形资产和其他长期资产收回的现金净额	64 430 954	84 321 639	14 793 178	22 605 893
处置子公司及其他营业单位收到的现金净额				848 151 116
收到其他与投资活动有关的现金		82 668 322 959	46 196 874	44 165 378 335

续表

报告期	2021－12－31	2021－12－31	2020－12－31	2020－12－31
	年报	年报	年报	年报
报表类型	合并财务报表	母公司财务报表	合并财务报表	母公司财务报表
投资活动现金流入小计	6 370 051 168	82 918 003 590	1 904 368 744	45 252 585 409
购建固定资产、无形资产和其他长期资产支付的现金	3 098 310 855	650 844 109	2 003 628 270	446 640 144
投资支付的现金	6 094 268 307	942 402 942	2 405 456 262	1 572 003 054
取得子公司及其他营业单位支付的现金净额	323 604 531		48 918 169	
支付其他与投资活动有关的现金	10 196 659	83 113 418 266	1 000 000	43 940 319 202
投资活动现金流出小计	9 526 380 352	84 706 665 317	4 459 002 701	45 958 962 401
投资活动产生的现金流量净额	－3 156 329 183	－1 788 661 727	－2 554 633 957	－706 376 992
筹资活动产生的现金流量：				
吸收投资收到的现金	207 702 900		173 897 987	
其中：子公司吸收少数股东投资收到的现金	207 702 900		173 897 987	
取得借款收到的现金	5 915 784 933	1 644 388 056	5 883 973 583	2 480 000 000
收到其他与筹资活动有关的现金		15 606 213 712		6 971 777 752
发行债券收到的现金			999 500 000	999 500 000
筹资活动现金流入小计	6 123 487 833	17 250 601 768	7 057 371 570	10 451 277 752
偿还债务支付的现金	7 758 027 349	4 572 909 919	4 834 813 277	4 049 244 294
分配股利、利润或偿付利息支付的现金	7 844 017 258	7 516 599 420	6 704 954 161	6 547 520 502
其中：子公司支付给少数股东的股利、利润	4 704 000		40 000 000	
支付其他与筹资活动有关的现金	312 940 868	15 775 258 476	77 707 417	6 910 848 212
筹资活动现金流出小计	15 914 985 474	27 864 767 815	11 617 474 855	17 507 613 008

续表

报告期	2021 - 12 - 31 年报	2021 - 12 - 31 年报	2020 - 12 - 31 年报	2020 - 12 - 31 年报
报表类型	合并财务报表	母公司财务报表	合并财务报表	母公司财务报表
筹资活动产生的现金流量净额	−9 791 497 642	−10 614 166 048	−4 560 103 285	−7 056 335 255
汇率变动对现金及现金等价物的影响	−181 591 311	−17 084 980	−464 249 454	−138 534 267
现金及现金等价物净增加额	−420 893 449	3 374 889 118	8 509 169 870	6 608 665 168
期初现金及现金等价物余额	35 024 837 878	23 264 693 579	26 515 668 008	16 656 028 411
期末现金及现金等价物余额	34 603 944 429	26 639 582 696	35 024 837 878	23 264 693 579

要求：

以合并财务报表数据为基础，结合本书前面展示的海康威视 2021 年度利润表信息，对企业 2021 年的现金流量质量进行分析。

第 3 节　补充练习题答案及案例分析提示

一、判断题

1. √　2. ×　3. ×　4. √　5. ×
6. ×　7. √　8. ×　9. √　10. ×

二、单项选择题

1. B　2. B　3. B　4. A　5. D
6. C　7. C　8. B　9. D　10. A

三、多项选择题

1. BCDE　2. ACE　3. ACD　4. ACE　5. ABD
6. ABC　7. DE　8. ABD　9. ABCD　10. BCD

四、案例分析提示

案例一　复星医药现金流量质量分析

以合并财务报表数据为基础，结合本书前面展示的复星医药2021年度利润表信息，对企业2021年的现金流量质量进行分析。

就经营活动现金流量而言，企业连续两年的经营活动现金流量净额为正，且稳中有升，说明企业经营活动的“造血”功能还是比较稳定而持续的。数据显示，复星医药2021年合并利润表中核心利润（包括其他收益项目）约为19亿元，其经营活动产生的现金流量净额约为39.5亿元，核心利润获现率约为207%，由此看来复星医药2021年经营活动产生的现金流量净额较为充足，核心利润的获现能力较为突出。此外，2021年的营业收入较上年增长29%的情况下，经营活动现金流入中销售商品、提供劳务收到的现金增长了20%；营业成本较上年增加33%的情况下，经营活动现金流出中购买商品、接受劳务支付的现金增长了22%，基本没有发生异动的情况，说明当年经营活动现金流（虽然有可能存在一定的滞后性）较为顺畅、恰当，结构基本合理，经营活动现金流入和现金流出的匹配性也较好。

就投资活动现金流量而言，数据显示，企业合并现金流量表2021年投资活动现金流入中收回投资收到的现金和处置子公司及其他营业单位收到的现金净额合计约32亿元，占比近70%，对照利润表中投资收益的附注信息得知，当年处置长期股权投资产生的投资收益和处置子公司的投资收益合计约27亿元，说明企业收回和处置投资项目的盈利性还是不错的；但处置固定资产、无形资产和其他长期资产收回的现金净额这部分所带来的资产处置收益为－0.15亿元，好在规模不大。此外，取得投资收益收到的现金约为7亿元，而企业合并利润表2021年投资收益中权益法核算的长期股权投资产生的收益约为18亿元，通过简单的数据比较可以看出，这部分投资收益并没有带来较为充足的现金流入。从投资活动现金流出方面来看，企业在购建固定资产、无形资产和其他长期资产支付的现金方面一直表现得较为活跃，在投资活动现金流出总量中占了59%，说明企业当前的发展战略还是试图主要通过对内扩大产能来进一步提升市场占有率，夯实主业的竞争力，当然同时企业也有一定规模的对外扩张。另外我们也注意到，企业投资支付现金与收回投资收到的现金均有较大规模，表明企业正处在对外投资的结构性调整阶段，应密切关注这种投资战略调整对企业未来盈利能力和未来现金流量的影响。整体看来，企业投资活动的资金需求较为旺盛，投资活动现金流量结构基本与企业发展战略相吻合。

就筹资活动现金流量而言，筹资活动产生的现金流量净额为负，其中取得借款收到的现金规模远远大于吸收投资收到的现金，表明企业当期的外部资金来源以借入资金为主。但同时我们也注意到，当期取得借款收到的现金为 292 亿元，而偿还债务支付的现金为 274 亿元，规模基本相当，说明企业当期似乎处于“借新债还旧债”状态，虽然表明企业的外部融资环境还不错，但如果这些借款是短期借款的话，就要警惕企业“短贷长投”所潜伏的财务风险。

综上所述，经营活动产生的现金流量净额为正且稳中有升，核心利润获现率较高，说明复星医药 2021 年自身经营活动的造血功能得到了持续巩固；投资活动产生的现金流量净额为负数，说明复星医药正在试图通过适度的投资来进一步提高市场竞争力和盈利能力；筹资活动产生的现金流量净额为负数，主要是由于分配股利、利润或偿付利息支付的现金规模超过了外部筹资带来的现金净流入规模。整体来看，复星医药 2021 年经营活动产生的现金流量净额为 39 亿元，投资活动产生的现金流量净额也接近－39 亿元，这样两项活动基本能够收支相抵，并未出现资金缺口，所以当期对外部资金需求量并不是很大，而当期分配股利、利润或偿付利息支付的现金规模相对较大，这样在没有新增太多外部资金的情况下，就只能动用相应规模的现金存量了。

案例二　海康威视现金流量质量分析

以合并财务报表数据为基础，结合本书前面展示的海康威视 2021 年度利润表信息，对企业 2021 年的现金流量质量进行分析。

就经营活动现金流量而言，在 2021 年的营业收入较上年增长 28%的情况下，经营活动现金流入中销售商品、提供劳务收到的现金增长了 22%；营业成本较上年增加 33%的情况下，经营活动现金流出中购买商品、接受劳务支付的现金增长了 44%，基本没有发生异动的情况，说明当年经营活动现金流（虽然有可能存在一定的滞后性）较为顺畅、恰当，结构基本合理，但由于原材料上涨等因素，经营活动现金流出的增长幅度大大超过了经营活动现金流入的增长幅度，经营活动现金流量净额最终较上年下降了 21%，这种情况也属正常。

数据显示，2021 年合并利润表核心利润（包括其他收益项目）约为 190 亿元，其经营活动产生的现金流量净额约为 127 亿元，核心利润获现率约为 67%，由此看来海康威视 2021 年经营活动产生的现金流量净额稍显不足，核心利润的获现能力需要进一步得到提升。企业应该在未来进一步强化与上下游的关系管理，以改善经营活动现金流量质量。

就投资活动现金流量而言，企业合并现金流量表2021年投资活动现金流入中收回投资收到的现金约为62亿元，占比达97%，对照利润表中投资收益的附注信息得知，当年处置交易性金融资产取得的投资收益超过1亿元，处置子公司及其他营业单位的投资损失近2亿元，说明企业收回投资项目的盈利性较差；处置固定资产、无形资产和其他长期资产收回的现金净额为0.64亿元，合并利润表显示所带来的资产处置收益为0，说明所处置的资产应该属于少量的不良资产。此外，取得投资收益收到的现金约为1.15亿元，而企业合并利润表2021年投资收益中权益法核算的长期股权投资产生的收益约为1.14亿元，其他非流动金融资产持有期间的投资收益约为1.15亿元，两项合计2.3亿元，通过简单的数据比较可以看出，这部分投资收益并没有带来较为充足的现金流入。从投资活动现金流出方面来看，（对外）投资支付的现金约为61亿元，占其中的64%，另外企业在购建固定资产、无形资产和其他长期资产支付的现金方面一直表现得较为活跃，约为31亿元，在投资活动现金流出总量中占了33%，说明企业当前的发展战略是在对内进一步扩大产能的同时，积极地进行对外投资的结构性调整（投资支付现金与收回投资收到的现金均有较大规模），应密切关注投资战略的这种扩张与调整对企业未来盈利能力和未来现金流量的影响。整体看来，企业投资活动的资金需求主要来自对内的产能扩张，投资活动现金流量结构基本与企业发展战略相吻合。

就筹资活动现金流量而言，筹资活动现金流入中，取得借款收到的现金规模远远大于吸收投资收到的现金，表明企业当期的外部资金来源以借入资金为主。但同时我们也注意到，当期取得借款收到的现金为59亿元，而偿还债务支付的现金为78亿元，两者的规模差异不是特别大，说明企业当期似乎处于“借新债还旧债”状态，虽然表明企业的外部融资环境还不错，但如果这些借款是短期借款的话，就要警惕企业“短贷长投”所潜伏的财务风险。企业取得借款的规模要小于偿还借款的规模（相差近20亿元），表明企业并不需要过多的外部资金，减少借入资金的规模有利于保持企业良好的资信状况。

综上所述，经营活动产生的现金流量净额为127亿元，但由于原材料上涨等因素较上年下降了21%，核心利润获现率有待进一步提高；投资活动产生的现金流量净额为－32亿元，投资活动的资金需求主要来自对内的产能扩张，企业试图通过适度的投资来进一步提高市场竞争力和盈利能力；由于企业自身的造血功能基本能够自给自足，因此对外部的资金需求并不是很大，当期在超额偿还了 20 亿元借款之外，分配股利、利润或偿付利息支付的现金规模也比上一年增加了 11 亿元（达 78 亿元），当然，经营活动产生的现金流量净额对此也基本具有支付能力。因此，整体来看，海康威视 2021 年现金流量质量较好，收支大体实现平衡，现金存量最终只减少了 4 亿元。

第 4 节　教材关键术语和思考题参考答案

1. 现金：是指企业的库存现金以及可以随时用于支付的存款。一般情况下，银行存款和其他货币资金中那些不能随时用于支付的存款（如不能提前支取的定期存款等），不应作为现金，而应列作投资。但那些提前通知金融企业便可支取的定期存款，则应包括在现金范围内。

2. 现金等价物：是指企业持有的期限短、流动性强、易于转换为已知金额的现金、价值变动风险很小的投资。所谓“期限短”，一般是指从购买日起 3 个月内到期。

3. 现金流量：是某一段时期内企业现金及现金等价物流入和流出的数量，如企业销售商品、提供劳务、出售固定资产、向银行借款等取得现金，形成企业的现金流入；购买原材料、接受劳务、购建固定资产、对外投资、偿还债务等支付现金，形成企业的现金流出。

4. 经营活动产生的现金流量：是指企业投资活动和筹资活动以外的所有交易和事项所产生的现金流量。

5. 投资活动产生的现金流量：是指企业非流动资产的购建和处置活动以及不包括在现金等价物范围内的投资及其处置活动所产生的现金流量。

6. 筹资活动产生的现金流量：是指导致企业权益资本及债务资本的规模和构成发生变化的各项活动所产生的现金流量。

7. 现金流量质量：由于经营活动、投资活动和筹资活动在企业的资金周转过程中发挥不同的作用，体现不同的质量特征，因此，各项活动现金流量质量分析的侧重点也应有所不同。实施企业的战略往往会引起不同程度的现金流出，这就要求企业通过经营活动和筹资活动源源不断地带来现金净流入量。通常情况下，我们可以从经营活动现金流入量的充足性、经营活动现金流出量的合理性以及经营活动现金净流量的稳定性及其对企业战略的支持力度来考察企业经营活动现金流量的质量；从现金流出量与企业战略的吻合性以及现金流入量的盈利性来考察企业投资活动现金流量的质量；从筹资活动现金流量与经营活动和投资活动现金流量的适应性、筹资结构的合理性以及对企业战略的支持力度来考察筹资活动现金流量的质量。

二、思考题参考答案

1. 现金流量表的作用有哪些？

从编制原理来看，现金流量表实质上是按照收付实现制原则编制，将权责发生制下的盈利信息调整为收付实现制下的现金流量信息，便于信息使用者了解企业利润的"含金量"，为评价企业的支付能力和偿债能力，预测企业未来现金流量提供非常重要的依据。具体地说，现金流量表的作用主要体现在以下几个方面：

（1）有助于解释、评价和预测企业的现金流量和现金获取能力。

现金流量表能够清晰地反映企业现金流入和流出的原因（即现金从哪里来，又用到哪里去），说明企业一定期间内现金余额发生变化的具体原因，这些信息是资产负债表和利润表所不能提供的。通过现金流量表及其补充资料的信息，可以分析企业获取现金的能力，为预测企业未来现金流量提供有价值的信息。

（2）有助于分析企业利润的含金量，评价企业的支付能力和偿债能力。

通过分析现金流量表，能够具体了解企业现金流入、流出的构成，更加全面地从质量维度分析企业利润的含金量，更加客观地评价企业的支付能力和偿债能力，有助于投资者和债权人更加科学地做出投资和信贷决策，提高经济资源的配置效率。

（3）有助于了解和判断企业的现金流量质量以及战略支撑能力。

实施企业的战略往往会引起不同程度的现金流出，这就要求企业通过经营活动和筹资活动源源不断地带来现金净流入。通常情况下，我们可以从经营活动现金流入量的充足性、经营活动现金流出量的合理性以及经营活动现金净流量的稳定性及其对企业战略的支持力度来考察企业经营活动现金流量的质量；从现金流出量与企业战略的吻合性以及现金流入量的盈利性来考察企业投资活动现金流量的质量；从筹资活动现金流量与经营活动和投资活动现金流量的适应性、筹资结构的合理性以及对企业战略的支持力度来考察筹资活动现金流量的质量。通过对企业现金流量质量的考察，可以在一定程度上透视企业战略实施的现金支撑能力，有助于信息使用者分析企业未来战略顺利实施的可能性，进而更科学地预测企业未来的发展趋势。

（4）有助于管理者做出更为科学的经营决策。

现金流量表能够提供一定时期现金流入和流出的动态财务信息，表明企业在报告期内由经营活动、投资和筹资活动获得多少现金，企业获得的这些现金又是如何运用的。补充资料（附注）中还提供了不涉及现金的投资和筹资活动方面的重要信息，有助于企业管理者更加全面地了解和分析企业的各项投资和筹资活动对经营成果和财务状况产生的影响，做出更为科学的投融资等各项经营决策。

2. 企业为什么会经常出现有利润而没钱的情况？

企业的利润是基于权责发生制核算出来的账面收益，并不是以“现金的收付”作为标准而生成的企业现金实有数额，因此企业所谓的“有利润而没钱”的情况是完全有可能发生的。

导致企业此种情况的发生可能有多种原因，常见的有：

（1）企业回款不利，大量的应收账款不能及时收回，这往往是造成企业“有利润而没钱”的最主要原因。

（2）企业由于各种原因当期超常规进行采购，导致大规模的现金流出，甚至出现“入不敷出”的局面。

（3）企业急速扩张（包含对内扩张和对外扩张），在融资能力受到限制的情况下，有可能出现现金紧张的局面。

（4）融资环境出现变化，导致企业迫于压力不得不在当期大规模归还债务或超常规进行现金股利分配。

（5）存在“重大影响或共同控制”性质的股权投资，在权益法下确认了大量的投资收益，由于被投资企业采取“小规模现金股利分派”政策导致投资企业出现投资收益的“泡沫”。

（6）企业之间不正当的资金占用，导致企业大量的现金流出。

3. 现金流量表中现金的范围与日常所指现金的范围有何不同？

现金流量表中的现金范围包括现金及现金等价物。其中，现金是指企业的库存现金以及可以随时用于支付的存款。现金等价物是指企业持有的期限短（从购买日起 3 个月内到期）、流动性强、易于转换为已知金额的现金、价值变动风险很小的投资。

日常所指现金，即会计上所说的现金，通常仅指企业的库存现金。现金流量表中的“现金”不仅包括“现金”账户核算的库存现金，还包括企业“银行存款”账户核算的存入金融企业、随时可以用于支付的存款，以及“其他货币资金”账户核算的外埠存款、银行汇票存款，银行本票存款和在途货币资金等其他货币资金。但是，银行存款和其他货币资金中有些不能随时用于支付的存款，如不能提前支取的利率固定的定期存款等，不应视为现金，其实质上是一个固定收益的投资项目；但提前通知金融企业便可支取的定期存款，则应包括在现金范围内。

4. 现金流量表中一般将现金流量分为几类？

我国企业通常将现金流量分为三类：经营活动产生的现金流量、投资活动产生的现金流量、筹资活动产生的现金流量。企业由于所处的行业特点不同，对各类活动的认定存在一定差异，在对现金流量表进行分析时，应特别关注企业所处行业的不同特点和实际情况考察企业现金流量的类别。

（1）经营活动产生的现金流量。

经营活动流入的现金主要包括：销售商品、提供劳务收到的现金；收到的税费返还；收到的其他与经营活动有关的现金。

经营活动流出的现金主要包括：购买商品、接受劳务支付的现金；支付给职工以及为职工支付的现金；支付的各项税费；支付的其他与经营活动有关的现金。

（2）投资活动产生的现金流量。

投资活动流入的现金主要包括：收回投资收到的现金；取得投资收益收到的现金；处置固定资产、无形资产和其他长期资产收回的现金净额；处置子公司及其他营业单位收到的现金净额；收到的其他与投资活动有关的现金。

投资活动流出的现金主要包括：购建固定资产、无形资产和其他长期资产支付的现金；投资支付的现金；取得子公司及其他营业单位支付的现金净额；支付的其他与投资活动有关的现金。

（3）筹资活动产生的现金流量。

筹资活动流入的现金主要包括：吸收投资收到的现金；取得借款收到的现金：反映企业举借各种短期、长期借款所收到的现金；收到的其他与筹资活动有关的现金。

筹资活动流出的现金主要包括：偿还债务支付的现金；分配股利、利润或偿付利息支付的现金；支付的其他与筹资活动有关的现金。

5. 企业不同发展阶段对现金流量质量特征具体有何影响？

一般而言，处于不同发展阶段的企业，其经营活动现金流量的特征也不相同：在导入期，企业因市场开拓能力不足而产生现金流入量的能力偏弱，但与此同时又需要大量的技术研发、市场推广、企业筹办等方面的先期投入，致使经营活动现金流量净额通常为负；进入快速成长期，随着企业市场占有率和营业规模的不断扩大，经营活动现金净流量会逐渐转正；进入成熟期后，市场竞争优势明显的企业自身产生现金流量的能力会显著增强，并处于相对平稳的状态；而进入衰退期后，企业自身产生现金流量的能力一般会呈现大幅下降的趋势，甚至出现捉襟见肘的局面。

一般而言，处于不同发展阶段的企业，其投资活动现金流量的特征也不相同：在导入期，企业因为要大量购置固定资产等基础设施，投资活动现金净流量通常为负，也许金额相当巨大；进入快速成长期，大部分企业为了抢占市场往往会继续加大在产能和基本设施方面的投资力度，同时还有可能抓住机会实现对外扩张，对外投资支付的现金规模也随之增大，故而投资活动现金净流量可能会负得更多；进入成熟期，市场需求通常日趋稳定，产能基本得以释放并不再有更大的扩产需求，对外投资支付的现金规模要视投资机会和企业战略而定，故而投资活动现金净流量一般情况下规模不会太大，但有时也会因转型或转产的需要呈现出“大进大出”的局面；进入衰退期后，企业资金捉襟见肘，通常不会有太大的投资需求，为了解决自身经营活动的资金缺口问题，反而可能会通过处置固定资产等长期资产带来正的现金净流量。

一般而言，处于不同发展阶段的企业，其筹资活动现金流量的特征也不相同：在导入期，企业为了解决经营活动造成的资金缺口以及投资活动所需资金，通常会通过吸引风险投资的方式进行筹资，在企业自身“造血功能”较差的情况下依然能顺利融资，出资方往往看重的是企业的未来发展前景，这时通过举债的方式进行融资通常难度较大；进入快速成长期后，随着企业前景日渐明朗，投资活动所需资金更容易通过股权融资方式取得，当然这时随着企业基本规模的不断扩大和实力的日渐雄厚，通过举债的方式融资也有了更大的可能性，这个阶段的筹资活动仍然会以现金净流入为主；到了成熟期，正常情况下企业经营活动自身的“造血功能”完全可以满足其自身发展的需要，通常不会有太大的融资需求，反而随着资金存量的日渐增多，为了避免资金闲置，在没有太好的投资机会的情况下，企业往往会选择通过现金分红的方式回馈股东，树立良好的市场信心和企业形象；进入衰退期后，虽然企业为了解决资金短缺问题需要不断地进行外部融资，但这种状况下可以融资的渠道会越来越少，“嫌贫爱富”的债权人们这时反而要求企业尽快偿还所欠借款，难免会出现“雪上加霜”的局面，筹资活动产生巨额负的现金净流量也是司空见惯的事情，更大的资金缺口等待着企业去解决，处置优质资产也许是企业最后的无奈之举。

6. 如何进行经营活动现金流量质量分析?

经营活动产生的现金流量往往会受到宏观经济环境、行业特征以及企业的结算方式、信用政策和竞争实力等因素的影响，一般情况下企业都会主动谋求尽可能多的经营活动现金净流量净额。在其他因素相对稳定、购销业务也较少出现巨幅波动的情况下，企业经营活动现金流量年度间也应保持一定的稳定性，否则可能会有人为操纵的情况存在。

（1）充足性分析。

通常只有在企业的某些特殊发展阶段（如初创期或转型期）或者某些特殊的经济环境下（如金融危机时期），才允许企业产生负的经营活动现金流量净额。在其他时期，如果企业的经营活动现金流量仍十分有限，那么一般就会认为企业自身的造血功能不强，经营现金流量质量自然也就不会太高。当然，在企业经营周期超过一年的某些行业（如房地产行业），企业各个会计年度的现金流量的分布可能会出现与核心利润的分布有较大差异的情况。

从绝对量方面来说，企业经营活动现金流量的充足性主要表现在企业经营活动现金流量能够支持企业正常运营。正常情况下，企业经营活动现金流量净额不但要远远大于零，还要大于经营活动所获取的成果——（同口径）核心利润。

（2）合理性分析。

经营活动现金流量的合理性是指企业经营活动现金流入是否顺畅，经营活动现金流出是否恰当，结构是否合理，经营活动现金流入量与流出量之间是否规模匹配、协调。

判断企业经营活动现金流入是否顺畅，可以通过利润表中的“营业收入”、资产负债表中的商业债权（应收账款和应收票据）以及预收款项等项目的期初、期末余额的变化情况来加以分析和判断。当然，要考虑企业所处行业的结算特点、企业与经销商和客户之间的议价能力以及市场竞争状况等因素对其造成的不同影响。

判断企业经营活动现金流出是否合理、有无过度支付行为，可以通过利润表中的“营业成本”、资产负债表中的商业债务（应付账款和应付票据）、存货以及预付款项等项目的期初、期末余额的变化情况来加以分析和判断。当然，也要考虑企业所处行业的结算特点、企业与供应商之间的议价能力以及市场竞争状况等因素对其造成的不同影响。

企业在年度之间以及不同企业之间的现金流出量结构显著不同，一般情况下应该符合该企业的经营特点和管理方式等方面的要求，体现一定的合理性特征。为尽量避免现金闲置或现金紧张局面发生，采取有效措施实现现金流入与流出的同步协调也是极为必要的。实现现金流入与流出的同步协调，要求企业设计和采用恰当的信用政策，合理地安排供货支出和其他现金支出，有效地组织销售回款和其他现金流入，使经营活动现金流入和流出在规模和时间上尽量相互匹配、同步协调。

（3）稳定性分析。

经营活动现金流量的稳定性是指企业各会计期间的经营活动现金流量规模是否存在剧烈波动状况，内部构成是否基本符合所处行业特征，以及是否存在异常变化情况。如果一个企业经营活动现金流量的规模和结构经常出现明显波动，则说明企业主营业务的获现能力可能存在很大的不确定性，经营风险较大，这会增加企业现金预算管理的难度，增大企业现金短缺或闲置的可能性，这样的经营活动现金流量的质量就较差。如果某一期的企业经营活动现金流量出现异常，很可能还会另有隐情，必须引起足够的重视。如果维持企业运行和支撑发展的大部分资金由非核心业务活动提供，企业缺少稳定可靠的核心业务的经营现金流量来源，则经营现金流量的质量就更差。

7. 如何进行投资活动现金流量质量分析？

（1）投资活动现金流量的战略吻合性分析。

通过投资活动现金流出量中“购建固定资产、无形资产和其他长期资产支付的现金”与现金流入量中“处置固定资产、无形资产和其他长期资产收回的现金净额”之间的规模比较，可以体现企业经营活动发展的战略要求。若两者均具有较大规模，且彼此规模相当（即所谓的“大进大出”），通常表明企业正处在长期经营资产的大规模置换与优化阶段，这也许是企业战略转型的要求，也许是资产更新换代的要求；若前者大大高于后者，则通常表明企业正在原有生产经营规模的基础上，试图通过对内扩张战略来进一步提升市场占有率，夯实主业的竞争力；若前者明显小于后者，则通常表明企业收缩主业经营战线和规模的战略意图，当然也有可能是企业在资金紧张或者市场前景暗淡情况下的一种被动选择。

对外长期股权投资尤其是控制性投资这种对外扩张形式，它的持续拉动效应显现为能够使企业以较少的资源撬动较多的其他企业的资产。因此，从投资活动现金流出量的规模和结构分布可以揭示企业的战略信息。通过投资活动现金流出量中“投资支付的现金”与现金流入量中“收回投资收到的现金”之间的规模比较，可以体现出企业对外投资发展战略的实施和调整情况。

在有些情况下，企业可能会在对内投资和对外投资之间进行某种战略调整，分析时应结合行业市场环境和宏观经济环境等因素来判断其对企业未来发展带来的影响。

（2）投资活动现金流入量的盈利性。

对于“收回投资成本”的情况，应重点进行变现价值与投资初始成本的比较，可通过分析报表附注有关投资收益的明细项目中处置各类投资取得的投资收益情况以及营业外收入或营业外支出的明细项目，来考察“收回投资成本”过程中所体现的盈利性。对于“取得投资收益收到的现金”，则应主要通过对比投资收益附注中有关“成本法、权益法核算的长期股权投资收益”和现金流量表中“取得投资收益收到的现金”，来分析投资收益的现金获取能力。

8. 如何进行筹资活动现金流量质量分析?

筹资活动引起的现金流量可以维持企业经营活动、投资活动的正常运转。因此，筹资活动现金流量在总体上应该与企业经营活动现金流量、投资活动现金流量周转的状况相适应，在满足企业经营活动和投资活动现金需求的同时，应尽量降低融资成本，避免不良的融资行为。

（1）适应性分析。

在企业经营活动和投资活动现金流量净额之和小于零、企业又没有储备足够的现金可以动用的时候，筹资活动应该及时、足额地筹集到相应数量的现金；而在企业经营活动和投资活动现金流量净额之和大于零、需要降低现金闲置余额的时候，筹资活动应适时地调整筹资规模和速度，并积极归还借款本金，降低资本成本，提高企业的经济效益。

（2）多样性分析。

不同的筹资渠道及方式的筹资成本和承担的风险相差很大，若使资本成本降至较低水平，同时将财务风险保持在适当的范围内，企业必须根据自身实际情况，选择适合企业发展的渠道和方式，确定合理的筹资规模、期限和还款方式，实现筹资渠道和方式的多样化。

（3）融资行为的恰当性分析。

考察企业是否存在超过实际需求的过度融资、企业资金是否存在被其他企业无效益占用（如筹资的当期出现合并财务报表的巨额“其他应收款”增长）等不良融资行为，并进一步分析某种不良融资行为背后真正的融资动机。

9. 如何在整个系统中动态地评价企业的现金流量质量？

在对企业的现金流量质量进行分析时，不能仅仅关注现金流量的变化结果，更不能只根据各类活动产生现金流量净额的正负符号直接得出结论，而是应该针对各类活动的现金流量变化过程动态地展开分析。由于经营活动、投资活动和筹资活动在企业的资金周转过程中发挥不同的作用，体现不同的质量特征，因此，各项活动现金流量质量分析的侧重点也应有所不同。此外，不同的分析主体出于不同的分析目的，所关心的问题和分析的侧重点也会有所差异。

在分析评价中，要结合企业所处外部宏观环境、行业特征、阶段特征以及战略选择等多方面因素来对企业的现金流量质量动态地做出评价和判断，更要将经营活动、投资活动和筹资活动加以结合，在整个系统中对企业的现金流量质量进行分析和考察。经营活动现金流量体现企业在特定环境、特定阶段、特定战略条件下的“造血功能”，考察其充足性，应该结合企业在投资活动中的现金需求和在筹资活动中的融资能力；投资活动现金流量（尤其是流出量）体现企业战略意图和战略实施程度，企业战略要随着客观环境变化适时做出调整，投资活动现金流量（尤其是流出量）也会随着战略调整而不断改变，相应地，其质量评价标准当然也应及时地加以修正；而当企业的经营活动现金流量和现金存量不足以支撑投资活动的现金流出时，筹资活动现金流量则可以适时补充以维持企业资金的正常运转，也就是说，筹资活动现金流量在总体上应该与企业经营活动现金流量、投资活动现金流量周转状况相适应。当然，在满足企业经营活动和投资活动现金需求的同时，应尽量降低融资成本，避免不良融资行为。

10. 影响企业现金流量变化的常见原因有哪些？

概言之，除了外部宏观经济、政策环境等不可控因素和企业在市场竞争中自身经营状况所发生的一些异常变化，影响经营活动现金流量变化的一些常见原因如下：

（1）影响经营活动现金流量变化的常见原因分析。

1）企业发展阶段的变化。初创期和成长期的企业并不特别强调其“造血功能”是否强劲，只强调能否“活着”；成熟期的企业如果其“造血功能”还不行，那极有可能是真的不行。而进入衰退期后，企业自身产生现金流量的能力一般会呈现大幅下降的趋势，甚至出现捉襟见肘的局面。

2）企业结算方式的改变。不同的销售结算方式会导致不同的经营活动现金流量特征。由于受外部经济环境以及行业内部某些因素的影响，有时企业结算方式会发生显著变化而引起企业的经营活动现金流量发生大幅波动。

3）企业营销策略和信用政策的变化。即使在同一行业内部，由于企业的竞争优势各不相同，在市场中的营销策略和信用政策也会有所差别。当企业针对市场环境的变化相应调整营销策略和信用政策时，往往会引起其现金流量的明显变化。

4）异常收付行为的发生。在多数情况下，影响企业经营活动产生的现金净流量还有一个因素是其常规的收付过程的控制情况。当企业由于种种原因出现收款或者付款异常时（如大客户发生财务困难等），其经营活动产生的现金净流量就可能随之发生显著变化。

5）关联方的人为操纵。以关联交易为主的企业，其经营活动现金流量正常与否更多地取决于关联企业之间的现金流量控制。在企业的经营资金被关联方占用的情况下，即使常规的经营活动的现金流量极大，也难以抵挡关联方的巨额占用对经营活动现金流量所造成的冲击。

（2）影响投资活动现金流量变化的常见原因分析。

1）企业发展阶段的变化。在导入期，投资活动现金净流量通常为负，也许金额相当巨大；进入快速成长期，出于对外扩张的需要，投资活动现金净流量可能会负得更多；进入成熟期，投资活动现金净流量一般情况下规模不会太大，但有时也会因转型或转产的需要呈现出“大进大出”的局面；进入衰退期后，企业资金捉襟见肘，可能会通过处置固定资产等长期资产带来正的现金净流量。

2）企业对外扩张加剧。企业在资金较为充裕的情况下，有时会选择较为激进的发展战略。无论是对外扩张还是对内扩大再生产，在企业扩张加剧的情况下，其投资活动产生的现金流出量都会相应增大。

3）战线明显收缩和大量处置不良固定资产。在市场环境或宏观政策等因素发生明显变化或者出于其他方面的考虑，有时企业会选择收缩“战线”和大量处置不良固定资产，企业投资活动产生的现金流量净额（为正）就会因此而大幅增加。

4）企业获取投资收益的方式变化。在企业获得投资收益的方式发生变化的情况下，很可能会引起企业投资收益收到的现金规模发生大幅变化，相应地，企业投资活动产生的现金流量净额也会因此而发生大幅变化。

（3）影响筹资活动现金流量变化的常见原因分析。

1）企业发展阶段的变化。在导入期，通常会通过吸引风险投资的方式进行筹资；进入快速成长期后，企业更容易通过股权和举债等方式融资，筹资活动仍然会以现金净流入为主；到了成熟期，在没有太好的投资机会的情况下，企业往往会选择通过现金分红的方式回馈股东，树立良好的市场信心和企业形象；进入衰退期后，虽然企业为了解决资金短缺问题需要不断地进行外部融资，但这种状况下融资渠道会越来越少，筹资活动产生巨额负的现金流量净额也是司空见惯的事情，处置优质资产也许是企业最后的无奈之举。

2）顺应融资环境的变化。在货币政策（如对房地产企业的信贷政策收紧）以及 IPO（首次公开募股）和再融资监管政策发生变化时，企业一般都会及时修订自身的融资策略，在控制融资风险、降低融资成本的同时，积极寻找新的融资渠道，进一步拓宽融资途径。

3）不当的融资行为与理财能力的改变。理财能力较强的企业往往会使自身的现金余额保持在相对较低的水平，尽力避免长期超过需求数量举债的不当融资行为发生。

4）改为大量使用银行承兑汇票结算。在企业大量采用银行承兑汇票结算的情况下，企业往往需要向银行支付巨额的承兑保证金，反而有可能因此增加对短期贷款的需求。

第5节　教材案例讨论与分析提示

特变电工现金流量质量分析

1. 以合并财务报表数据为基础，结合核心利润与经营活动产生的现金流量净额、投资收益与取得投资收益收到的现金的情况，对企业利润获得现金流量的能力进行评价。

我们以合并财务报表数据为基础，分别考察企业核心利润和投资收益的获现能力。

(1）核心利润与经营活动产生的现金流量净额的比较。

2020 年数据显示，企业合并现金流量表中经营活动产生的现金流量净额约为 53 亿元，企业合并利润表中核心利润（包括其他收益项目）约为 22 亿元，核心利润获现率约为 241%，可见 2020 年企业核心利润的获现能力还是非常强的。2021 年企业合并现金流量表中经营活动产生的现金流量净额约为 117 亿元，企业合并利润表中核心利润（包括其他收益项目）约为 112 亿元，核心利润获现率约为 104%。虽然企业经营活动产生的现金流量净额仍大于核心利润，但企业核心利润的获现能力较2020年下降了很多，已经不够充足了（一般情况下较为理想的是核心利润获现率至少达到120%以上）。

（2）投资收益与取得投资收益收到的现金的比较。

2020年数据显示，企业合并现金流量表中取得投资收益收到的现金约为3亿元，而通过查阅附注，企业合并利润表投资收益中权益法核算的长期股权投资收益等持有收益约为2亿元（投资收益中包含7亿元左右的处置收益），通过简单的数据比较，可以认为企业投资收益的获现能力还是较强的。2021年企业合并现金流量表中取得投资收益收到的现金约为5亿元，企业合并利润表的投资收益中权益法核算的长期股权投资收益等持有收益不到3亿元（投资收益中包含3亿元左右的处置收益），通过简单的数据比较，可以认为企业投资收益的获现能力也还是较强的。

2. 以合并财务报表数据为基础，对特变电工2020年度与2021年度的现金流量状况进行评价。

（1）经营活动现金流量状况分析。

企业连续两年的经营活动现金流量净额为正，且呈现出大幅增长态势。在2021年的营业收入较上年增长39%的情况下，经营活动现金流入中销售商品、提供劳务收到的现金增长了34%；营业成本较上年增加22%的情况下，经营活动现金流出中购买商品、接受劳务支付的现金增长了30%，基本没有发生异动的情况，说明当年经营活动现金流（虽然有可能存在一定的滞后性）较为顺畅、恰当，结构基本合理，经营活动现金流量净额最终较上年翻了一倍多，增长了122%。

2020年数据显示，企业合并现金流量表中经营活动产生的现金流量净额约为53亿元，企业合并利润表中核心利润（包括其他收益项目）约为22亿元，核心利润获现率约为241%，可见2020年企业核心利润的获现能力还是非常强的。2021年企业合并现金流量表中经营活动产生的现金流量净额约为117亿元，企业合并利润表中核心利润（包括其他收益项目）约为112亿元，核心利润获现率约为104%。虽然企业经营活动产生的现金流量净额仍大于核心利润，但企业核心利润的获现能力较2020年下降了很多，已经不够充足了。企业应该在未来进一步强化与上下游的关系管理，以改善经营活动现金流量质量。

（2）投资活动现金流量状况分析。

企业合并现金流量表2020年投资活动现金流入中收回投资收到的现金约为74亿元，处置子公司及其他营业单位收到的现金净额约为7亿元，两项合计占比达

74%，对照利润表中投资收益的附注信息得知，当年处置长期股权投资和交易性金融资产取得的投资收益接近 7 亿元，说明企业收回投资项目还是有一定的盈利性的；处置固定资产、无形资产和其他长期资产收回的现金净额接近 5 亿元，合并利润表显示所带来的资产处置收益接近 3 亿元，说明企业在处置长期资产过程中还是有相当盈利的，这些资产很可能并不是不良资产，也许是因生产转型或资产结构调整而引起的。此外，取得投资收益收到现金 3 亿余元，而企业合并利润表的投资收益中权益法核算的长期股权投资产生的收益等持有收益为 2 亿元左右（可自行查阅该项目的附注内容），通过简单的数据比较可以看出，这部分投资收益所带来的现金流入还是较为充足的。从投资活动现金流出方面来看，（对外）投资支付的现金约为 72 亿元，购建固定资产、无形资产和其他长期资产支付的现金约为 74 亿元，二者规模大体相当，说明企业当前的发展战略是在对内进一步扩大产能的同时，积极地进行对外投资的结构性调整（投资支付现金与收回投资收到的现金的规模也基本一致），应密切关注投资战略的这种扩张与调整对企业未来盈利能力和未来现金流量的影响。整体看来，企业投资活动的资金需求主要来自对内的产能扩张，投资活动现金流量结构基本与企业发展战略相吻合。

企业合并现金流量表 2021 年投资活动现金流入中收回投资收到的现金约为 29 亿元，处置子公司及其他营业单位收到的现金净额约为 7 亿元，两项合计占比也达 74%，对照利润表中投资收益的附注信息得知，当年处置长期股权投资和交易性金融资产取得的投资收益接近 3 亿元，说明企业收回投资项目也有一定的盈利性；2021 年处置固定资产、无形资产和其他长期资产收回的现金净额约为 0.7 亿元，合并利润表显示所带来的资产处置收益为 0.25 亿元，说明企业处置长期资产的规模不大，处置过程中稍有盈利。此外，取得投资收益收到现金 5 亿余元，而企业合并利润表的投资收益中权益法核算的长期股权投资产生的收益等持有收益达 3 亿余元（可自行查阅该项目的附注内容），通过简单的数据比较可以看出，这部分投资收益所带来的现金流入还是较为充足的。从投资活动现金流出方面来看，（对外）投资支付的现金约为 52 亿元，购建固定资产、无形资产和其他长期资产支付的现金约为 110 亿元，后者是前者的两倍，说明企业在 2021 年继续大举对内扩大产能，同时也在继续进行对外投资的结构性调整并适度扩大了对外投资规模（投资支付现金是收回投资收到的现金的近两倍），应密切关注投资战略的这种扩张与调整对企业未来盈利能力和未来现金流量的影响。整体看来，企业投资活动的资金需求主要来自对内的产能扩张，投资活动现金流量结构基本与企业发展战略相吻合。

（3）筹资活动现金流量状况分析。

2020 年企业的筹资活动现金流入中，取得借款收到的现金规模为 169 亿元，远远大于吸收投资收到的现金 15 亿元，表明尽管当年通过增发募集了一定规模的资金，但企业当期的外部资金来源仍以借入资金为主。同时我们也注意到，当期偿还债务支付的现金为 151 亿元，与取得借款收到的现金规模差异不大，说明企业当期似乎处于“借新债还旧债”状态，虽然表明企业的外部融资环境还不错，但如果这些借款是短期借款的话，就要警惕企业“短贷长投”所潜伏的财务风险。

2021 年企业的筹资活动现金流入中，取得借款收到的现金规模为 144 亿元，远远大于吸收投资收到的现金 40 亿元，表明尽管当年进一步通过增发募集了一定规模的资金，但企业当期的外部资金来源仍以借入资金为主。同时我们也注意到，当期偿还债务支付的现金为 139 亿元，与取得借款收到的现金规模差异不大，说明企业当期似乎仍然处于“借新债还旧债”状态，这基本符合短期借款的特点，虽然表明企业的外部融资环境还算不错，但要警惕企业是否可能存在“短贷长投”的情况，其中所潜伏的财务风险仍然值得关注。

（4）总体现金流量状况分析。

综上所述，2020 年企业经营活动产生的现金流量净额为 53 亿元，核心利润获现率较高；投资活动产生的现金流量净额为－36 亿元，投资活动的资金需求主要来自对内的产能扩张；当年分配股利、利润或偿付利息支付的现金不到 25 亿元，这样，在经营活动产生的现金净流量基本能够承担全部上述全部支出只是有少量资金缺口的情况下，企业通过增资和扩大借款规模的方式从外部及时补充资金，从而当年基本实现了收支平衡，最终企业的现金存量基本没有受到影响。2021 年企业经营活动产生的现金流量净额为 117 亿元，虽然核心利润获现率有较大程度的下降，但获现的绝对规模大幅增加；投资活动产生的现金流量净额为－114 亿元，投资活动的资金需求主要还是来自对内的产能扩张，企业试图通过大举投资来进一步提高市场竞争力和盈利能力；当年分配股利、利润或偿付利息支付的现金为 27 亿元，这样，在经营活动产生的现金净流入量不足以全部承担上述全部支出的情况下，企业继续通过增资的方式从外部及时补充资金，但所筹集资金规模不足以抵付当年的全部支出，以至于最终企业的现金存量减少了近 10 亿元。

总体上看，企业的现金流量状况基本健康，但大规模投资所带来的经营风险以及“短贷长投”所潜伏的财务风险值得关注。

第 7 章

合并财务报表分析

第 1 节　知识点回顾

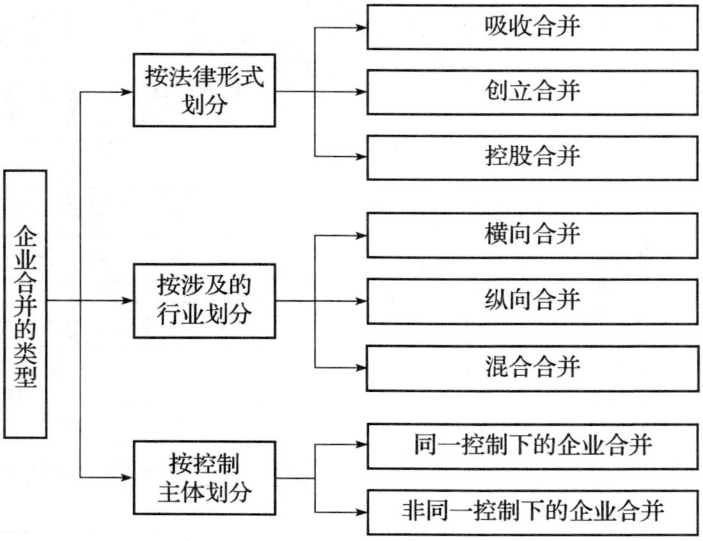

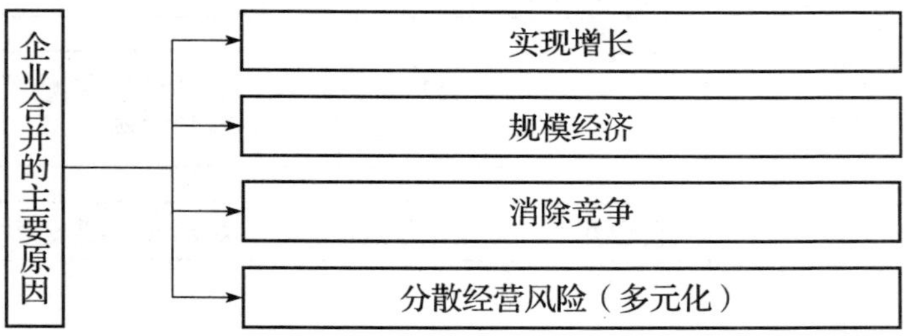

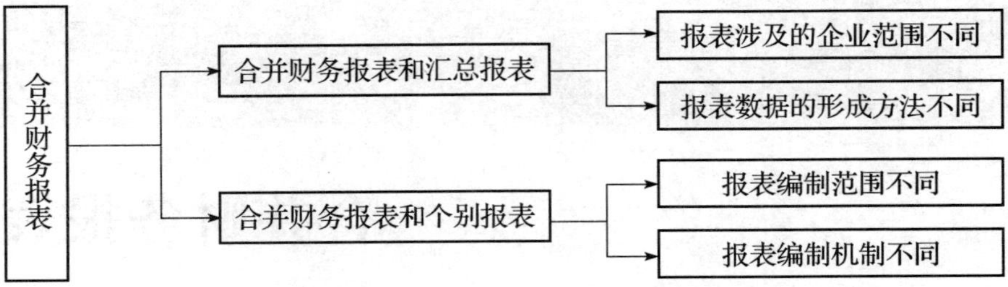
合并财务报表
合并财务报表和汇总报表
报表涉及的企业范围不同
报表数据的形成方法不同
合并财务报表和个别报表
报表编制范围不同
报表编制机制不同

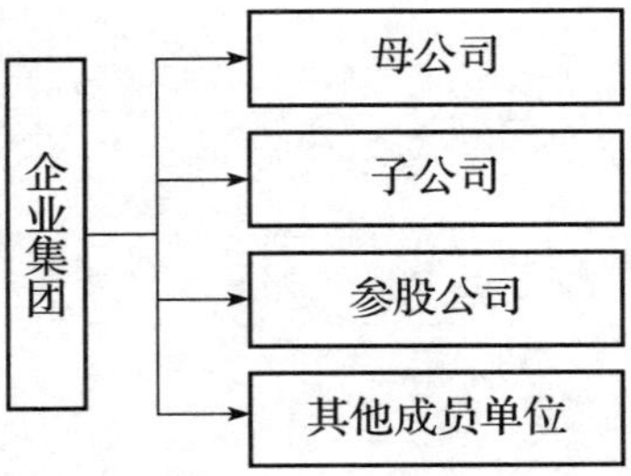
企业集团
母公司
子公司
参股公司
其他成员单位

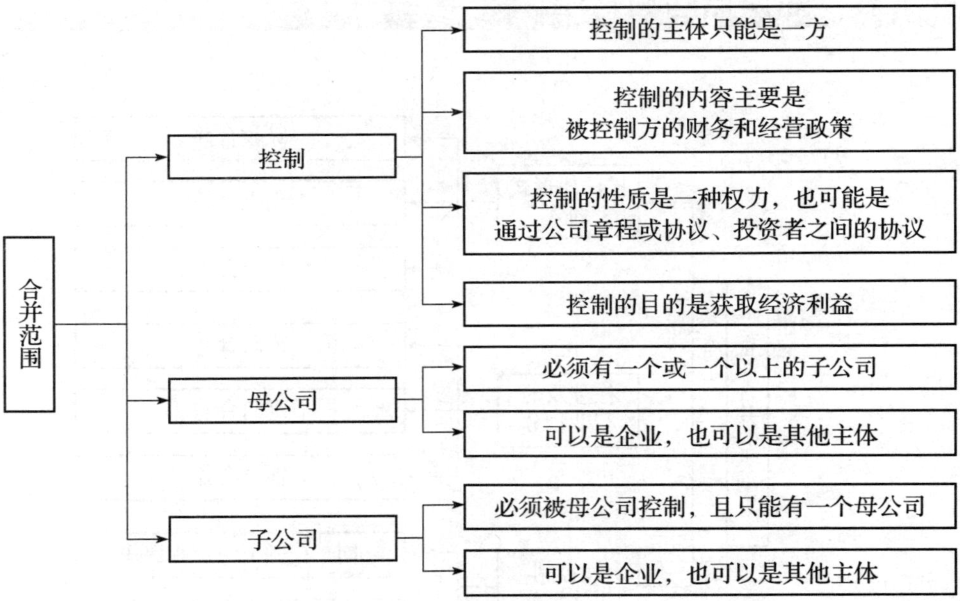
合并范围
控制
控制的主体只能是一方
控制的内容主要是被控制方的财务和经营政策
控制的性质是一种权力，也可能是通过公司章程或协议、投资者之间的协议
控制的目的是获取经济利益
母公司
必须有一个或一个以上的子公司
可以是企业，也可以是其他主体
子公司
必须被母公司控制，且只能有一个母公司
可以是企业，也可以是其他主体

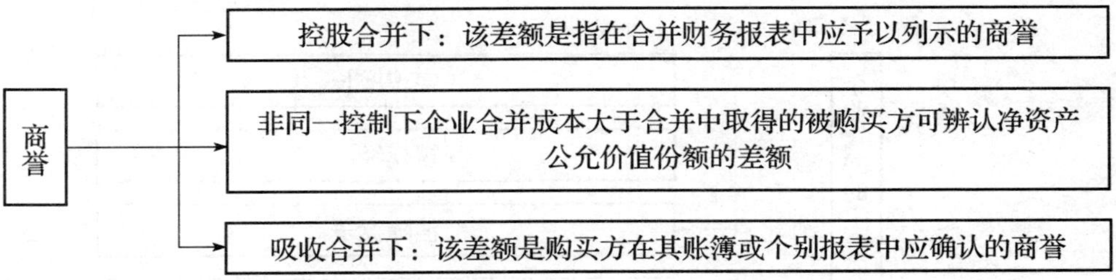
商誉
控股合并下：该差额是指在合并财务报表中应予以列示的商誉
非同一控制下企业合并成本大于合并中取得的被购买方可辨认净资产公允价值份额的差额
吸收合并下：该差额是购买方在其账簿或个别报表中应确认的商誉

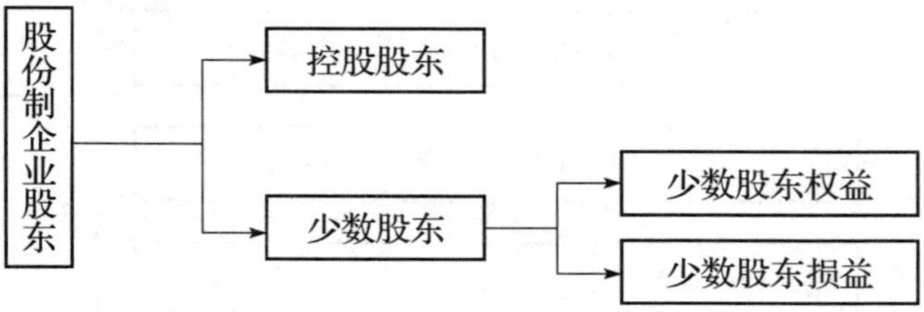
股份制企业股东
控股股东
少数股东
少数股东权益
少数股东损益

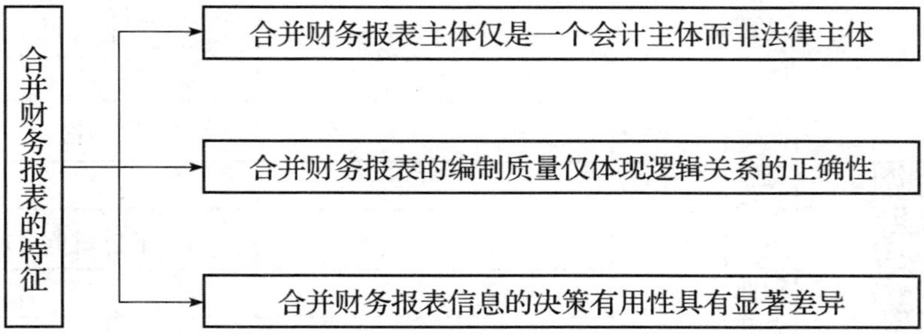
合并财务报表的特征
合并财务报表主体仅是一个会计主体而非法律主体
合并财务报表的编制质量仅体现逻辑关系的正确性
合并财务报表信息的决策有用性具有显著差异

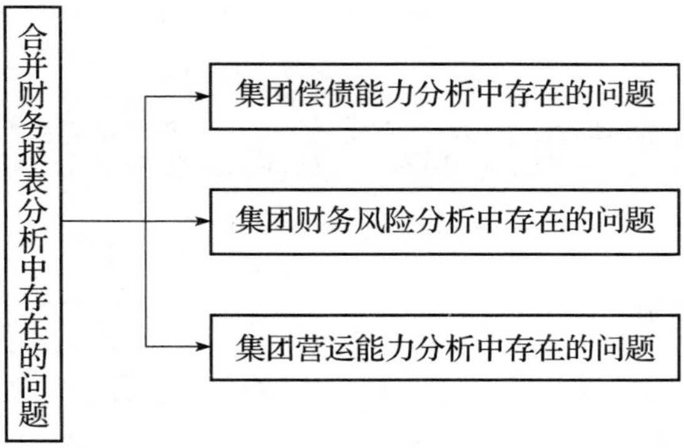
合并财务报表分析中存在的问题
集团偿债能力分析中存在的问题
集团财务风险分析中存在的问题
集团营运能力分析中存在的问题

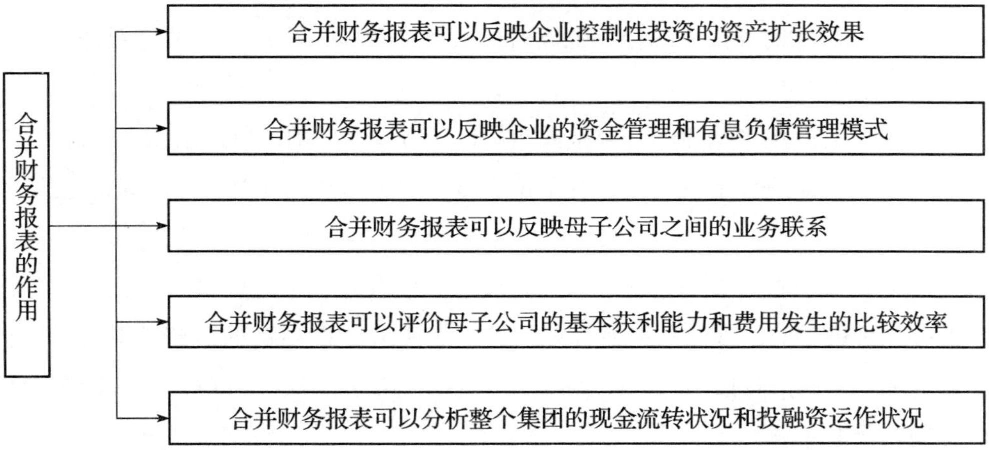
合并财务报表的作用
合并财务报表可以反映企业控制性投资的资产扩张效果
合并财务报表可以反映企业的资金管理和有息负债管理模式
合并财务报表可以反映母子公司之间的业务联系
合并财务报表可以评价母子公司的基本获利能力和费用发生的比较效率
合并财务报表可以分析整个集团的现金流转状况和投融资运作状况

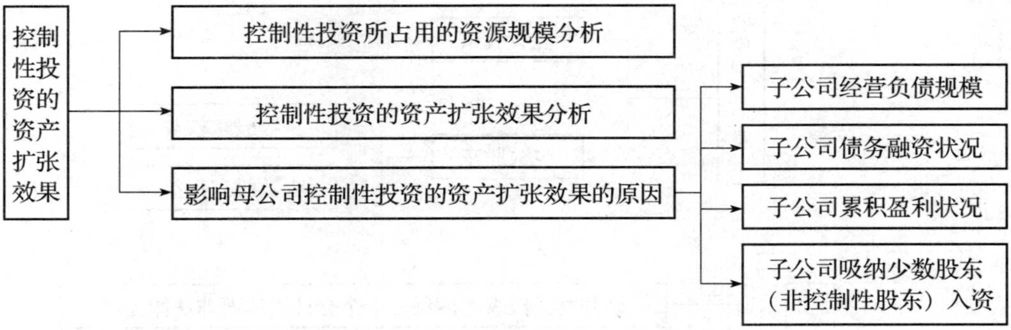

第7章
即测即评

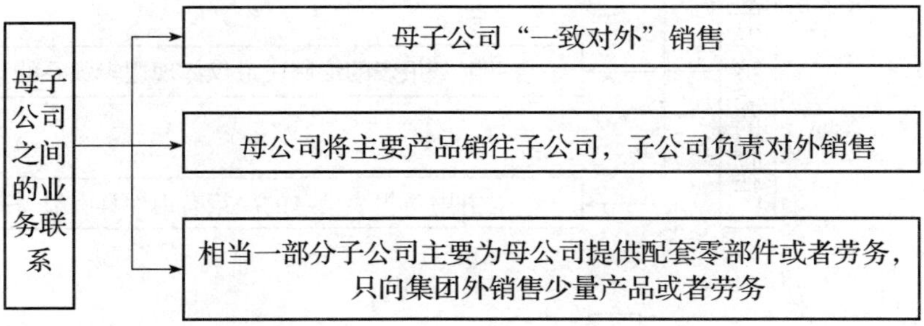

第2节　补充练习题及案例分析题

一、判断题

1. 汇总报表所涉及的企业范围，主要以企业的合并范围作为确定的依据，即以企业是否归其管理、是否属于其下属企业作为确定编报范围的依据，凡属于其下属企业、在行政上归其管理的，均在汇总报表的编报范围之内。（　）

2. 合并财务报表的合并范围所形成的“单位”不是独立的企业法人，而仅是经济意义上的会计主体。（　）

3. 合并财务报表的合并范围应当以所有权为基础加以确定。（　）

4. 投资企业能够对被投资单位实施控制，则被投资单位为投资企业的子公司。（　）

5. 在吸收合并的情况下，合并成本大于合并中取得的被购买方可辨认净资产公允价值份额的差额是指在合并财务报表中应予以列示的商誉，即长期股权投资的成本与购买日按照持股比例计算确定应享有被购买方可辨认净资产公允价值份额之间的差额。（　）

6. 按照现行会计准则，我国合并资产负债表中的股东权益反映的是母公司股

东的权益，合并利润表反映的是母公司股东实现的净收益。（　）

7. 商誉实质上体现的是合并中取得的符合确认条件而予以确认的资产以及被购买方有关资产产生的协同效应或合并盈利能力的价值。（　）

8. 控制方对被投资单位的财务和经营政策的提议通常不必征得其他方同意，就可以形成决议并付诸实施。（　）

9. 除了母公司直接进行控制性投资以外，有的企业还通过其子公司进行控制性投资，即形成所谓的“孙公司”。在这种情况下，我们将其全部视同母公司进行的控制性投资，统一衡量母公司控制性投资的扩张效果。（　）

10. 母子公司以及子公司如果分属不同的行业或领域，或者母子公司地域结构较为分散，则母子公司通常会各自直接面向市场，“一致对外”销售。合并利润表与母公司利润表的主要项目（如营业收入、营业成本、销售费用、管理费用等）一般会呈现出越合并越小的情况。（　）

二、单项选择题

1.（　）是指两家或两家以上的企业合并成一家企业。合并后，参与合并的企业通常只有一家继续保留法人地位，另外一家或几家企业在合并后丧失法人地位，不复存在。

A. 吸收合并　　B. 创新合并

C. 控股合并　　D. 创立合并

E. 持股合并

2.（　）是指生产工艺、产品、劳务相同或相近的企业间的合并。

A. 横向合并　　B. 纵向合并

C. 交叉合并　　D. 混合合并

E. 一体化合并

3.（　）是指参与合并的企业在合并前后均受同一方或相同的多方最终控制且该控制并非暂时性的。

A. 同一控制下的企业合并　　B. 共同控制下的企业合并

C. 非同一控制下的企业合并　　D. 非共同控制下的企业合并

E. 一体化合并

4.（　）前企业面临的同业竞争者通常多于合并后的同业竞争者，且合并后企业的市场份额通常会得到提高，企业的营销费用一般会相应降低。

A. 横向合并　　B. 纵向合并
C. 交叉合并　　D. 混合合并
E. 一体化合并

5.（　　）也称多种经营合并，是指生产工艺、产品、劳务没有内在联系的企业间的合并，如一家空调制造企业合并一家金融企业。

A. 横向合并　　B. 纵向合并
C. 交叉合并　　D. 混合合并
E. 一体化合并

6. 合并财务报表所涉及的企业并不是集团内的所有企业，而是以母公司对另一企业的（　　）作为确定编报范围（即合并范围）的依据，即凡是通过投资关系或协议关系能够由其控制的企业，一般均属于合并财务报表的编报范围。

A. 行政隶属关系　　B. 控制关系
C. 经营关系　　D. 管辖权关系
E. 所有权关系

7.（　　）是指以主要联结纽带是资本的母、子公司为主体，以集团章程为共同行为规范的母公司、子公司、参股公司及其他成员企业或机构共同组成的具有一定规模的企业法人联合体。

A. 合并财务报表　　B. 企业集团
C. 企业总公司　　D. 企业总部
E. 企业集团公司

8.（　　）是指一个企业能够决定另一个企业的财务和经营政策，并能据以从另一个企业的经营活动中获取利益的权力。

A. 决策　　B. 经营
C. 控制　　D. 管理
E. 所有

9. 非同一控制下的企业合并是参与合并的一方购买另一方或多方的交易，企业合并成本大于合并中取得的被购买方可辨认净资产公允价值份额的差额应确认为（　　）。

A. 合并价差　　B. 无形资产
C. 商誉　　D. 合并溢价
E. 资本公积

10. 在股份制企业中有两类股东：一类是取得公司控制权的股东，称为控股股东；另一类是掌握非控制权股份的股东，通常称为（　　）。

A. 大股东　　B. 普通股股东
C. 优先股股东　　D. 少数股东
E. 中小股东

三、多项选择题

1. 一个报告主体通常包括（　　）。

A. 一个法人（即法律主体）
B. 一个会计主体
C. 两个法人，属于母子公司关系，且子公司有业务存在
D. 两个法人，属于母子公司关系，但子公司无业务存在，是个空壳公司
E. 两个法人，不属于母子公司关系，但双方都有业务存在

2. 企业合并的主要原因有（　　）。

A. 消除竞争　　B. 规模经济
C. 编制合并财务报表　　D. 分散经营风险（多元化）
E. 实现增长

3. 按法律形式划分，企业合并可以分为（　　）。

A. 吸收合并　　B. 创新合并
C. 控股合并　　D. 创立合并
E. 持股合并

4. 企业集团由母公司、子公司、参股公司以及其他成员单位组建而成。可以成为企业集团成员的有（　　）。

A. 企业法人　　B. 事业单位法人
C. 社会团体法人　　D. 个人
E. 非法人机构

5. 控制的特征包括（　　）。

A. 控制的主体可以有两方，对被投资企业实施共同控制
B. 控制的内容主要是被控制方的财务和经营政策
C. 控制的性质是一种权力或法定权力
D. 控制的目的是获取经济利益

E. 控制一般是通过表决权来实现的

6. 在合并财务报表中，少数股东享有的权益主要体现在（　　）方面。

A. 在资产负债表中，代表少数股东对集团净资产的要求权，即少数股东权益

B. 在合并资产负债表中，代表少数股东对集团净资产的要求权，即少数股东权益

C. 在利润表中，代表少数股东对集团利润（亏损）的应享份额，即少数股东损益

D. 在合并利润表中，代表少数股东对集团利润（亏损）的应享份额，即少数股东损益

E. 在合并利润表中，代表少数股东对企业利润（亏损）的应享份额，即少数股东损益

7. 从合并财务报表的编制过程来看，合并财务报表至少具有（　　）特征。

A. 合并财务报表主体仅是一个会计主体而非法律主体

B. 合并财务报表的编制质量仅体现逻辑关系的正确性

C. 合并财务报表信息的决策有用性具有显著差异

D. 合并财务报表与账簿、凭证以及实物等具有可验证的对应关系

E. 用于决策的财务指标在合并财务报表分析中同样适用

8. 利用传统的财务指标分析合并财务报表时存在的主要问题包括（　　）。

A. 流动比率、速动比率、资产负债率等评价企业偿债能力的财务指标不能真实地反映企业集团整体的偿债能力

B. 存货周转率、应收账款周转率、流动资产周转率等评价企业营运能力的财务指标也许不能客观地反映集团整体资产周转效率的实际情况

C. 资产报酬率、净资产收益率等评价企业盈利能力的财务指标不能反映集团整体的盈利能力

D. 传统财务指标并不能全面反映集团所面临的财务风险

E. 当母子公司分属于不同行业时，计算存货周转率有可能失去意义

9. 能够直接或间接地反映控制性投资所占用资源的项目包括（　　）。

A. 长期股权投资　　B. 预付款项

C. 其他应收款　　D. 其他流动资产

E. 其他非流动资产

10. 在企业资金采用集权管理模式的情况下，母公司的财务报表上往往会出现

（　　）的特征。

A. 利息费用规模大

B. 短期借款或者长期借款规模大

C. 其他应收款规模大（但合并资产负债表中其他应收款的规模会远远低于母公司其他应收款的规模）

D. 利息费用规模小

E. 短期借款或者长期借款规模小

四、案例分析题

海尔智家合并财务报表分析

请利用第 3 章提供的有关海尔智家（600690）2021 年度报告中资产负债表和利润表的部分数据，结合本章对合并财务报表的分析方法，按照要求做进一步的分析。

要求：

1. 通过对该公司合并财务报表与母公司财务报表相关项目的比较可以揭示哪些信息（需要结合海尔智家 2021 年度报告中披露的非财务信息）？

2. 请对该公司的扩张战略实施效果进行评价。

第 3 节　补充练习题答案及案例分析提示

一、判断题

1. ×	2. √	3. ×	4. √	5. ×
6. ×	7. ×	8. √	9. √	10. ×

二、单项选择题

1. A	2. A	3. A	4. A	5. D
6. B	7. B	8. C	9. C	10. D

三、多项选择题

1. ABC	2. ABDE	3. ACD	4. ABC	5. BCDE
6. BD	7. ABC	8. ABDE	9. ABCDE	10. ABC

四、案例分析提示

海尔智家合并财务报表分析

1. 通过对该公司合并财务报表与母公司财务报表相关项目的比较可以揭示哪些信息（需要结合海尔智家2021年度报告中披露的非财务信息）？

（1）企业控制性投资的资产扩张效果分析。

1）控制性投资所占用的资源规模分析见表7-1。

表7-1 企业控制性投资所占用资源规模分析 单位：元

	合并数 (1)	母公司数 (2)	企业控制性投资占用资源的基本规模 (3)=(2)-(1)
长期股权投资	23 232 200 859	52 513 760 278	29 281 559 419
其他应收款	1 660 702 724	12 577 807 696	10 917 104 972
预付款项			不适用
其他流动资产			不适用
其他非流动资产			不适用
合计			40 198 664 391

2）控制性投资的资产扩张效果分析见表7-2。

表7-2 控制性投资的资产扩张效果分析 单位：元

合并资产 (1)	母公司资产 (2)	企业控制性投资的资产扩张效果 (3)=(1)-(2)
217 459 494 213	76 798 417 887	140 661 076 326

从上述数据可以看出，母公司实质性的控制性投资规模达到402亿元，增量撬动了子公司（及孙公司，下同）的资产1 407亿元。这意味着公司用402亿元资产达到能够控制1 809亿元（402+1 407）的扩张效果，可见控制性投资取得了非常显著的扩张效果，应该说公司靠这种控制性投资实现了跨越式发展。

然而，如果考察企业负债和股东权益，就会发现上述分析仍然存在不足之处。企业的负债中，有一项很特殊的项目是其他应付款。这个项目的母公司与合并财务报表数据如表7-3所示。

表7-3 其他应付款信息 单位：元

项目	合并数（1）	母公司数（2）	母公司数一合并数 (3)=(2)-(1)
其他应付款	17 524 160 066	34 484 355 763	16 960 195 697

也就是说，母公司其他应付款数据显著大于合并其他应付款数据，这说明，母公司当期同时又占用了子公司近170亿元的资金。在没有其他说明的情况下，这种情形的出现，通常是由于母公司对子公司的货币资金进行了一定程度的集中管理导致的，这个差额应该就是母公司集中子公司资金的基本规模（最小规模）。也就是说，母公司集中子公司资金的最小规模是170亿元，最大规模则要接近345亿元。

合并财务报表的编制原理告诉我们：无论母公司是否对子公司的资金进行集中管理，都不会影响合并资产总额。但母公司所能控制的子公司资产会随着集中子公司资金规模的增加而相应增加。这就是说，母公司控制性投资所撬动的子公司的资产规模并不是我们前面得出的1 407亿元的规模，而要加上母公司集中子公司资金的基本规模——170亿元。这意味着，母公司控制性投资撬动的子公司的增量资产为1 577亿元（1 407+170），而母公司实际控制的子公司资产规模甚至可以达到1 979亿元（1 577+402）。这个问题也可以换一个思路来理解，由于在编制合并财务报表时，母公司的控制性投资293亿元和作为向子公司提供资金通道的其他应收款109亿元被抵消掉了，此外子公司被母公司占用的170亿元其他应收款（在母公司财务报表中为其他应付款）也被抵消掉了，因而合并资产总额实则为（母公司资产总额－293亿元－109亿元）＋（子公司资产总额－170亿元），因此，被母公司实际控制的子公司资产规模就应为1 407亿元＋293亿元＋109亿元＋170亿元，即1 979亿元。

（2）企业的资金管理和有息负债管理模式分析。

2021年企业的其他应收款、其他应付款呈现出越合并越小的状况，体现了企业对集团资金管理的集权化色彩；另外，企业的短期借款、一年内到期的非流动负债、长期借款、应付债券和租赁负债等项目在母公司财务报表中几乎均为0，而在合并财务报表中具有较大规模的金额列示，体现了企业在集团内有息负债管理具有极强的分权化色彩。同时，母公司与合并财务报表货币资金的差额较大，也说明尽管母公司对子公司进行了一定程度的资金集中管理，但子公司仍保有较大规模的货币资金，这也体现了货币资金管理的集权与分权相结合的特点。有关情况如表7-4所示。

表7-4 合并财务报表和母公司财务报表相关项目差异比较 单位：元

项目	合并	母公司	差额的含义
货币资金	45 857 170 275	4 043 535 735	说明子公司所保有的货币资金规模要远远大于母公司该项目的规模
其他应收款	1 660 702 724	12 577 807 696	说明母公司对子公司进行了资金支持
其他应付款	17 524 160 066	34 484 355 763	说明母公司对集团内子公司的资金进行了一定程度的集中管理
短期借款	11 226 212 134	0	说明当期只有子公司有独立进行债务融资的行为
一年内到期的非流动负债	9 623 014 848	877 996	说明子公司以往有相对较大规模的长期债务融资行为
长期借款	3 038 573 825	0	说明当期只有子公司有一定规模的长期债务融资行为
应付债券	334 730 049	0	说明当期只有子公司有一定规模的债券融资行为
租赁负债	1 960 894 981	0	说明当期只有子公司有租赁融资行为
取得借款收到的现金	12 051 534 837	0	说明当期只有子公司有相当规模的借入资金流入

上述信息显示：海尔智家在集团的资金管理上基本是采用了集权与分权相结合的管理模式，但从规模来看，还是以分权为主。集团在有息负债管理上也基本上是分权管理，各子公司具有充分的融资自主权。

（3）母子公司之间的业务联系分析。

海尔智家主要从事家电的研发、生产及销售工作，涉及冰箱/冷柜、厨电、空调、洗衣设备、水家电及其他智能家庭业务，以及提供智能家庭全套化解决方案，多元化的业务格局非常清晰。企业多元化战略主要是通过设立子公司或者收购其他企业（合并资产中218亿元的商誉就是并购所形成的）来实现的。

2021年母公司自身实现营业收入3.5亿元，毛利率为11%，实现核心利润约−0.83亿元；而合并营业收入达2 276亿元，整个集团的毛利率为31%，实现核心利润约152亿元。母公司剔除货币资金后的资产728亿元中，投资资产为550亿元，占比76%，可见，母公司（即上市公司）选择了投资主导的发展战略，在整个集团中，子公司们提供了坚实的盈利基础。这一点也可以通过母公司的控制性投资实现了15亿元（39－24）的投资收益得以体现（当然这只是显示出子公司们的现金分红情况）。

利润表信息进一步显示，企业的营业收入、销售费用、管理费用、研发费用和利息费用等均主要发生在子公司，这意味着母公司较少从事实体经营活动，子公司则具有完备的研发和生产经营系统，并主导着企业的各类生产经营活动。母公司通过对外投资（尤其是控制性投资），使多元化战略得以顺利实施，并通过有效管理，实现了企业营业收入、营业利润等业绩指标的不断增长。

（4）整个集团的现金流转状况和投融资运作状况分析。

通过比较2021年母公司现金流量表和合并现金流量表的相关项目，可以分析比较母子公司的经营活动现金流量的获取能力的差异、投资活动现金流量的发生情况与扩张规模及战略的差异、筹资活动现金流量所表现出来的融资能力的差异等。

母公司尽管并不是整个集团的主要经营和盈利主体，但2021年依然获取了经营活动现金流量净额51亿元，因此可以说核心利润获现能力极强；合并经营活动现金流量净额为231亿元，核心利润获现率为152%，可见子公司的核心利润获现能力也是较为理想的，这样就为整个集团保证了较为健康的造血功能。

母公司（对外）投资支付的现金为7亿元，当期没有新增子公司及其他营业单位，而收回投资收到的现金也接近7亿元；整个集团（对外）投资支付的现金为82亿元，收回投资收到的现金为67亿元，说明当期整个集团是以各子公司作为对外投资主体的，投资支付的现金与收回投资收到的现金规模较为接近，说明投资方向和投资对象在进行一定的调整和优化，期待未来有更好的业绩表现。母公司购建固定资产、无形资产和其他长期资产支付的现金为0.4亿元，处置固定资产和无形资产及持有待售资产收回的现金净额也为0.4亿元，说明当期母公司没有太大的基本建设投入，产能变化不大；而合并财务报表中购建固定资产、无形资产和其他长期资产支付的现金为74亿元，处置固定资产和无形资产及持有待售资产收回的现金净额不到3亿元，说明当期整个集团的基本建设主要集中在子公司，也就是说子公司在产能上有了一定规模的提升，希望未来子公司的业绩能够再上一个台阶。

当期母公司既未吸收投资，也未取得借款，但有29亿元的其他与筹资活动有关的现金流入（应该是来自子公司），同时偿还借款支付现金55亿元，分配股利、利润或偿付利息支付的现金为35亿元，还有支付其他与筹资活动有关的现金33亿元，最终导致当期的现金存量减少42亿元。而整个集团吸收投资0.4亿元，取得借款收到的现金为121亿元，偿还债务支付的现金为196亿元，说明子公司存在借新债还旧债的情况，但债务规模有所减少。

整体来看，母公司自身经营活动的获现能力非常强，但规模也只够偿还到期债务，主要的资金需求来自偿还借款和分配股利、利润或偿付利息等，最终导致当期的现金存量减少42亿元。同样地，子公司经营活动的获现能力也较为理想（231亿元，核心利润获现率为152%），且当期进行了一定规模（74亿元）的产能扩张，希望未来能够对整个集团做出更大的贡献；当期取得了一定规模的银行借款，但也偿还了一定规模的到期借款，债务规模总体上减少了75亿元，最终整个集团的现金存量减少了近7亿元。由于整个集团有450亿元的现金存量，因此减少债务规模应该算是一个理性选择。

2. 请对该公司的扩张战略实施效果进行评价。

经过上述母公司财务报表与合并财务报表相关项目的全面比较，可以较为清晰地看到，母公司实施的是投资主导型战略，多年来通过并购拥有了大量海内外相关领域的子公司，坚定地实施着（相关）多元化战略（合并资产中商誉达218亿元）。

母子公司主要从事家电的研发、生产及销售工作，涉及冰箱/冷柜、厨电、空调、洗衣设备、水家电及其他智能家庭业务，以及提供智能家庭全套化解决方案，子公司整体上均具有较强的盈利能力和盈利质量（相对而言子公司们的盈利能力要更强一些），尤其是海外业务收入和盈利能力再创新高。通过对外扩张战略，整个集团的规模显著扩大，涉足的领域不断丰富，海外业务得到拓展，从而顺利地实现了全球化、跨越式发展。整个集团采取集权与分权适度结合（当然还是以分权为主）的资金管理模式，使得子公司既有充分的自主权，又能保证集团的资金整体使用效率。由此可见，该企业的扩张战略实施效果还是较为满意的，这为公司实现可持续发展奠定了较为坚实的基础，当然在未来的发展过程中还是要控制好进一步推进全品类经营可能带来的经营风险以及分权化管理可能导致的管理风险。

第4节 教材关键术语和思考题参考答案

一、关键术语解释

1. 吸收合并：是指两家或两家以上的企业合并成一家企业的合并形式。吸收合并后，参与合并的企业通常只有其中一家继续保留其法人地位，另外一家或几家企业在合并后丧失法人地位，不复存在。

2. 创立合并：是指创建新企业的合并形式，即原有的各家企业均不复存在，丧失法人资格，合并成一家新的企业。

3. 控股合并：是指一家企业（合并方）通过企业合并交易或事项取得对另一家企业（被合并方）的控制权，企业合并后能够通过所取得的股权等主导被合并方的生产经营决策并自被合并方的生产经营活动中获益，被合并方在企业合并后仍维持其独立法人资格并继续经营。

4. 合并财务报表：是指母公司编制的，以合并范围内企业的个别报表为基础、剔除集团内部往来业务后编制而成的，用以综合反映母公司和子公司形成的企业集团整体财务状况、经营成果和现金流量的财务报表。

5. 汇总报表：是指由行政管理部门根据所属企业报送的报表，对各项目进行加总编制的报表。在编制汇总报表时，行政管理部门对本部门所属企业报送的报表，采用将所有汇总范围内的企业相同报表相同项目简单相加的方法进行汇总。

6. 企业集团：是指以主要联结纽带为资本的母子公司为主体，以集团章程为共同行为规范的母公司、子公司、参股公司及其他成员企业或机构共同组成的具有一定规模的企业法人联合体。企业集团一般不具有企业法人资格。

7. 合并范围：是指在母公司编制合并财务报表中所涉及的公司范围，应当以控制为基础加以确定。

8. 控制：是指一个企业能够决定另一个企业的财务和经营政策，并能据以从另一个企业的经营活动中获取利益。

9. 商誉：是指在非同一控制下的企业合并下，参与合并的一方购买另一方或多方的交易，企业合并成本大于合并中取得的被购买方可辨认净资产公允价值份额的差额。商誉体现的是合并中取得的由于不符合确认条件而未予以确认的资产以及被购买方有关资产产生的协同效应或合并盈利能力的价值。

10. 少数股权：在股份制企业中掌握非控制权股份的股东通常称为少数股东。少数股东在企业中享有的权益称为少数股东权益，简称少数股权。在合并财务报表中，少数股东享有的权益主要体现在两个方面：一是在合并资产负债表中，代表少数股东对集团净资产的要求权，即“少数股东权益”；二是在合并利润表中，代表少数股东对集团利润（亏损）的应享份额，即“少数股东损益”。

11. 控制性投资：通常是指母公司对子公司的投资。一般情况下，母公司可以决定子公司的财务和经营政策，并能据以从子公司的经营活动中获取利益，母公司实质上取得了对子公司的控制权，因此，这种投资往往又称为控制性投资。

12. 控制性投资的扩张效果：由于母公司取得了子公司的控制权，即便不是100%持有子公司的股权，子公司的少数股权也会在母公司的控制之下。这样，母公司就会实质上控制和支配子公司100%的资产，母公司通过这种控制性投资就可以实现用相对较少的资金投入来实现更大规模的经营和发展。这种“撬动”效应可以称为控制性投资的扩张效应，其扩张效果可以通过合并财务报表资产总额与母公司财务报表资产总额之差来加以体现。差额越大，说明控制性投资的扩张效果越好。当然，如果用相对数来表示的扩张效果系数来体现会更加科学。控制性投资的扩张效果系数=(合并资产总额－母公司资产总额）/控制性投资总额，系数越大，说明控制性投资的扩张效果越明显。

13. 集权式管理：是指集团内部的资金管控、费用开支以及投融资等各项权力相对集中于母公司手中，子公司多余的资金往往会通过现金分红、“其他应收款”（对母公司来说是“其他应付款”）等资金通道被集中到母公司，而当子公司需要资金时母公司再通过“其他应收款”（对子公司来说是“其他应付款”）、“预付款项”、“其他流动资产”等资金通道将资金“输送”给子公司。在集权式管理模式下，母公司财务报表中往往会体现为“货币资金”、“其他应收款”和“其他应付款”等项目余额均相对较高的“三高”现象。这种管理模式有利于集团资金的统一安排使用，可以提高资金的整体利用效率；但缺点是各子公司缺乏资金自主筹措和支配权，可能会因为母公司审批不及时而痛失良机。

14. 分权式管理：是指集团内部母公司及各子公司相对独立地把控各自的资金管控、费用开支以及投融资等权力，这种管理模式好处是子公司具有相对充分的资金自主筹措和支配权，对资金的使用和筹集不需要经母公司的审批，可以相对灵活地应对市场变化、更及时地抓住发展机遇，但由于“各自为政”，可能会出现整个集团资金的某种程度的闲置和浪费，从而降低资金的整体利用效率。在合并财务报表中极容易出现“货币资金”、“长（短）期借款”和“利息费用”等项目余额均相对较高的“三高”现象。

二、思考题参考答案

1. 简述企业合并的类型与原因。

可以从不同角度对企业合并进行分类。按法律形式划分，可以将企业合并分为吸收合并、创立合并和控股合并三种类型；按合并所涉及的行业划分，可以将企业合并分为横向合并、纵向合并和混合合并三种类型；按我国企业合并准则划分（是否有共同的控制主体），可以将企业合并分为同一控制下的企业合并和非同一控制下的企业合并两种类型。

企业合并的主要原因是创造协同优势（即结合后主体的价值大于组成它的个别部分的总和）。具体来说，就是：

（1）实现增长。

这是合并最普遍的动机。一个希望通过进入新的地区性市场来实现增长的公司，可以在新的地区里雇用更多的销售人员和营销研究人员、租用办公楼和展厅。这种通过公司内部的努力来实现增长的方式可描绘成内部或有机增长。通过合并则是另一种实现增长的方法。与其耗费资源强行拓展新市场，不如将资源用于购买这个市场现有的公司。这是外部增长，即用收购取得增长。如果单纯为增长而增长，则没有任何价值。增长的价值在于获得经济利益，通过收购来实现增长，必须创造出协同优势。

（2）规模经济。

可以通过消除重复作业（如生产或建设）来取得规模经济。要成功地取得有效的规模经济就必须有果断的管理当局和优秀的领导。如果两个或更多公司未能充分利用它们的资源，合并就可以帮助清除过剩的生产能力而使生产更加有效率。

（3）消除竞争。

收购竞争对手使企业对市场取得更广泛的控制。这正是各国管理机关严格监管收购的原因。这些法规可以抑制任何工业可能出现的垄断，并限制任何工业中特大经营者的权力。管理部门对可能导致垄断行为的主要收购的审批，显然会在一定程度上制约旨在垄断的收购。

（4）确保原料来源不断。

如果一个企业在原料或部件供应上遇到困难，它可能决定对供应商进行收购以控制供应品的供应时间、数量和质量。例如，炼铁厂可以购买矿山。

（5）分散经营风险（多元化）。

分散企业的产品和市场范围，公司的整体经营风险就可减少。这有利于承担与新产品及新市场有关的更大的风险。尤其在核心业务有很高的经营风险时，降低风险往往是多元化经营的一大动机。如果一个特殊行业处于衰落状况，就必须找一个替代业务。这只能通过多元化来解决。与此有关的是消除周期性的不稳定性。如果一个业务是季节性或周期性的，收购另一个具有相反周期和季节性的业务，既有助于稳定生产和利润，也有助于减少企业中的经营和财务风险的水平。

2. 合并财务报表与个别报表及汇总报表有哪些显著区别？

合并财务报表是指综合反映母公司和子公司形成的企业集团整体财务状况、经营成果和现金流量的财务报表。在我国会计实践中广泛流传、广泛编制的报表还有汇总报表。汇总报表主要是指由行政管理部门根据所属企业报送的报表，各项目进行加总编制的报表。在编制汇总报表时，行政管理部门对本部门所属企业报送的报表，采用将所有汇总范围内的企业相同报表相同项目简单相加的方法进行汇总。这样，汇总报表与合并财务报表的主要区别至少有两点：

（1）报表涉及的企业范围不同。汇总报表所涉及的企业范围，主要是以企业的行政隶属关系作为确定的依据，即以企业是否归其管理，是否属于其下属企业作为确定编报范围的依据，凡属于其下属企业，在行政上归其管理，均包括在汇总报表的编报范围之内。合并财务报表所涉及的企业并不是集团内的所有企业，而是以母公司对另一企业的控制关系作为确定编报范围（即合并范围）的依据，即凡是通过投资关系或协议关系能够由其控制的企业，一般均属于合并财务报表的编制范围。

（2）报表数据的形成方法不同。汇总报表主要采用简单加总方法编制，而合并财务报表则必须采用抵销内部投资、债权债务以及内部销售等内部会计事项对个别报表的影响后编制，它剔除了集团内部交易对报表整体的影响。

3. 如何理解合并范围、少数股权等概念？

合并财务报表应该以控制为基础加以确定（遵循实质重于形式原则），其中控制是指能够决定另一个企业的财务和经营政策，并能据以从另一个企业的经营活动中获取利益。

除了母公司直接或间接具有半数以上表决权外，以下情况也视为控制：(1) 通过与其他投资者的协议，受托管理被投资单位；(2) 根据公司章程或协议，有权决定被投资单位的财务和经营政策；(3) 有权任免被投资单位的董事会或类似机构的多数成员；(4) 在被投资单位董事会或类似机构占多数表决权（要考虑可转换债券等潜在表决权）；(5) 其他情况如母公司掌握子公司的资金来源，主要销货渠道等。属于以下情况的子公司则通常不在合并范围之内：已宣告被清理整顿的子公司、已宣告破产的子公司以及不能控制的其他被投资单位等。

在股份制企业中有两类股东。一类是取得公司控制权的股东，称为控股股东；另一类是掌握非控制权股份的股东，通常称为少数股东。少数股东在企业中享有的权益称为少数股东权益，简称少数股权。在合并财务报表中，少数股东享有的权益主要体现在两个方面：一是在合并资产负债表中，代表少数股东对集团净资产的要求权，即“少数股东权益”；二是在合并利润表中，代表少数股东对集团利润（亏损）的应享份额，即“少数股东损益”。

4. 合并财务报表的特征和作用有哪些？

(1) 从合并财务报表的编制过程来看，合并财务报表至少具有如下特征：

1) 合并财务报表主体仅是一个会计主体而非法律主体。合并财务报表中所反映和揭示的财务状况和经营成果都是针对企业集团这个会计主体，它通常并不是一个法律主体，这也就意味着合并资产负债表中的合并资产并不能直接作为合并负债的物质保障；也不需要以合并利润表中的合并利润总额为基础去调整什么“合并应纳税所得额”。

2) 合并财务报表的编制质量仅体现逻辑关系的正确性。对于合并财务报表来说，由于在编制过程中集团内部交易需要相互抵销，因此合并财务报表与分散在企业集团各个企业的账簿、凭证以及实物不可能存在个别报表的那种可验证的关系。合并财务报表的编制质量仅仅体现在逻辑关系的正确与否上，合并财务报表中的数据并不能简单地通过账实核对、账账核对等程序来加以核验。

3) 合并财务报表信息的决策有用性具有显著差异。由于合并财务报表在编制基础、编制方法、处理程序等诸多方面相对于个别报表来说存在特殊性，因而决定了合并财务报表信息的决策有用性可能存在显著差异。尤其是在子公司与母公司的经营性质和业务特征截然不同的情况下，合并财务报表信息的决策有用性更会受到不同程度的影响。

（2）合并财务报表的作用主要体现在以下几个方面：

1）合并财务报表可以反映企业控制性投资的资产扩张效果。由于母公司取得了子公司的控制权，即便不是100%持有子公司的股权，子公司的少数股权也会在母公司的控制之下。这样，母公司就会实质上控制和支配子公司100%的资产，母公司通过这种控制性投资就可以用相对较少的资金投入来实现更大规模的经营和发展。这种“撬动”效应称为控制性投资的扩张效应，其扩张效果可以通过合并财务报表资产总额与母公司财务报表资产总额之差来加以体现。差额越大，说明控制性投资的扩张效果越好。

2）合并财务报表可以反映企业的资金管理模式。在企业实施集团化经营的过程中，有关资金的集权与分权管理模式，会在母公司财务报表和合并财务报表的相关项目的规模特征上有所体现。在集权管理模式下，企业母公司的财务报表上通常会出现财务费用高、短期借款或者长期借款高、其他应收款高（但合并资产负债表的“其他应收款”规模会远远低于母公司的“其他应收款”规模）的“三高”现象；而在分权管理模式下，往往会在合并财务报表上表现出货币资金规模高、短期借款或者长期借款规模高和财务费用高的另一番“三高”现象。

3）合并财务报表可以反映母子公司之间的业务联系。通过进行母公司利润表和合并利润表相关项目金额的比较，就可以发现母子公司“一致对外”销售、子公司负责将母公司的产品对外销售以及子公司负责为母公司提供配套零部件或者劳务等各种母子公司业务关联情形。

4）合并财务报表可以评价母子公司的基本获利能力和费用发生的比较效率。这种分析尤其适用于前面的母子公司“一致对外”销售的模式。由于母子公司各自均直接面对外部市场，因此，通过比较母公司利润表和合并利润表的主要项目之间的差异，可以判断母子公司基本的获利能力，考察母子公司基本盈利能力的差异及其变化变化趋势。其中需要比较的项目主要有：营业收入、营业成本、毛利及毛利率、销售费用与销售费用率、管理费用与管理费用率等等。这可以在一定程度上分析母子公司费用发生的特点与相对效率。

5）合并财务报表可以分析整个集团的现金流转状况和投融资运作状况。通过比较母公司现金流量表和合并现金流量表的相关项目，可以分析比较母子公司的经营活动现金流量的获取能力差异、投资活动现金流量的发生情况与扩张规模及其战略上的差异、筹资活动现金流量所表现出来的融资能力上的差异等等。

5. 合并财务报表中包含哪些关于财务状况质量的信息？如何运用差量分析法加以分析和使用？

尽管在多数情况下合并财务报表并不能直接作为决策依据，但对于信息使用者，尤其是母公司的股东、管理层以及债权人来说，仍具有一定的意义。这是因为子公司的资产是由母公司控制的，子公司的负债通常是由母公司担保的，母公司的收益是基于整个集团资产、负债、收入、支出的规模取得的。所以说，合并财务报表扩展了母公司财务报表，可以向母公司的利益相关者提供一定的增量信息。

然而，合并财务报表的特征决定了信息使用者在分析合并财务报表时，不能简单采用一般的分析方法和常用的财务指标，而是应该采用合并财务报表所特有的差量分析法。差量分析法是指在合并财务报表分析中将合并财务报表与母公司财务报表逐项比较，在分析差额的基础上对集团的资源分布状况、母公司与子公司之间的关联关系及其特征、母公司与子公司的资产管理质量、相对盈利能力以及现金流转等方面做出判断，进而考察集团的经营战略、扩张战略及其实施效果，发现目前经营管理中存在的主要问题，为企业今后的发展提供决策信息支持。

应该指出的是：母公司与子公司之间的关系错综复杂，企业控制性投资的目的千差万别，因此在本书中穷尽所有的合并财务报表分析方法很难做到的，但利用差量分析法至少可以在以下几个方面对合并财务报表信息加以充分利用：分析企业控制性投资的资产扩张效果、考察企业的资金管理模式、发现母子公司之间的业务联系、评价母子公司的基本获利能力和费用发生的比较效率以及了解整个集团的现金流转状况和投融资运作状况等。

第 5 节　教材案例讨论与分析提示

海螺水泥合并财务报表分析

1. 通过对该公司合并财务报表与母公司财务报表相关项目的比较可以揭示出哪些信息？（必要时参阅海螺水泥 2021 年年报。）

我们以海螺水泥 2021 年数据为例，通过对该公司合并财务报表与母公司财务报表相关项目的比较进行合并财务报表分析。

（1）企业控制性投资的资产扩张效果分析。

1）控制性投资所占用的资源规模分析见表7－5。

表7－5　企业控制性投资所占用资源规模分析　　单位：元

	合并数 (1)	母公司数 (2)	企业控制性投资占用资源的基本规模 (3)＝(2)－(1)
长期股权投资	5 562 704 211	50 848 688 440	45 285 984 229
其他应收款	329 423 333	2 834 344 609	25 049 212 762
预付款项			不适用
其他流动资产			不适用
其他非流动资产			不适用
合计			70 335 196 991

2）控制性投资的资产扩张效果分析见表7－6。

表7－6　控制性投资的资产扩张效果分析　　单位：元

合并资产 (1)	母公司资产 (2)	企业控制性投资的资产扩张效果 (3)＝(1)－(2)
230 514 663 637	179 083 609 860	51 431 053 777

从上述数据中可以看出，母公司实质性的控制性投资达到703亿元，增量撬动了子公司（及孙公司，下同）的资产514亿元。这意味着公司用703亿元资产达到了能够控制1 217亿元（703＋514）的扩张效果，可见控制性投资取得了一定的扩张效果，虽然相对来说并不是特别理想，但公司还是靠这种控制性投资实现了相当程度的发展。

然而，如果考察企业负债和股东权益，就会发现上述分析仍然存在不足之处。企业的负债中，有一项很特殊的项目是其他应付款。这个项目的母公司与合并财务报表数据如表7－7所示。

表7－7　其他应付款信息　　单位：元

项目	合并数 (1)	母公司数 (2)	母公司数－合并数 (3)＝(2)－(1)
其他应付款（合计）	7 442 787 454	10 471 998 338	3 029 210 884

也就是说，母公司其他应付款数据显著大于合并其他应付款数据，这说明，

母公司当期同时又占用了子公司 30 亿元的资金。在没有其他说明的情况下，这种情形的出现，通常是由于母公司对子公司的货币资金进行了一定程度的集中管理导致的，这个差额应该就是母公司集中子公司资金的基本规模（最小规模）。也就是说，母公司集中子公司资金的最小规模是 30 亿元，最大规模接近 105 亿元。

合并财务报表的编制原理告诉我们：无论母公司是否对子公司的资金进行集中管理，都不会影响合并资产总额。但母公司所能控制的子公司资产会随着集中子公司资金规模的增加而相应增加。这就是说，母公司控制性投资所撬动的子公司的资产规模并不是我们前面得出的 514 亿元的规模，而要加上母公司集中子公司资金的基本规模——30 亿元。这意味着，母公司控制性投资撬动的子公司的增量资产为 544 亿元（514＋30），而母公司实际控制的子公司资产规模甚至可以达到 1 247 亿元（703＋544）。这个问题也可以换一个思路来理解，由于在编制合并财务报表时，母公司的控制性投资 453 亿元和作为向子公司提供资金通道的其他应收款 250 亿元被抵销掉了，此外子公司被母公司占用的 30 亿元其他应收款（在母公司财务报表中为其他应付款）也被抵销掉了，合并资产总额实则为（母公司资产总额－453 亿元－250 亿元）＋（子公司资产总额－30 亿元），因此，被母公司实际控制的子公司资产规模就应为 514 亿元＋453 亿元＋250 亿元＋30 亿元，即 1 247 亿元。

（2）企业的资金管理和有息负债管理模式分析。

2021 年企业的其他应收款、其他应付款呈现出越合并越小的状况，体现了企业对集团资金管理的集权化色彩；另外，企业的短期借款、一年内到期的非流动负债和租赁负债等项目却呈现出越合并越大的态势，尽管规模不大，但还是体现了企业在集团内有息负债管理的分权化色彩。同时，母公司与合并财务报表货币资金的差额较大，也说明尽管母公司对子公司进行了资金集中管理，但子公司仍保有相当规模的货币资金，这体现了货币资金管理的集权与分权相结合的特点。有关情况如表 7－8 所示。

表 7－8　合并财务报表和母公司财务报表相关项目差异比较　单位：元

项目	合并	母公司	差额的含义
货币资金	69 534 545 403	60 935 066 532	说明子公司所保有的货币资金规模要远远小于母公司该项目的规模
其他应收款（合计）	3 294 233 330	28 343 446 092	说明母公司对子公司进行了资金支持

续表

项目	合并	母公司	差额的含义
其他应付款（合计）	7 442 787 454	10 471 998 338	说明母公司对集团内子公司的资金进行了集中管理
短期借款	3 289 753 833	1 594 945 534	说明母子公司均有独立进行债务融资的行为，规模差不多
一年内到期的非流动负债	4 816 487 633	3 596 215 467	说明子公司以往有规模相对较小的长期债务融资行为
长期借款	3 747 694 525	0	说明子公司有一定规模的长期债务融资行为，而母公司没有
租赁负债	47 229 197	0	说明子公司在这方面有一定的融资行为，但规模较小，而母公司没有
取得借款收到的现金	3 885 582 632	1 594 945 534	说明母子公司均有相当规模的借入资金流入，子公司获取的借入资金的规模相对更大一些

上述信息显示：海螺水泥在集团的资金管理和有息负债管理上基本上采用了集权与分权相结合的管理模式，当然集团的大部分资金还是由母公司来统一掌控。这样既能保证子公司在资金筹集和资金运用上具有一定的话语权和自主权，同时又可以通过集团资金的统一调拨和使用来提升资金整体利用率。

（3）母子公司之间的业务联系分析。

海螺水泥的主营业务为水泥、商品熟料、骨料及混凝土的生产、销售，母公司（即上市公司）在集中精力做强做优做大水泥主业的同时，对水泥行业及上下游产业链部分具有一定竞争优势和发展潜力的公司进行了大量的投资和并购（长期股权投资达 508 亿元，占资产总额近 30%，并购商誉约 9 亿元），使水泥主业和上下游产业链延伸均取得了丰硕成果。

2021 年母公司自身实现营业收入 43 亿元，毛利率达 42%，实现核心利润约 10 亿元；而合并营业收入达 1 680 亿元，整个集团的毛利率近 30%，实现核心利润约 394 亿元。由此可以看出，母子公司之间也许存在一定的关联性，但更主要的经营模式是各自相对独立“作战”的，其中各子公司在盈利过程中扮演了更加重要的角色，这一点也可以通过母公司的控制性投资实现了 206 亿元（220－14）的投资收益得以体现（当然这只显示了子公司的现金分红情况）。

通过简单对比还可以进一步看到：母公司的毛利率要明显高于合并毛利率，说明母公司的产品相对更加具有竞争优势（因为母子公司基本处于同一行业）；母公司的销售费用率与合并销售费用率差不多，均为2%；母公司的管理费用率9%要明显高于合并管理费用率3%，出于母公司管理整个集团的需要，日常行政开支要高一些实属正常；母公司的研发费用率稍高于合并研发费用率，但整体均较低，这与该企业处于传统行业有很大关系。

（4）整个集团的现金流转状况和投融资运作状况分析。

通过比较2021年母公司现金流量表和合并现金流量表的相关项目，可以分析比较母子公司的经营活动现金流量的获取能力的差异、投资活动现金流量的发生情况与扩张规模及战略的差异、筹资活动现金流量所表现出来的融资能力的差异等。

母公司经营活动现金流量净额为－27亿元，因此核心利润获现能力不好；而合并经营活动现金流量净额为339亿元，核心利润获现率为86%，相比之下，子公司的核心利润获现能力要好得多，但仍显不足。

母公司（对外）投资支付的现金为452亿元，收回投资收到的现金为381亿元；整个集团（对外）投资支付的现金为456亿元，收回投资收到的现金为386亿元，说明当期整个集团是以母公司作为投资主体的，投资支付的现金与收回投资收到的现金规模较为接近，说明投资方向和投资对象在进行一定的调整和优化，期待未来有更好的业绩表现。母公司购建固定资产、无形资产和其他长期资产支付的现金为2亿余元，处置固定资产和无形资产及持有待售资产收回的现金净额为0.1亿元，说明当期母公司没有太大的基本建设投入，产能变化不大；而合并财务报表中购建固定资产、无形资产和其他长期资产支付的现金为152亿元，处置固定资产和无形资产及持有待售资产收回的现金净额为6亿元，说明当期整个集团的基本建设主要集中在子公司，也就是说子公司在产能上有了大幅提升，希望未来子公司的业绩能够再上一个台阶。

当期母公司取得借款收到的现金为16亿元，偿还债务支付的现金仅为100万元，说明母公司以往借款以长期借款为主；整个集团取得借款收到的现金为39亿元，偿还债务支付的现金为36亿元，说明子公司存在借新债还旧债的情况；另外，子公司吸收少数股东投资9亿元。当期母公司现金分红114亿元，子公司支付给少数股东股利、利润6亿元。

整体来看，母公司自身经营活动的获现能力不强，主要获现途径是来自子公司的现金分红，当期取得投资收益收到的现金为220亿元，在适量举债之后，进行了较大规模的对外投资和现金分红，最终使得现金存量减少了19亿元，好在现金存量还较为充足。相对而言，子公司经营活动的获现能力就较为可观了（339亿元，但核心利润获现率尚有提升空间），且当期进行了较大规模（152亿元）的产能扩张，希望未来能够对整个集团做出更大的贡献；当然也向母公司进行了大规模的现金分红（超过200亿元）；当期在吸收了9亿元的少数股东投资的同时，也取得了一定规模的银行借款，但基本属于借新还旧，因此并没有带来太多的增量资金，最终还是因子公司经营活动较强的“吸金”能力，使得整个集团的现金存量增加了近6亿元。

2. 请对该公司的扩张战略实施效果进行评价。

经过上述母公司财务报表与合并财务报表相关项目的全面比较，可以较为清晰地看到，尽管目前母子公司基本上处于同一个领域，但子公司的盈利能力在与母公司旗鼓相当的情况下（核心利润率均在23%左右），盈利质量还是要明显好于母公司的，这为海螺水泥的整体发展提供了较为充裕的资金支持，奠定了较为雄厚的盈利基础（相当显著地扩大了盈利规模），集权与分权的适度结合使得整个集团既较有相当的活力又保证了一定的资金整体使用效率，由此可见，该企业的扩张战略实施效果还是值得肯定的。当然，公司在年报中也表达了要加快推进新能源、智慧物流等新兴产业发展，稳步实施发展战略由传统产业向新兴产业的转型升级，但需要控制好投资方向和投资节奏，盲目的多元化有可能会加大未来的经营风险。

第 8 章

财务报表的综合分析

第 1 节　知识点回顾

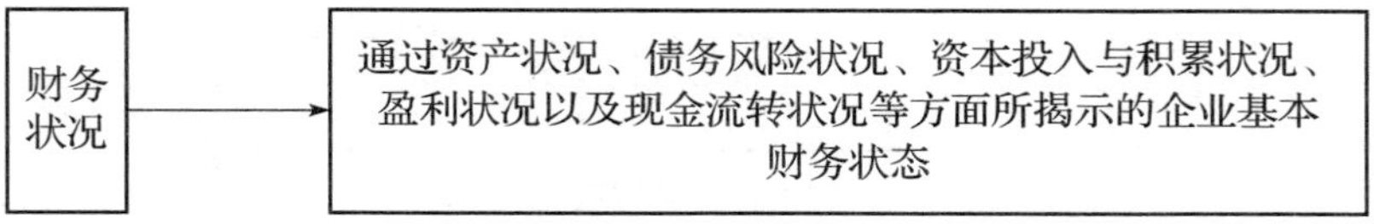

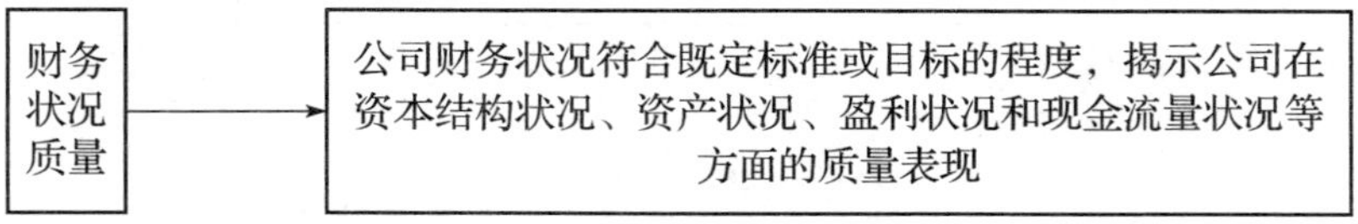

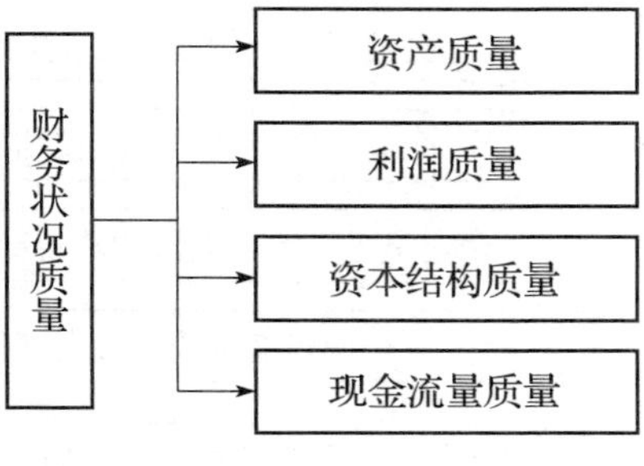

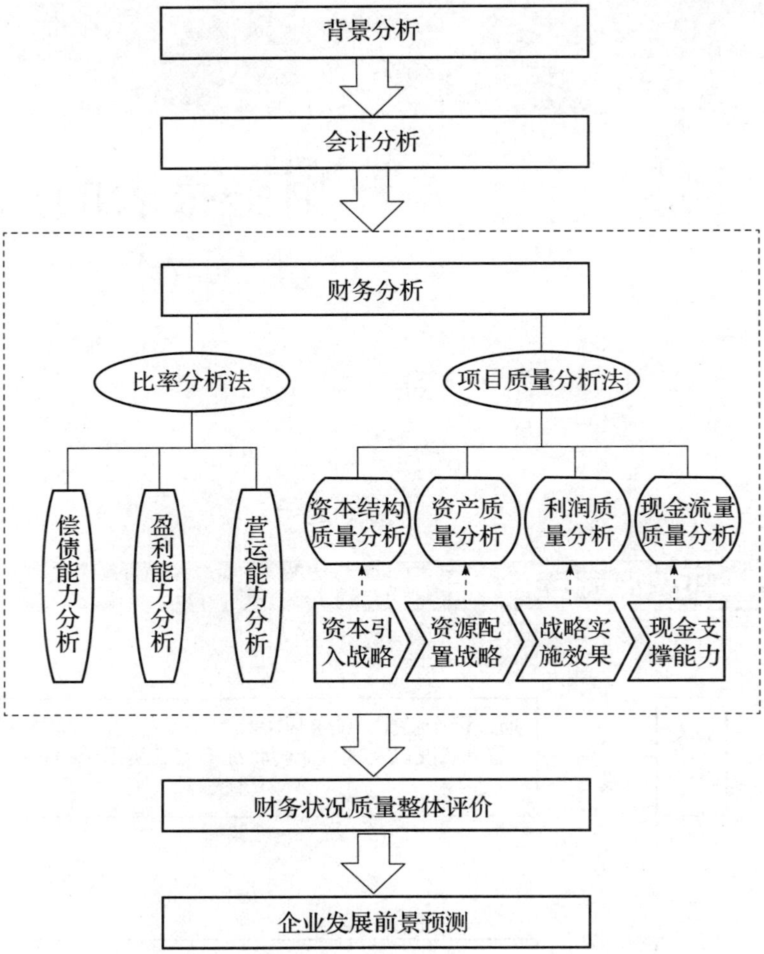
背景分析
会计分析
财务分析
比率分析法
项目质量分析法
偿债能力分析
盈利能力分析
营运能力分析
资本结构质量分析
资产质量分析
利润质量分析
现金流量质量分析
资本引入战略
资源配置战略
战略实施效果
现金支撑能力
财务状况质量整体评价
企业发展前景预测

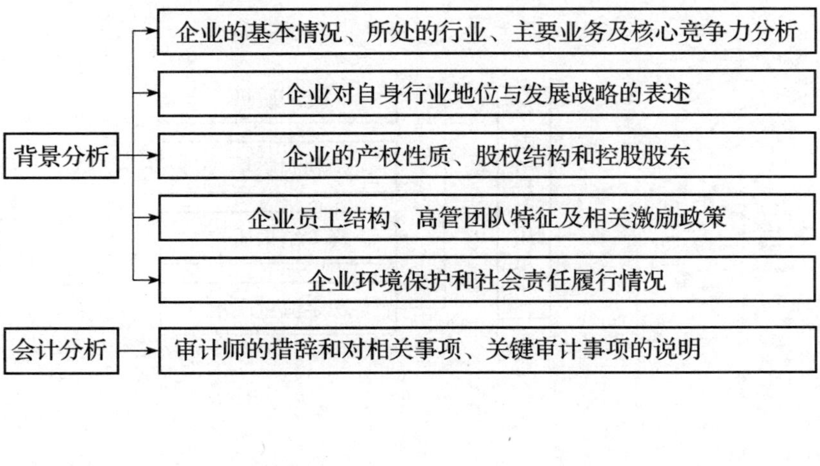
背景分析
企业的基本情况、所处的行业、主要业务及核心竞争力分析
企业对自身行业地位与发展战略的表述
企业的产权性质、股权结构和控股股东
企业员工结构、高管团队特征及相关激励政策
企业环境保护和社会责任履行情况
会计分析
审计师的措辞和对相关事项、关键审计事项的说明

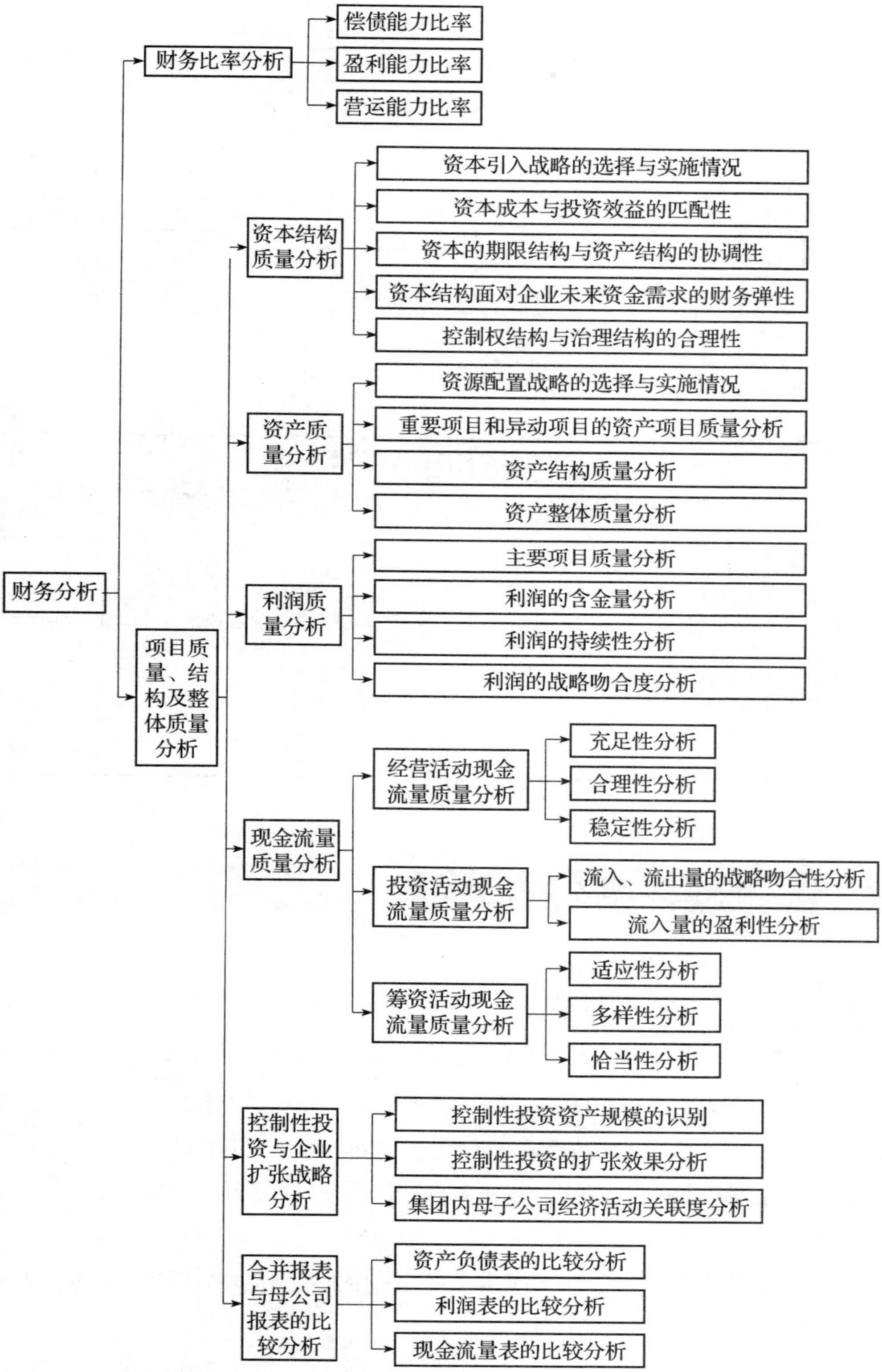
财务分析
财务比率分析
偿债能力比率
盈利能力比率
营运能力比率
项目质量、结构及整体质量分析
资本结构质量分析
资本引入战略的选择与实施情况
资本成本与投资效益的匹配性
资本的期限结构与资产结构的协调性
资本结构面对企业未来资金需求的财务弹性
控制权结构与治理结构的合理性
资产质量分析
资源配置战略的选择与实施情况
重要项目和异动项目的资产项目质量分析
资产结构质量分析
资产整体质量分析
利润质量分析
主要项目质量分析
利润的含金量分析
利润的持续性分析
利润的战略吻合度分析
现金流量质量分析
经营活动现金流量质量分析
充足性分析
合理性分析
稳定性分析
投资活动现金流量质量分析
流入、流出量的战略吻合性分析
流入量的盈利性分析
筹资活动现金流量质量分析
适应性分析
多样性分析
恰当性分析
控制性投资与企业扩张战略分析
控制性投资资产规模的识别
控制性投资的扩张效果分析
集团内母子公司经济活动关联度分析
合并报表与母公司报表的比较分析
资产负债表的比较分析
利润表的比较分析
现金流量表的比较分析

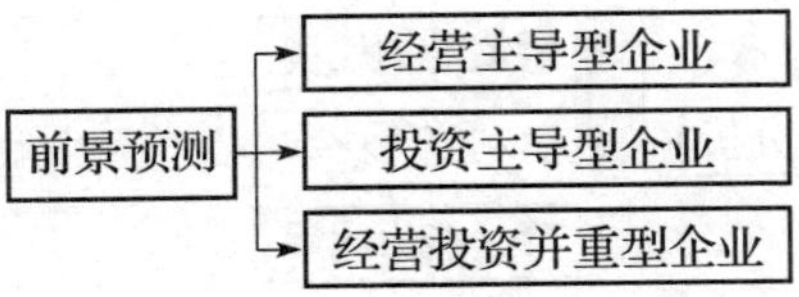

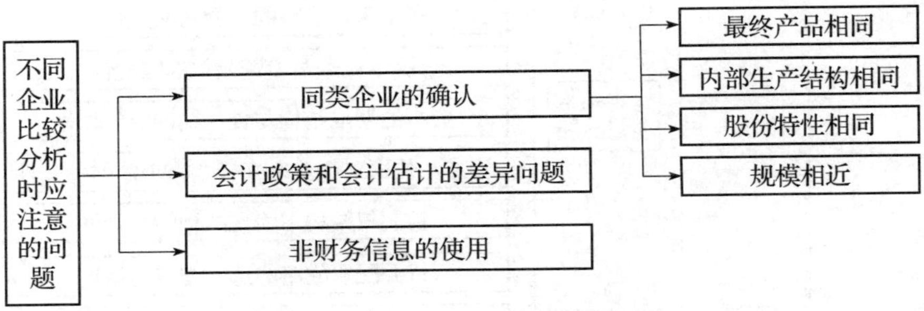

会计政策和会计估计的差异问题	
会计政策的可选择性	常见会计估计项目
发出存货成本的计量 长期股权投资的后续计量 投资性房地产的后续计量 固定资产的初始计量 生物资产的初始计量 无形资产的确认 非货币性资产交换的计量 借款费用的处理 合并政策	坏账准备 存货遭受毁损、全部或部分陈旧过时的金额 固定资产的耐用年限与净残值 无形资产的受益期 收入确认中的估计

第2节 补充练习题及案例分析题

第8章
即测即评

一、判断题

1. 财务状况这一概念在财务报表分析中非常重要，它既是企业经济活动（筹资、投资与经营等各项活动）状况的综合体现，也可以理解为企业战略实施的后果，更是企业内在价值的决定因素。（ ）

2. 如果仅通过由财务报表数据简单计算得出的财务比率直接对企业的财务状况做出评价，难免会因“多因一果”的问题产生“一刀切”的错误结论。（ ）

3. 企业开展各项经营活动总是要基于特定的经营战略，因此，财务报表分析的起点应该是企业的战略分析。（ ）

4. 既然财务比率分析有“多因一果”的特点，那么在财务报表分析中可以不

采用财务比率分析，而直接进行项目质量分析。 （ ）

5. 在对报表中各类要素的结构与整体质量进行分析的过程中，建议将资产质量分析作为逻辑起点，采用“资源配置战略—战略实施后果”的分析路径，充分强调战略选择对企业经济行为的统领和支撑作用。 （ ）

6. 对于投资主导型企业，可以重点关注在经营资产质量提升、核心竞争力打造以及未来市场开发等方面企业迫切需要解决的问题以及尚可挖掘的潜力，在此基础上进一步预测企业的发展前景。 （ ）

7. 由于会计分析是财务报表分析的一个必不可少的环节，因此对财务报表展开会计分析以及识别相应的报表粉饰手段等也是财务报表分析的重点内容。 （ ）

8. 企业履行社会责任不但不会给企业带来盈利能力的提升，反而会降低企业的盈利能力。 （ ）

9. 一般情况下，我们主要针对合并财务报表数据计算常规的财务比率。 （ ）

10. 对于投资主导型企业来说，母公司的财务比率分析是有意义的。 （ ）

二、单项选择题

1. 由于盈利状况和现金流转状况都会通过特定项目最终影响资产负债表项目，因而通过资产负债表所揭示的资产、负债和所有者权益状况是企业（ ）的综合体现。

A. 盈利状况　　B. 财务状况

C. 经营状况　　D. 业务状况

E. 运营状况

2. （ ）是指公司财务状况符合既定标准或目标的程度，揭示公司在资本结构状况、资产状况、盈利状况和现金流量状况等方面的质量表现。

A. 资产质量　　B. 资本结构质量

C. 利润质量　　D. 现金流量质量

E. 财务状况质量

3. 财务报表作为企业各种经营活动和管理活动的财务后果的最终呈现形式，在生成过程中需要经历一系列的加工处理，不断地提炼和综合会计信息，从某种程度上导致它具有（ ）的特点。

A. 一因一果　　B. 没有结果

C. 多因一果　　D. 无法判断结果

E. 无法追溯原因

4. 通常情况下，母公司的控制性投资就是子公司的（　　），因此，企业的控制性投资活动所产生的效益主要取决于子公司经营活动的盈利能力。

A. 控制性投资　　B. 投资资产

C. 经营资产　　D. 全部资产

E. 净资产

5. 可以预见的是，随着数字化时代的到来，（　　）在分析中所占的地位和所起的作用将会越来越重要。

A. 财务信息　　B. 非财务信息

C. 数字信息　　D. 大数据信息

E. 项目信息

三、多项选择题

1. 本书选择相对宽泛的概念，将财务状况界定为通过（　　）等方面所揭示的企业基本财务状态。

A. 资产状况　　B. 债务风险状况

C. 资本投入与积累状况　　D. 盈利状况

E. 现金流转状况

2. 企业财务状况质量可以通过（　　）等方面加以体现。

A. 资产质量　　B. 负债质量

C. 资本结构质量　　D. 利润质量

E. 现金流量质量

3. 在财务报表分析中，可以分别考察（　　）战略的实施情况或者实施后果。

A. 资本引入战略　　B. 资源配置战略

C. 差异化战略　　D. 成本领先战略

E. 对外扩张战略

4. 企业具有良好的财务状况可以体现在（　　）等方面。

A. 保持有战略支撑的盈利水平的持续增长，且盈利的获现能力较强

B. 实现盈利水平的持续增长，但盈利的获现能力并不稳定

C. 实现有战略支撑的盈利能力的持续增长，但资产质量持续恶化

D. 实现有战略支撑的盈利能力的持续增长，同时资产质量持续得到改善

E. 实现盈利水平的持续增长，但董事会成员频繁变动，相互之间利益纷争不断

5. 作为财务报表分析的首要步骤，背景分析的内容通常会涉及（　　）。

A. 对企业所处行业的了解

B. 对企业主要业务的了解

C. 对企业在行业中的核心竞争力的了解

D. 对企业产权性质和股权结构的了解

E. 对企业环境保护和社会责任履行情况的了解

四、案例分析题

鱼跃医疗 2021 年财务状况质量综合分析

请读者自行查阅鱼跃医疗 2021 年年报，并结合相关资料对该公司 2021 年的财务状况质量进行分析与评价。

第 3 节　补充练习题答案及案例分析提示

一、判断题

1. ×	2. √	3. ×	4. ×	5. ×
6. ×	7. ×	8. ×	9. ×	10. ×

二、单项选择题

1. B	2. E	3. C	4. C	5. B

三、多项选择题

1. ABCDE	2. ACDE	3. ABCDE	4. AD	5. ABCDE

四、案例分析提示

鱼跃医疗 2021 年财务状况质量综合分析

一、背景分析

（一）公司年报详略程度

鱼跃医疗年报刊登于中国证监会指定的信息披露媒体上。其披露的年报中，包含上市公司母公司财务报表及集团合并财务报表；在其附注中，也披露了集团合并财务报表及母公司财务报表的重点内容（只涉及几个重点项目）。其披露的信息较为详细，为系统分析其财务状况及经营状况提供了基础。

（二）公司介绍

1. 基本情况

鱼跃医疗成立于1998年，2007年由有限公司变更为江苏鱼跃医疗设备股份有限公司，于2008年在深交所上市，其公司产品业务主要包括医疗器械、临床器械、互联网医疗服务。研发、生产、销售医疗器械和提供相关解决方案为公司目前主营业务来源。

公司所处的医疗器械行业作为近年来逐渐发展的朝阳行业，市场空间发展巨大，市场集中度逐渐提升，医药电商模式成为新蓝海，公司也将在医改的背景下，推动国际化进程，逐渐渗透中高端市场。当下兼具资金和技术实力的跨国医疗集团进入我国医疗器械市场，行业竞争激烈，机会与挑战并存，但公司将继续以三大核心赛道为重点（呼吸机供氧、血压血糖监测、消毒感控），基石业务和孵化业务为辅，不断通过自研和并购推出新产品，提高市场占有率，推动公司业务规模蓬勃发展。

2. 核心竞争力

鱼跃医疗核心竞争力主要体现在以下几个方面：

（1）品牌优势持续增强，产品结构优势逐步显现（产品众多、覆盖面广，但大多通过并购形成）。

在呼吸与制氧相关业务领域（自身主体业务），公司拥有大量研发、制造与销售的经验与积累，其中，公司制氧机产品在业内处于领先地位，深受消费者信赖，自相关产品推出以来，公司一直持续进行技术革新，不断在稳定、静音、轻量化三大属性方面进行改进，并积极推出新产品，在国家工信部公示的《第四批及拟通过复核的第一批制造业单项冠军》名单中，被认定为单项冠军产品（细分行业龙头）。

报告期内，公司完成对了浙江凯立特的股权收购，浙江凯立特拥有在糖尿病及传感器技术领域耕耘数十年的研发团队及领军人才，拥有成熟可靠的技术、生产系统与成熟的持续血糖监测产品。通过此次并购的成功实施，公司已推出“安耐糖”持续血糖监测产品，相关业务可依托公司规模化、智能化、精益化的生产能力，共享公司血糖领域的销售资源、软件开发资源及用户运营能力，强强联合，完善公司在糖尿病赛道的业务布局，保障上市公司整体业绩的长期持续稳定增长。

自 2016 年公司收购上海中优以来，在鱼跃品牌及营销能力的加持下，其业务规模进一步扩大，凭借在传染病防控与感染控制的细分领域多年耕耘，新冠疫情暴发后，相关产品以优秀的传染源控制，传播途径切断以及易感人群保护能力，成为国务院联防联控医疗物资保障组征用产品，在疫情期间的优异表现，推动其成为我国院内消毒感控第一品牌，同时在线上平台也保持着领先销量，公司将持续提供各场景整体消毒感控综合解决方案，不断深化销售业务的推进工作，保持行业领先地位。

多年来，公司自主研发的相关产品通过关键零部件技术突破，核心测量技术迭代，智能算法升级，产品力强劲，鱼跃已是国内市场电子血压计的第一品牌，海外市场亦在逐步突破，整体业务规模仍保持着较快的增长速度。（与国外欧姆龙产品在技术性能上尚有差距。）

公司通过 2017 年全资收购的德国普美康 Primedic 切入急救业务，其在医疗急救领域拥有 40 余年的经验，旗下 AED 与心脏除颤监护产品（孵化业务）在全球医疗急救行业具备较高的知名度。

在康复与临床器械板块（基石业务）与其他业务中，公司“鱼跃”品牌康复类医疗器械产品已畅销多年，产品力已深入人心，随着更高端、更智能的康复产品的不断研发推出，相关业务毛利水平仍有提升空间。公司“华佗”品牌历史悠久，针灸针等中医器械成长稳健，公司“金钟”系列手术器械产品拥有 80 余年历史，在国内手术器械领域具有较高的知名度和影响力。2019 年，公司通过收购六六视觉，极大地丰富了公司在眼科器械细分领域的产品品类；投资参股江苏视准，并且同步推出公司“百乐纯”系列隐形眼镜产品，完成了对相关业务领域的初步布局（基石业务）。

近年来，随着公司品牌形象的优化、生产研发能力的加强、并购整合能力的提升、海内外销售的不断突破以及各产品业务规模的扩大与产品品类的扩展，公司综合竞争能力和整体抗风险能力显著提高，公司已成为国内医疗器械行业的领先企业。

（2）营销体系优势明显（销售费用率高）。

多年来，公司持续打造专业的营销体系，公司拥有超过 1 000 人（人数多）的渠道、终端线上及外销团队，多个区域服务中心，公司在各主要电子商务平台均设立有品牌旗舰店，直营能力不断加强，各线上平台营销推广均处于行业领先地位，在呼吸制氧、糖尿病护理、感染控制解决方案、家用类电子检测及体外诊断、急救与临床及康复器械等领域，由生产、研发、供应、销售人员共同构建营销网络，覆盖全国。线上线下、院内院外（2B+2C）、国内国外多级分类营销系统的不断完善，让鱼跃医疗的体系要素更加健全，系统优势更加明显。

（3）自主创新优势突出。

鱼跃医疗历来重视研发投入，研发体系和研发团队建设不断健全。经过多年发展，公司拥有了一支敢于创新、勇于实践的年轻团队。公司在德国图特林根以及我国台北、上海、南京、苏州等设立研发中心，公司围绕核心业务，不断进行人才储备以及新品研发的推进工作，同时各研发中心以市场和用户需求为导向，灵活调整已有产品功能与技术要求并通过自主研发、合作研发等方式不断提高创新能力。另外，公司通过外延式并购及并购良好整合，将产业成功延伸到中医器械、手术器械、医疗急救设备、医院消毒感控产品及服务、眼部健康与眼科器械、持续血糖检测等领域。

3. 控股股东持股及背景

控制股东、实际控制人为吴光明（有黑历史，内幕交易、操纵股价，被罚没近3 700万元，当然也获得不少荣誉称号，在疫情下有良好的驰援表现），法人代表为吴群，吴光明与吴群是父子关系，共同控制本公司控股股东江苏鱼跃科技发展有限公司，对本公司的持股比例超过40%，股权结构较集中，这样的股权结构对公司股权控制有一定的保障，公司股份没有被“野蛮人”侵占的风险，但公司治理是否有效是风险点！

4. 管理层情况

据公司年报披露，公司董事任期时间相近，高级管理层较为稳定，变化不大，董监高基本为业内专业人士，对公司发展情况及医疗器械行业深度了解。公司员工中大学本科及以上学历的占比30%以上，公司高素质人才占比有待提高，管理层有两个梯队（新老融合问题是关键）。

5. 所处行业地位

公司是业内公认的“呼吸制氧”龙头企业，目前拥有“鱼跃（yuwell）”“洁芙柔”“华佗（Hwato）”“金钟（JZ）”“安尔碘”“普美康（PRIMEDIC）”“六六”等几大主要品牌。

鱼跃品牌：主要用于制氧机、电子血压计、呼吸机、血糖仪及试纸、红外体温计等医疗器械产品（主打品牌）。

“洁芙柔”“安尔碘”：全资子公司上海中优品牌，国内医院感染和控制领域的第一品牌。

“华佗”：主要用于针灸针等中医器械，“华佗”品牌历史悠久，2011 年被商务部认定为中华老字号，同时公司是针灸针 ISO/TC249 国际标准的起草者，这是中医药领域的首个 ISO 标准，也系我国起草的唯一医疗器械产品 ISO 国际标准。

“金钟”：主要用于医用手术器械产品，“金钟”品牌具有 80 多年的悠久历史，是上海市著名商标，在国内手术器械领域具有较高的知名度和影响力。

“Primedic 普美康”所属德国子公司 Metrax GmbH 在医疗急救领域拥有 40 余年的经验，旗下 AED（自动体外除颤器）与心脏除颤监护产品在全球医疗急救行业具备较高的知名度。

“六六”：眼科器械、六六牌眼科显微镜连续多年被认定为江苏名牌产品，六六牌眼科显微镜曾获中国名牌称号；“六六”商标连续多年被认定江苏省著名商标与苏州市知名商标，具有较高的知名度。

（三）行业介绍

1. 行业特点

（1）近年受疫情影响，医疗器械行业发展较快，但除去全球疫情影响，医疗器械行业受人口老龄化及人们对医疗服务质量的高要求影响，其行业需求是一种刚性需求，行业周期性特征不明显；

（2）医疗器械行业研发投入较大、制造工艺复杂且需医学临床经验加持，行业进入难度较大（壁垒高）；

（3）医疗器械制造成本高，工艺复杂、技术性要求高，且研发周期较长，导致产品生命周期也较长。

2. 行业发展情况

（1）疫情助推医疗基础设施建设。疫情暴发后，境内外各国医疗基础设计及公共卫生应急体系的不足被暴露出来，各国都在加强 ICU 病房、抗疫设备物资等的建设。我国更是提供了多项财政资金支持，扩建医院、储备医疗设施。未来新兴市场或将助推公司进一步增长。

（2）多项利好政策促进发展。我国出台多项政策，强调公立医院的转型升级及医疗机构的下沉扩张和提质增效，公立医院及医疗机构在此背景下对医疗器械的需求将会加大，或将成为公司发展的又一助推。

（3）我国医疗器械行业企业规模较小且低端产品占主导。我国医疗器械蓝皮书显示，我国医疗器械行业90%以上为中小企业，与国内许多制药企业相比还有很大差距，且我国医疗器械目前出口多为低端产品，出口产品结构还需不断优化。

（四）可比公司介绍

1. 迈瑞医疗

迈瑞医疗创立于1999年，主要从事医疗器械的研发、制造、营销及服务，始终以客户需求为导向，致力于为全球医疗机构提供优质产品和服务。公司主营产品覆盖三大领域：生命信息与支持、体外诊断和医学影像。公司总部设在深圳，于2018年在深交所创业板上市，目前已在全球40多个国家和地区设有境外子公司，十大研发中心，形成了庞大的全球化研发、营销及服务网络。公司目前拥有独立的研发、采购、制造、营销及服务体系。（行业龙头，市盈率43倍。）

2. 新华医疗

新华医疗成立于1943年，是一家国有企业，是我党我军创建的第一家医疗器械生产企业，其2002年在上交所上市，公司产品业务分为医疗器械、制药装备、医疗服务、医疗商贸四大板块。该公司也是集研发、生产、营销、服务于一体的高新技术企业。（大而全，效率与效益低下，市盈率15倍。）

3. 开立医疗

开立医疗成立于2002年，2017年于深交所上市，其主营医疗设备的研发与制造，产品覆盖超声波、电子镜内系统、体外诊断三大业务类型，同样是集研发、生产、销售及售后服务于一体的医疗设备企业。（毛利率高，研发投入大，盈利能力尚未完全显现出来，医疗器械一匹黑马，市盈率80倍。）

4. 基础财务对比

通过三家可比公司与鱼跃医疗近4年营业收入、净利润、资产负债率、毛利率等基本财务数据的对比，可以大致判断鱼跃医疗在行业中的地位。

由图8-1、图8-2可知鱼跃医疗较同行业可比公司经营情况尚可，营业收入和净利润均基本呈逐年提升趋势（2021年净利润有所下滑）。

由图8-3、图8-4可知，鱼跃医疗资产负债率处于同行业较低水平，且近几年较稳定；毛利率指标基本处于这几家公司中的老三位置，属于行业平均水平。

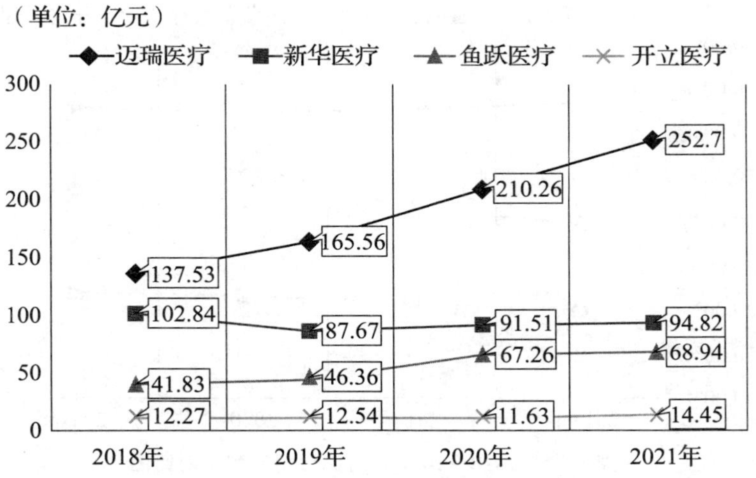

图 8－1　2018—2021 年可比公司营业收入对比图

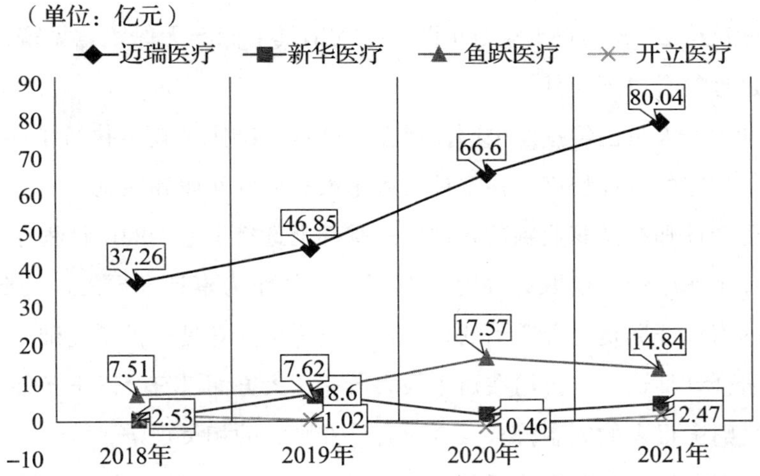

图 8－2　2018—2021 年可比公司净利润对比图

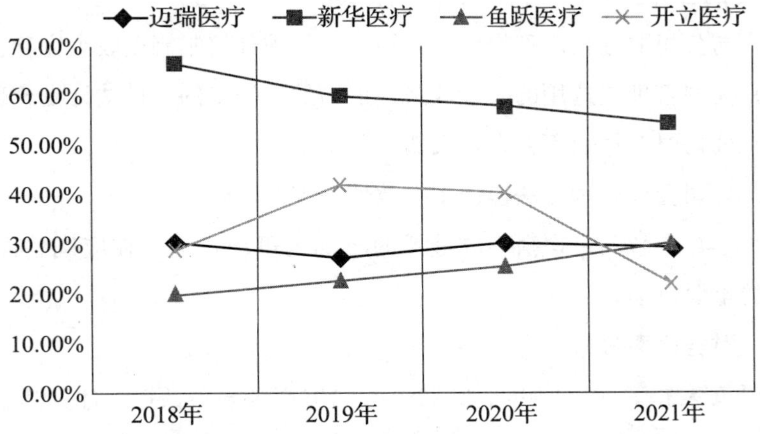

图 8－3　2018—2021 年可比公司资产负债率对比图

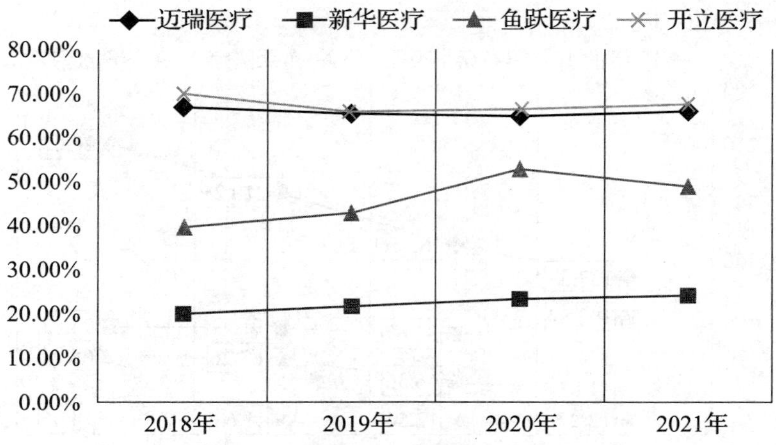

图 8-4　2018—2021 年可比公司毛利率对比图

二、会计分析

审计机构 2018—2021 年对鱼跃医疗均出具了标准无保留意见审计报告，说明其审计过程符合以下条件：

审计工作人员已经按照中国注册会计师审计准则的规定执行了相关审计工作，并完成了规定的审计程序，在审计过程中没有遇到妨碍和限制。

注册会计师在其职业判断和评估的基础上选择了恰当的审计程序。

审计工作中涉及获取有关财务数据及资料作为审计证据的，注册会计师相信其获得的审计证据是充分适当的，为正确发表审计意见提供了基础。

注册会计师认为，公司在财务报表所有重大方面已符合以下条件：

（1）财务报表的编制符合《企业会计准则》的相关规定。

（2）财务报表公允反映了公司 2021 年 12 月 31 日的合并及公司财务状况以及 2021 年度的合并及公司经营成果和现金流量。

（3）与公司财务报表列报和公允性相关的内部控制制度较为完善。

（4）公司管理层选用的会计政策是恰当的，做出的会计估计是合理的。

（5）公司财务报表不存在重大错报风险。

（6）公司会计处理方法遵循了一致性原则。

（7）不存在影响公司报表的重要的不确定事项，不存在应调整而被审计单位未调整的重要事项。

三、财务比率分析

根据鱼跃医疗 2021 年度、2020 年度合并财务报表数据，计算其基本的财务比率，如表 8-1 所示。

表 8-1　鱼跃医疗基本财务比率表

比率名称	计算公式	2021 年	2020 年
营运资本（亿元）	流动资产－流动负债	50.34	30.05
流动比率（倍）	流动资产/流动负债	3.75	2.29
速动比率（倍）	速动资产/流动负债	3.06	1.87
现金比率（倍）	货币资金/流动负债	1.31	1.19
资产负债率（%）	负债总额/资产总额×100%	29.74	25.54
资产金融负债率（%）	金融负债/资产总额×100%	12.51	6.37
权益乘数	平均资产总额/平均股东权益总额	1.42	1.34
利息保障倍数（倍）	息税前利润/利息费用	57.73	135.60
毛利率（%）	毛利/营业收入×100%	48.29	52.68
核心利润率（%）	核心利润/营业收入×100%	22.89	36.05
核心利润获现率（%）	经营活动现金净流量/核心利润×100%	76.10	116.74
销售净利率（%）	净利润/营业收入×100%	21.53	26.12
经营资产报酬率（%）	核心利润/平均经营资产×100%	26.24	41.30
总资产报酬率（%）	息税前利润/平均资产总额×100%	15.70	22.56
净资产收益率（%）	净利润/平均净资产×100%	18.64	24.21
商业债权周转率（次）	营业收入/(平均应收票据＋平均应收账款)	6.42	6.52
存货周转率（次）	营业成本/平均存货	3.19	3.36
固定资产周转率（次）	营业收入/平均固定资产	3.63	3.76
经营资产周转率（次）	营业收入/平均经营资产	1.15	1.15
总资产周转率（次）	营业收入/平均资产总额	0.62	0.75

尽管上述指标有较多局限性且有些指标会有较大失真，且没有进行同行业对比，但根据表 8-1 我们仍然可以对公司的财务状况进行初步分析：

盈利能力分析：毛利率、核心利润率、经营资产报酬率等均保持了较高的水平，可见公司目前自身经营活动的盈利能力较强。总资产报酬率反而比经营资产报酬率要低，说明非经营资产（货币资金和投资资产）的投资效益不高；净资产收益率在上市公司中不算高，主要是举债程度不足、财务杠杆不高（资产负债率不到 30%）、权益乘数（1.42）不高所致。

营运能力分析：商业债权周转率、存货周转率、经营资产周转率、固定资产周转率、总资产周转率也基本保持了较高水平，总体来说公司资产利用效率较高，资产管理质量较好。

短期偿债能力分析：流动比率、速动比率超过 3，现金比率超过 1，短期偿债能力很强，且公司债务大多为应付账款、应付职工薪酬等，短期金融负债较少，利息压力较小，因此公司短期债务偿还压力不大。

长期偿债能力分析：资产负债率相对不高，资产金融负债率更低，可见公司长期偿债能力符合要求，具有较大的融资潜力。

通过上述简单比率分析我们可以看出，鱼跃医疗目前自身经营活动的盈利能力较强、营运能力和偿债能力均符合要求，未来融资潜力较大。下面我们对各报表的详细内容进行分析，进一步了解公司财务实际状况。

在对杜邦财务分析体系进一步修正之后（由于公司非经营资产占比较大，杜邦财务分析体系不适用），分析公司的经营竞争战略选择，如表8-2所示。

表8-2　两家公司经营资产报酬率指标分解

公司名称	经营资产报酬率 (1)=(2)×(3)	核心利润率 (2)	经营资产周转率 (3)
鱼跃医疗	26.24%	22.89%	1.15次
迈瑞医疗	45.86%	35.94%	1.28次

四、资产负债表分析①

（一）资产负债表比率分析

1. 短期偿债能力比率

根据鱼跃医疗2018—2021年母公司财务报表数据及三家可比公司数据，计算期短期偿债能力指标：营运资本、流动比率、速动比率、现金比率如图8-5至图8-8所示。

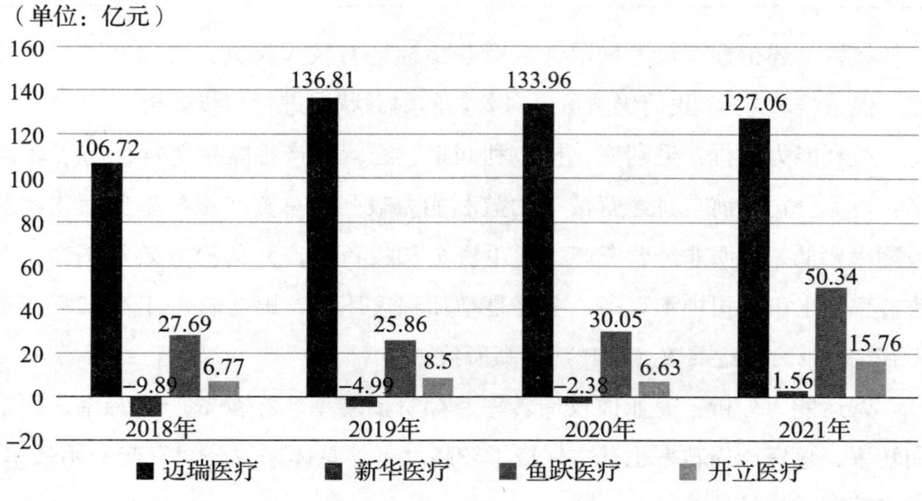

图8-5　2018—2021年可比公司营运资本对比图

① 为了向读者展示不同的分析框架的特点和优势，本案例分析提示针对几张报表分别系统展开分析。

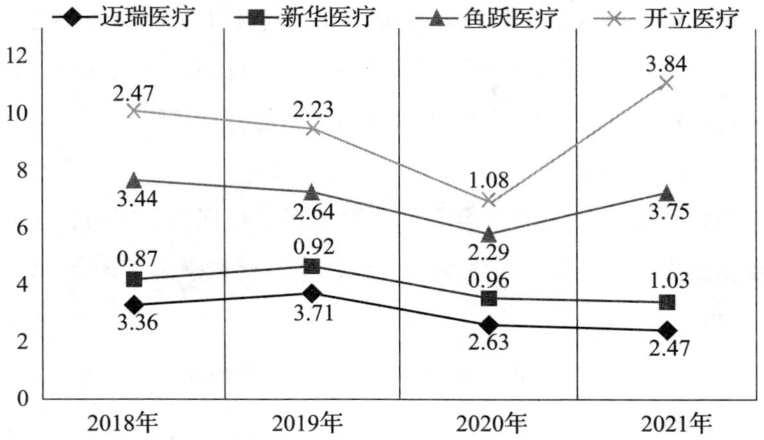

图 8-6 2018—2021 年可比公司流动比率对比图

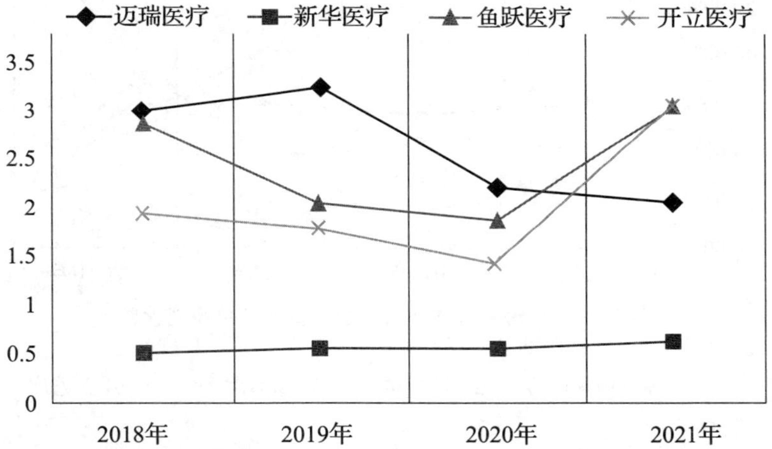

图 8-7 2018—2021 年可比公司速动比率对比图

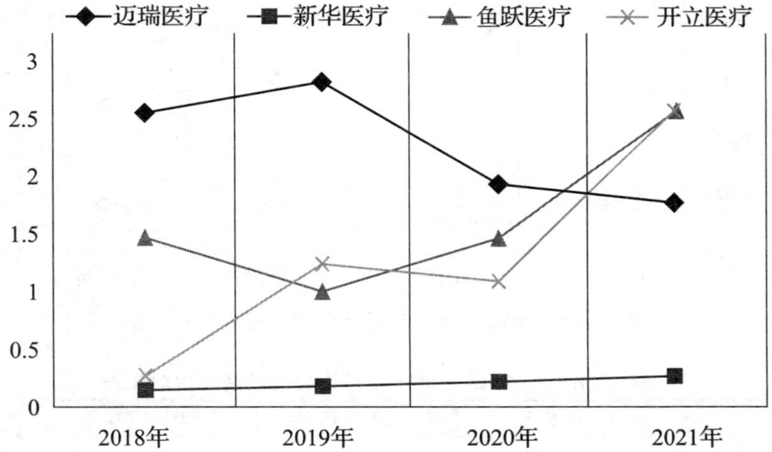

图 8-8 2018—2021 年可比公司现金比率对比图

由以上各图可以看出，与行业其他可比公司相比，鱼跃医疗受到规模限制营运资本不高（但比新华医疗和开立医疗两家公司要高），流动比率、速动比率及现金比率相对均较高（尤其是2021年），短期偿债能力较好。

2. 长期偿债能力比率

根据鱼跃医疗2018—2021年母公司财务报表数据及三家可比公司数据，计算期长期偿债能力指标：资产负债率、产权比率、权益乘数如图8-9、图8-10和表8-3所示。

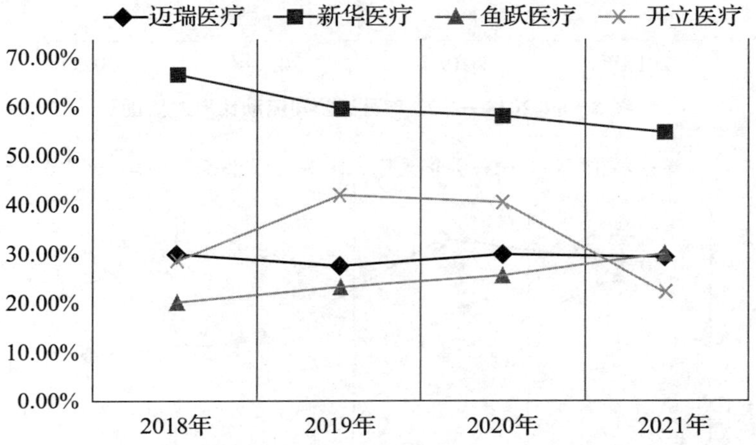

图8-9 2018—2021年可比公司资产负债率对比图

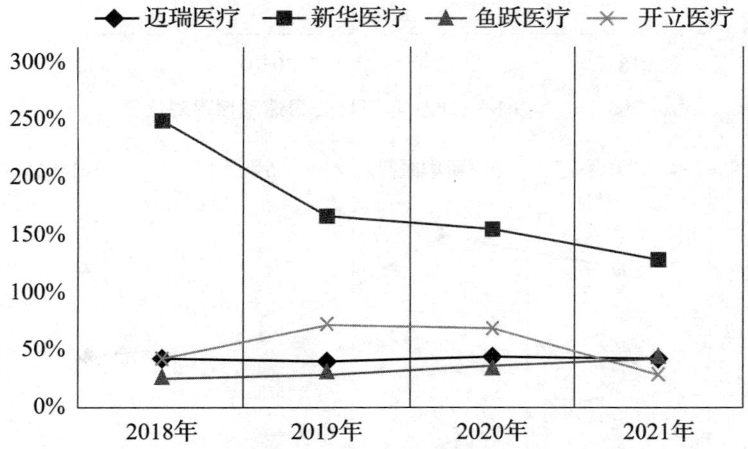

图8-10 2018—2021年可比公司产权比率对比图

表8-3 2018—2021年可比公司权益乘数对比表

	2018年	2019年	2020年	2021年
迈瑞医疗	1.42	1.38	1.43	1.41
新华医疗	2.97	2.47	2.38	2.20

续表

	2018 年	2019 年	2020 年	2021 年
鱼跃医疗	1.25	1.29	1.34	1.42
开立医疗	1.40	1.72	1.67	1.28

从图 8－9、图 8－10 及表 8－3 可以看出，鱼跃医疗资产负债率及产权比率均在同行业公司中处于较低水平，且走势相对平稳变化不大；其权益乘数也在行业中处于均值水平。根据前文分析也可知，鱼跃医疗金融负债较少，几乎为 0，其多以应付账款、应付职工薪酬等经营负债为主，可见其财务杠杆较低，长期债务偿还压力较小，财务风险较低。

（二）资产项目质量分析

1. 货币资金质量分析

根据鱼跃医疗 2021 年年报信息可知，其货币资金情况如表 8－4 所示。

表 8－4　鱼跃医疗 2021 年货币资金明细表　　单位：亿元

项目	期末余额	期初余额
库存现金	0.01	0.01
银行存款	18.77	16.11
其他货币资金	5.16	11.62
合计	23.94	27.75
其中：存放在境外的款项总额	0.29	0.10

由表 8－4 及 2021 年年报信息可知，鱼跃医疗可供随时支配的库存现金及银行存款占货币资金总额比例较大，有少部分通知存款、保函保证金受限资金，表 8－4 中其他货币资金均为受限资金。存放于境外的货币资金主要是为了满足其国际化发展需要，减少汇率波动带来的影响。综上所述，鱼跃医疗货币资金质量较高，有大量银行存款可自由支配，公司货币资金管理较规范，库存现金数额较少。公司货币资金余额在总资产中占比接近 20%，可适当寻找新的投资方向，提高货币资金利用效率。

2. 应收票据及应收款项融资质量分析

根据鱼跃医疗 2021 年年报信息可知，其应收票据为 0，应收款项融资全部为银行承兑汇票，见表 8－5。

表 8－5　鱼跃医疗 2021 年应收款项融资明细表　　单位：亿元

项目	期末余额	期初余额
银行承兑票据	2.68	2.69
合计	2.68	2.69

由表8-5及公司年报可知，企业的应收款项融资全部为银行承兑票据，且未计提坏账准备，公司的应收票据质量较高；公司应收票据整体金额为应收账款的一半左右，且规模较为稳定，还可以努力进一步加大利用应收票据的融资。

3. 应收账款质量分析

应收账款质量分析包含对其真实性合理性的分析、应收账款周转性和保值性的分析。根据鱼跃医疗2021年年报信息可知，其2021年营业收入实现69亿元，较2020年上涨2.51%，同期应收账款为5.16亿，较上一年下降了5.49%，本期应收账款约占营业收入总额的7.5%；2021年公司流动资产合计68.64亿元，应收账款占比7.5%，其规模较合理，可适当考虑进一步通过增加赊销比例来加大营业收入规模。

根据计算可知鱼跃医疗2021年应收账款周转率达12.97次，同行业可比公司新华医疗为5.78次、迈瑞医疗16.29次、开立医疗6.36次，可见鱼跃医疗应收账款周转性较同行业其他企业较好，应收账款周转率高。根据鱼跃医疗2021年年报披露，需要单项计提减值准备（计提100%）的金额为0.33亿元，占应收账款总额的6%，占比不大，按照账龄平均计提的减值准备比例为9.07%，说明应收账款整体账龄不大，整体质量较好。其中前五大客户应收账款占比合计为15.37%，说明客户较为分散，市场化程度较高。

4. 预付款项

鱼跃医疗预付款项期末为0.42亿元，较上期下降了28%，相对于存货规模并不大，不会构成太大影响。

5. 其他应收款

鱼跃医疗其他应收款期末为0.35亿元，规模不大，其中主要是往来款和押金保证金，质量较好，账龄较短，不存在不良资产情况。

6. 存货质量分析

鱼跃医疗2021年存货余额为12.66亿元，占流动资产的18.44%，属于鱼跃医疗较重要的一项流动资产。对存货的质量分析包括对其构成、盈利性、周转性、保值性等的分析。

鱼跃医疗2021年存货中，原材料和库存商品占较大，在产品占比较少，应该与产品的生产周期较短有关，除发出商品外，其他各项存货较期初余额均有一定幅度增加，其中库存商品（原值）较上年增加28.9%，本期计提了0.09亿元（累计计提了1.8%）的减值准备，说明尽管在新冠疫情影响下，医疗器械的市场需求日趋旺盛，但公司库存商品仍有一定的销售压力，这里不排除有进一步降价促销可能（是否会对毛利率产生影响?）。原材料（原值）规模较上期上涨 48.7%（在市场走低时适度囤货），本期计提了 0.1 亿元（累计计提了 4%）的减值准备，说明市场上原材料价格有下跌趋势，这对公司来说应该是利好消息。

从图 8－4 也可以看出，鱼跃医疗毛利率在行业内处于平均水平，但较上一期下降了 4%。虽然营业收入较上年有所增长，但是否有降价促销嫌疑？结合库存商品的本期规模变化，降价促销是大概率事件。

根据鱼跃医疗及三家可比公司 2021 年财务数据可知，鱼跃医疗 2021 年存货周转率为 3.19 次，新华医疗为 3.09 次，迈瑞医疗为 2.49 次，开立医疗为 1.25 次，可见鱼跃医疗存货流动性在行业内较高，这应该与鱼跃医疗产品特征有直接关系。但上述分析也说明，只关注存货周转率是没有用的，还要结合存货中各项目的具体变化和质量情况进行分析。

7. 固定资产质量分析

本期鱼跃医疗固定资产期末余额为 19.51 亿元，较期初余额增长了 1 亿多元，其中原值增加近 4 亿元，减少 1.7 亿元，增加的部分基本为本期购置新增的固定资产，还有少部分在建工程完工转入。

从固定资产项目构成情况看，公司 4 种固定资产本年内均有增长，也符合公司目前高速增长的发展态势及进一步扩大市场份额的经营战略，固定资产取得方式较合理，希望能够在未来带动公司经营规模及市场份额的增长。

周转性方面，鱼跃医疗 2021 年固定资产周转率达 3 次，同期新华医疗固定资产周转率为 4 次，迈瑞医疗为 8.4 次，开立医疗 16 次（因其经营规模较小）。鱼跃医疗固定资产周转率有待进一步提高。

保值性方面，可以看到 2021 年公司固定资产均未计提减值，可见公司固定资产整体质量较好，保值性较好。

综上所述，鱼跃医疗固定资产结构、规模及变化趋势及保值性均处于良性状态，符合公司业务扩张需求和良好的市场前景预期，有利于增强公司的整体盈利能力，公司固定资产质量处于较高水平。

8. 在建工程质量分析

公司本年在建工程主要为医疗器械生产基地和生产线项目。符合公司目前发展迅速，加大研发，扩大市场的经营目标及战略，上述在建工程将进一步提升公司的生产销售研发能力，进而满足未来市场需求，助力公司提升综合实力。

9. 无形资产质量分析

根据鱼跃医疗2021年无形资产明细列示，公司无形资产主要包括土地使用权、财务软件、专利、商标权及其他，其中土地使用权占主体，本期增加的0.8亿元无形资产主要为合并增加和内部研发增加。

保值性方面，本期无形资产并未计提任何减值准备，说明整体质量较好。

10. 商誉质量分析

公司2021年商誉期末余额为11.13亿元，较上年增加了3亿元，乃年内并购所致。其中对中优医药（消毒感控）并购产生商誉最多，达6.2亿元，但从收入贡献程度来看，只占公司营业收入的13%，且较上一年的占比下降了6%，毛利率为54%，较上一年下降了2%，其并购价值有待进一步考察；年内针对个别并购对象（优阅光学）的业绩情况计提了一定程度的减值，说明以往并购对象存在业绩未达预期情况。

11. 企业资源配置考察

从表8-6可以看出，母公司（即上市公司）已经成为投资主导型企业，其中，长期股权投资以控制性投资为主，同时有相当多的资金用于二级市场投资，自身经营活动所配置的资源只占总资产的26.51%，还有相当一部分闲置资金（货币资金）。从整个企业集团来看，虽然有相当规模的闲置资金和交易性金融资产，但仍然是以自身经营为主。

表8-6 鱼跃医疗2021年资产结构分析表 单位：亿元

项目		合并资产（亿元）	母公司资产（亿元）	备注
货币资金		23.94	21.73	闲置资金
经营资产		62.62	53.57	用于经营活动
投资性资产	交易性金融资产	22.27	22.81	二级市场投资
	其他权益工具投资	7.53	7.46	联营企业投资
	长期股权投资	2.19	36.92	母公司控制性投资（34.73）
	其他应收款	0.35	0.07	不适用
	长期应收款	0.54	0.54	不适用
	小计	32.53	67.19	
资产合计		119.98	120.83	控制性投资效果不佳，对外扩张战略并不成功

（三）负债项目质量分析

1. 流动负债质量分析

根据年报信息可知鱼跃医疗流动负债2021年主要构成有短期借款0.25亿元、

应付账款 9.76 亿元、合同负债 1.96 亿元、应付职工薪酬 2.01 亿元、应交税费 0.84 亿元、其他应付款 2.16 亿元、其他流动负债 1.15 亿元。流动负债主要为经营流动负债，负债的强制性较小，且根据前文公司短期偿债能力较强，符合公司实际生产经营情况，公司流动负债质量较好。

2. 非流动负债质量分析

根据年报信息可知鱼跃医疗非流动负债主要项目有长期借款 14.59 亿元，长期应付职工薪酬 0.16 亿元、递延收益 1.93 亿元（政府补助金），此外还存在少量租赁负债和其他非流动负债，公司非流动负债构成较简单，主要由金融负债组成，由于整体负债率尚较低，且货币资金余额为 23.94 亿元，因此不会影响企业的偿债能力。

（四）所有者权益质量分析

1. 投入资本质量分析

2021 年鱼跃医疗所有者权益投入资本包括股本 10.02 亿元、资本公积 17.66 亿元，较上年略有减少，2021 年回购了 0.12 亿股库存股（合计 3.5 亿元），用于员工限制性持股计划。控制股东、实际控制人为吴光明，法人代表为吴群，吴光明与吴群是父子关系，共同控制本公司控股股东江苏鱼跃科技发展有限公司，对本公司的持股比例超过 40%，股权结构较集中，这样的股权结构对公司股权控制有一定的保障，但这种股权结构要注意完善公司治理结构，否则容易出现“一言堂”的决策局面。

2. 留存收益质量分析

2021 年鱼跃医疗留存收益包含盈余公积 5.05 亿元、未分配利润 53.18 亿元；盈余公积较上年无变化，未分配利润较上年增加 11.8 亿元左右，增长了 28.52%，可见鱼跃医疗有较多可自由支配资金，公司长期以来还是有相当的盈利能力和盈利积累能力的。

3. 所有者权益变动表质量分析

根据前文分析，2021 年公司，输血性变化较小，盈利性变化有所增加，表明公司盈利质量较好，可持续发展前景较好；2021 年公司新增库存股 3.5 亿元，主要用于员工激励计划，同时向所有者分配 3.19 亿元，可见公司在盈利的同时，也注重关注员工及股东利益，向市场释放出良好信号。

（五）资本结构分析

1. 资本结构质量分析

由上文分析可知，鱼跃医疗金融负债虽然有一定规模，但整体资产负债率不大，2021 年鱼跃医疗总资产报酬率为 15.7%，投资效益较好，投资效益完全能够覆盖资本成本；企业资本大多来自所有者投入及留存收益，属于永久性资本，负债规模相对较少，不存在短贷长投现象，资本期限结构能够与资产结构相协调；鱼跃医疗财务杠杆较小，面对未来资金需求财务弹性较大，但财务风险较低的同时也无法发挥财务杠杆的抵税效应；鱼跃医疗股权相对集中，在能够有效率地进行决策的同时，要适当考虑完善公司治理结构，否则容易出现“一言堂”的决策局面，影响决策（比如并购方向和并购节奏等）的科学性。

2. 资本引入战略

经上文分析发现，鱼跃医疗按照资本引入类型可分类为以留存资本为主的利润驱动型企业，辅之以一定的经营负债资本和金融负债资本，说明企业有相当的盈利积累实力以及由行业地位（细分市场龙头企业）决定的面对市场和金融机构的议价能力。

（六）资产负债表分析结论

综上所述，鱼跃医疗整个集团属于经营主导型和利润驱动型企业，处于细分行业龙头地位，长期以来盈利能力较强，内部留存充足。

根据资产负债表分析，鱼跃医疗资产质量良好，偿债压力较小，利润积累能力较强，财务状况良好。

五、利润表分析

（一）利润表比率分析

1. 营运能力比率

根据鱼跃医疗2018—2021年年报数据及三家同行业可比公司财报数据，计算出应收账款周转率、商业债权周转率、经营资产周转率、存货周转率、总资产周转率，进行营运能力比率分析，因固定资产周转率在前文已有涉及，此处不再重复计算。

由图8-11可以看出，鱼跃医疗应收账款周转率在不断提升，且在行业内处于较高水平，可见鱼跃医疗应收账款管理较好，对信用政策的控制较好；鱼跃医疗应收票据及应收账款占营业收入比重较小，可见其债权回款情况较好，大多数应收账款收账期在一年以内；公司经营资产的周转率均在50%以上且逐渐升高，可见公司管理层在自身经营活动中对资产运营效率的管理能力在提高。

由图8-12可知，鱼跃医疗存货周转率在行业中处于较高水平，说明存货相对周转速度较快，这应该与存货本身的特征有直接关系；由图8-13可以看出鱼跃医疗总资产周转率在行业中也处于较高水平，其营运效率实际较好，但也有提升的空间。总的来说鱼跃医疗营运能力良好。

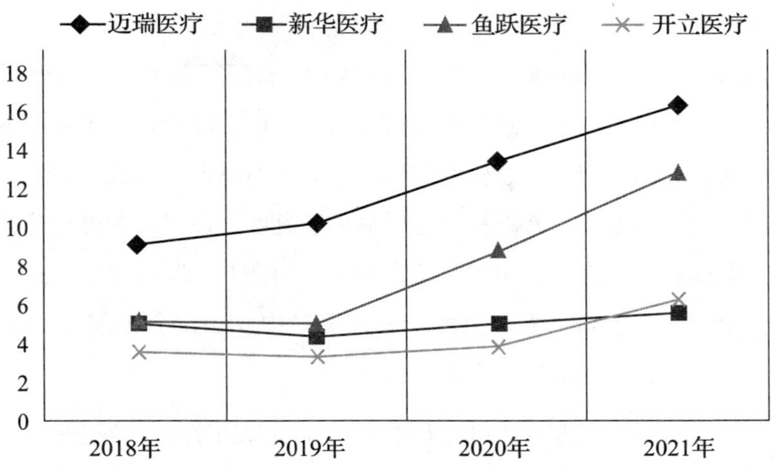

图 8－11　2018—2021 年可比公司应收账款周转率对比图

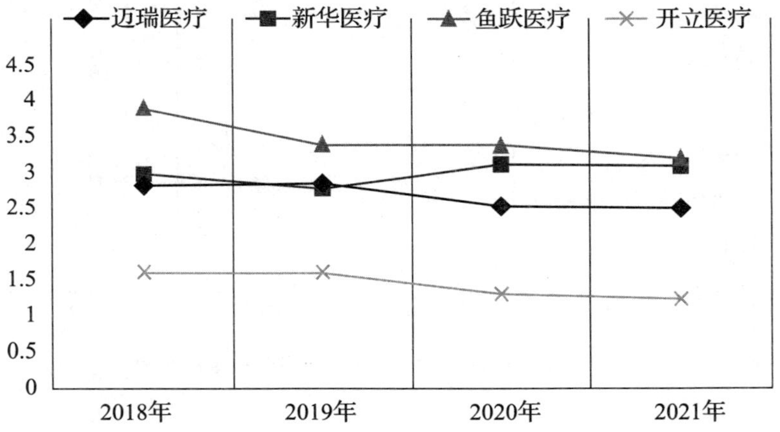

图 8－12　2018—2021 年可比公司存货周转率对比图

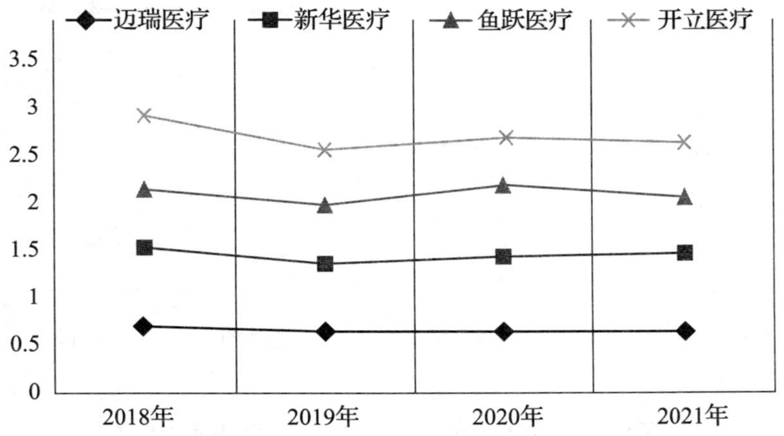

图 8－13　2018—2021 年可比公司总资产周转率对比图

2. 盈利能力比率

根据鱼跃医疗2018—2021年年报数据及三家同行业可比公司财报数据，计算出其毛利率、销售净利率、总资产报酬率（ROA）、净资产收益率（ROE）、核心利润率、核心利润获现率、总营业费用率等，进行盈利能力比率分析。

由图8-14可看出，鱼跃医疗毛利率水平尚可，在同行业可比公司间处于较高水平，但本期有所下降，公司盈利能力较好；由图8-15可看出，鱼跃医疗销售净利率在行业中处于较高水平，但由于公司资产中相当部分不属于经营资产，与推动营业收入无关，因此该指标失去意义。

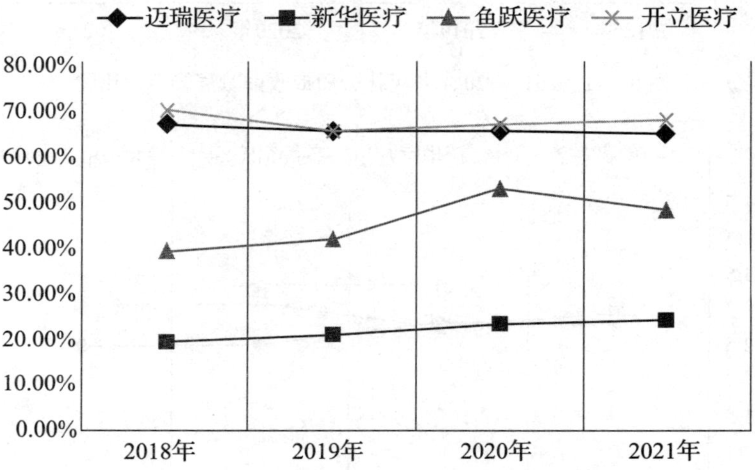

图8-14 2018—2021年可比公司毛利率对比图

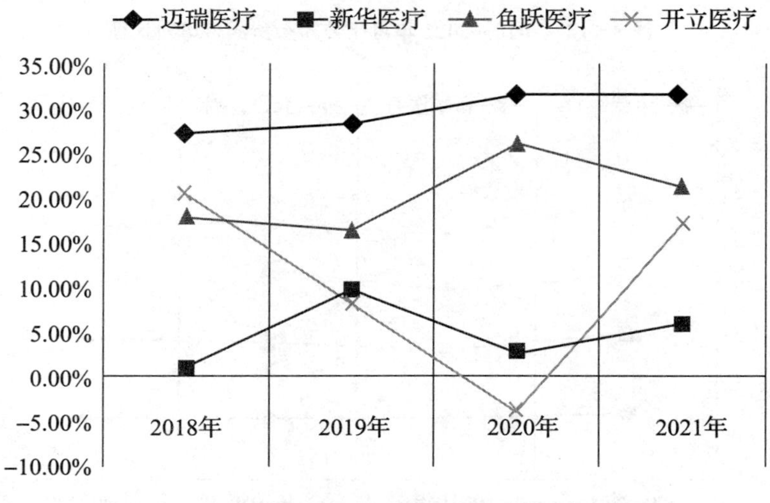

图8-15 2018—2021年可比公司销售净利率对比图

由图 8－16 和图 8－17 可看出，鱼跃医疗总资产报酬率及净资产收益率在同行业可比公司中处于较高水平，净资产收益率比总资产报酬率高，但差异不大，说明公司利用财务杠杆为股东创造价值的程度还可以进一步提高。2019 年以来受新冠疫情影响，其净资产收益率有下降趋势。总体来讲鱼跃医疗盈利能力较好，在行业中还是处于较为领先地位。

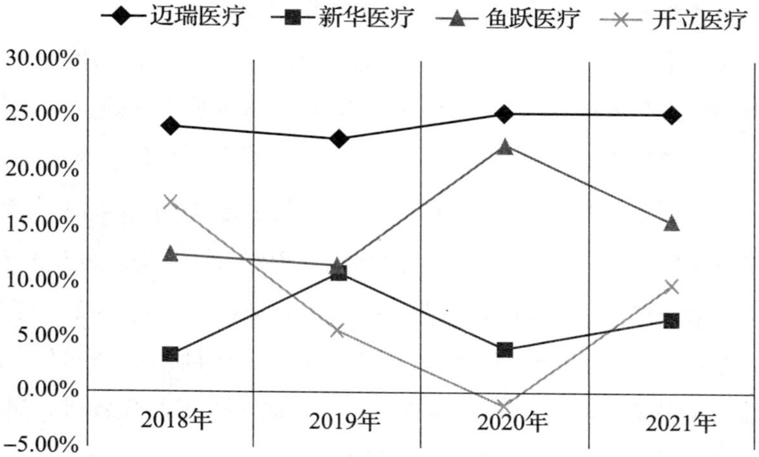

图 8－16　2018—2021 年可比公司总资产报酬率对比图

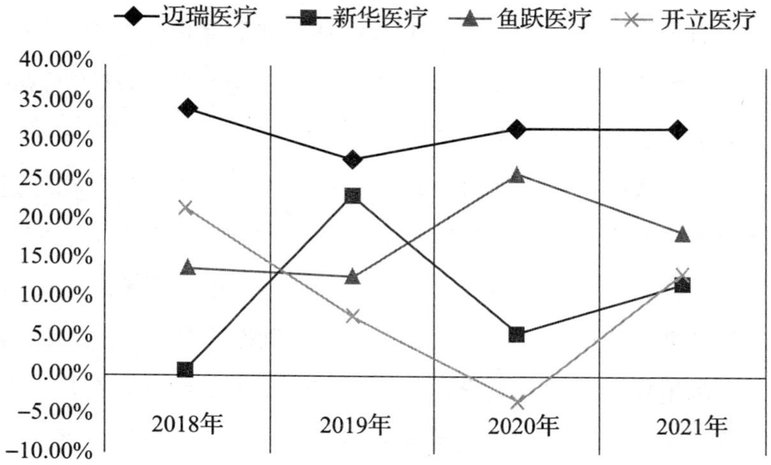

图 8－17　2018—2021 年可比公司净资产收益率对比图

3．上市公司特殊比率

根据网易财经相关数据披露，鱼跃医疗目前市盈率为 15 倍，而行业平均水平为 30 多倍，大大低于行业平均水平，到底是什么原因导致鱼跃医疗如此低的市盈率？财务指标之外又有哪些尚未被察觉的因素？我们应该在几个盈利能力财务指标之外再进一步寻找原因。

（二）利润项目质量分析

1. 营业收入项目质量分析

从营业收入行业分布来看，鱼跃医疗营业收入都集中在医疗器械行业，经营范围较集中，并非多元化经营企业。从其营业收入产品分布看，鱼跃医疗中主要产品营业收入除了感染控制和家用类电子检测及体外诊断外2021年较上年同期均有增长，企业产品主要集中在呼吸治疗、家用类电子检测及体外诊断和康复及临床器械三类业务，其他类产品占比较小，呼吸治疗解决方案仍然是企业的主营业务，这与企业当前仍然处于呼吸机细分行业龙头地位有直接关系。年报信息显示，几类主营业务产品毛利率均在50%以上，在疫情期间，大多数主营业务产品的毛利率还有所上升，说明市场供不应求的局面较为明显，盈利能力较好。从其地区分布来看，2021年受疫情影响，海外出口贸易受限，鱼跃医疗境内业务比重有所增长，境外业务占比有所下降，企业未来产品布局应继续加强国内地位，同时加大海外销售力度。

从公司的几大业务可以看出，有相当品类属于家用医疗器械，属中低端产品，技术含量低，毛利率较低，市场规模相对较小且竞争激烈。

附注信息显示，鱼跃医疗前五大客户销售额占比17.42%。公司对前五大客户依赖较小，且前五大客户除了第一大客户外，其他客户分布较为均匀，说明公司客户群庞大且对客户依赖较小，市场范围广。在此情况下，公司营业收入质量较好，客户较分散也使得营业收入更稳定。

当然，前五大客户占比的提升程度在一定程度上显示出公司通过不断强化自身的产品品质以及提供优质的售后服务而带来的客户留存度（忠实度）方面的变化。鱼跃医疗在连续并购前前五大客户的销售额占年度销售总额比例仅有10%左右，随着连续并购的进行，鱼跃医疗通过将并购获得的产品进行组合销售以及将各个子公司的销售渠道进行整合，并不断提升其售后服务，在扩大销售的同时也赢得了老客户对产品的信赖和对服务的满意，其中公司前五大客户的销售占比不断提升，由2013年的10.89%增加到2020年的20.68%，在2021年虽稍有回落，但在一定程度上也可以反映客户对鱼跃医疗依赖性的加强。

2. 营业成本项目质量分析

根据公司2021年附注信息显示，鱼跃医疗的各项业务成本构成并未像其他企业一样，按照直接材料、直接人工、制造费用及运费等项目构成来列示，只是列示了各主要业务成本的占比情况，大致与收入构成相当。年报信息显示，公司对前五大供应商的采购额占采购总额的比例为 24.48%，除第一大供应商占比达 16%外，其他供应商采购金额分布较平均，说明公司对其他供应商依赖较小，对采购成本控制力较强。

3. 期间费用项目质量分析

附注信息显示，鱼跃医疗本期各项期间费用规模均有不同程度的上升，这与公司业务规模增长有一定关系，整体来看，上升幅度与营业收入上升幅度基本相当，属正常波动范围。销售费用占期间费用比率较大，财务费用受境外汇兑损益变化产生负的财务费用，基于公司提升自身研发技术能力的战略目标，其研发费用也有所增加，但增加幅度没有销售费用的增加幅度大。2021 年鱼跃医疗的销售费用率为 13.71%，管理费用率为 5.64%。

通过与行业均值进行对比可知，鱼跃医疗的两项费用发生水平均在行业均值之下，销售费用率总的来看逐年攀升，而管理费用率却呈现逐年下降趋势，在一定程度上显示出行业竞争程度的加剧以及公司在营销环节所做出的不懈努力。当然，自 2017 年开始线上销售引起的电商平台费的增加也是其中的一个主要原因，线下也在不断增设旗舰店和体验店；与此同时，也在试图通过控制管理开支等内部挖潜手段来实现降本增效，通过连续并购所带来的管理协同效应也在管理效率上有所体现。

（1）销售费用质量分析。

根据鱼跃医疗及同行业可比公司财务数据计算其销售费用与营业收入的比率，如图 8-18 所示。

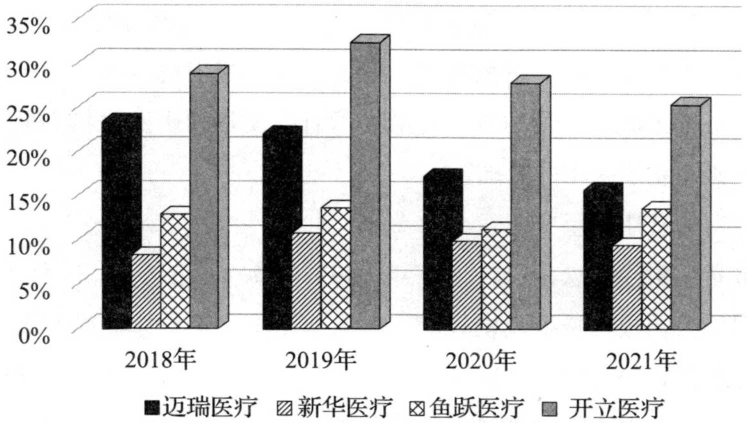

图 8-18　2018—2021 年可比公司销售费用率对比图

如图 8-18 所示，开立医疗作为成立时间较短、规模较小的企业销售费用支出占比最大，迈瑞医疗次之。根据鱼跃医疗2021年年报披露的销售费用明细情况（见附注），本年公司在营业收入增加2.5%的情况下，营销费用随公司业务扩张增长了25%，显然在营销方面有些“用力过猛”。尤其在职工薪酬费用、广告及业务宣传费、电商平台费方面增长明显，说明公司线上线下“两手抓”，一方面大幅扩张了营销队伍，销售渠道继续下沉，差旅费用随之增加；另一方面通过加大和平台合作增加线上销售的份额和力度。运费增长说明公司销售产品范围及数量的增加，结合公司营业收入的增幅，说明上述销售费用增加的效果尚未完全显现出来，可持续考察后续营业收入的增长情况，并适时调整销售策略。

（2）管理费用质量分析。

管理费用附注信息显示，2021年公司职工薪酬费用、折旧及摊销费、业务招待费有所增加，差旅费增幅最为明显，而办公费有所减少，可见公司对职工薪酬做出了调整，提升了对员工的激励程度，搭建科学的薪酬管理体系及人才培养机制，为公司发展提供高质量的人才保障。同时，大幅节省了办公费和会务开支，加大了人员外出的开支，这应该是管理人员更多精力花费在外出工作中的体现。

（3）研发费用质量分析。

研发费用附注信息显示，2021年公司研发费用支出相比上年有所上升，这与公司提升研发能力及技术水平的战略目标吻合，体现公司正加大研发力度，但其研发费用与营业收入的比率仅为6.18%，与迈瑞医疗的18%相去甚远，其销售费用是研发费用的2.22倍，而迈瑞医疗的销售费用是研发费用的1.58倍，说明两家公司面对市场和技术方面的投入理念还存在一定的差距，而且鱼跃医疗的技术门槛没有迈瑞医疗那么高（通过毛利率明显低于迈瑞医疗得以体现）。从构成来看，研发费用主要是职工薪酬费用、研发、折旧摊销费，体现公司扩大了研发人员队伍，提升了研发人员的待遇，增加了研发设备和研发材料方面的投入，为实现技术突破奠定了一定的基础。

（4）财务费用质量分析。

财务费用附注信息显示，2021年因银行存款规模有所增加而使利息收入大幅增加，尽管公司银行贷款规模较上一年大幅增加，但整体规模不大使得利息费用小于利息收入，同时因汇兑损益，财务费用总体为负值，实际为公司收益。

4. 资产与信用减值损失项目质量分析

根据公司年报得知，资产及信用损失规模不大，可见公司资产质量较好，资产减值损失对公司经营影响较小。

5. 其他收益项目质量分析

根据其他收益附注信息得知，公司其他收益由软件销售增值税退税及政府补助组成，由于政府补助与公司高新技术企业的企业性质和公司日常经营等有关，具有一定的持续性，因此公司其他收益来源较稳定，能够为公司发展提供一定的业绩支撑作用。

6. 投资收益项目质量分析

投资收益项目附注信息显示，投资收益主要为交易性金融资产在持有期间的投资收益以及处置金融资产和金融负债获得的投资收益，因此这些项目基本不具有持续性，好在整体规模不大，对企业利润的影响较小。

（三）利润质量分析

1. 利润含金量分析

因鱼跃医疗投资收益及营业外收入金额均较小，此处采用核心利润对利润的含金量进行分析，见表8－7。

表8－7　鱼跃医疗核心利润及比率分析表

项目	2021年	2020年
核心利润（亿元）	15.78	24.25
经营活动产生的现金流量净额（亿元）	12.01	28.31
核心利润获现率（%）	76.10	116.74

从核心利润指标来看，公司核心利润的绝对规模有所下降，可见公司本年营业收入虽有所增加，核心利润率却呈下降趋势，主要是公司产品的毛利率下降和期间费用的大幅增长（尤其是销售费用）所致。核心利润获现率也大幅下降，年报显示报告期经营活动产生的现金流量净额较上年同期下降57.57%，主要原因是公司上年同期疫情期间执行款到发货订货要求，目前销售已回归到疫情的正常授信与账期；同时为保证生产，公司本期对重要原材料进行了战略储备。此外，下游客户疫情期间的购买力有所下降，支付能力吃紧也是原因之一，在市场开拓方面还需要探索更加有效的销售方式。

2. 利润的持续性分析

本期虽然营业收入有所增长，但毛利率有所下降，再加上营销费用的大幅上升，导致核心利润有所下降，同时核心利润获现率也有所下降，因此，可以看出受新冠疫情影响，公司盈利出现了一定程度的波动，如果这种情况继续发生，公司在市场开拓方面还需要探索更加有效的销售方式，或者考虑通过在研发方面加大投入力度，来增加产品的技术性能和市场竞争力。

附注信息显示，鱼跃医疗的非经常性损益规模不大，其中主要是由政府补助和委托他人投资损益构成，因此，对企业利润持续性的整体影响不大。

综上所述，公司利润的成长性有待进一步考察，同时据鱼跃医疗年报显示，其非经常性损益项目金额很小，因此，总体来讲鱼跃医疗利润的持续性有基本保障，但也存在一定的变数，增强产品的市场需求和竞争力是关键。

3. 利润与企业战略吻合度

鱼跃医疗资产结构与利润结构对比分析表如表8-8所示。

表8-8 鱼跃医疗资产结构与利润结构对比分析表

资产项目	金额（亿元）	占比	利润项目	金额（亿元）	占比
货币资金	23.94	19.95%	利息收入	0.41	2.36%
经营资产	62.62	52.19%	核心利润	15.78	90.85%
投资资产	33.42	27.85%	投资收益	1.18（含公允价值变动收益0.02亿元）	6.79%
合计	119.98			17.37	

经过上述分析可以看出，虽然鱼跃医疗仅将一半的资产配置在经营活动中，但对利润的贡献却超过了90%，说明企业经营主导型战略实施得不够到位，相当多的资金处于闲置状态，虽试图利用各种投资途径增加资金的利用效率和投资回报，但并不理想。自身主营业务收入虽有所增加，毛利率却在下降，整体盈利能力也在下降，核心利润获现率下降得更为明显，企业应该在大幅追加市场营销方面投入的同时，积极探索技术创新之路，进一步加大研发方面的投入，持续推出新产品和进行原有产品的更新迭代，以进一步夯实市场地位，增加产品的市场吸引力和竞争力。

（四）利润表分析结论

综上所述，鱼跃医疗属于行业细分龙头企业，其盈利能力在财务指标上表现出较强的结果，在资产规模增加的同时也保持了较高的营运能力。

但通过对公司利润主要项目的质量进行分析以及对公司的利润质量进行分析发现，公司的研发投入相对不足，市场开拓的有效性在下降，导致自身的主营业务发展缺乏后劲，核心利润规模有所下降，核心利润的获现能力也有所降低，此外，大量资金闲置和投资效率不高也严重影响了公司整体的盈利能力，公司未来发展需要在战略上进行大幅调整，其未来的发展前景，尚存在一定的不确定性。

进一步研究发现，该企业所处国内市场同质化严重，近年来不少企业都在跨界进军这一赛道。而与欧姆龙等国际品牌相比，在高端产品上还存在一定的差距，由此可预见降价促销策略将成为中低端市场的主要竞争手段。如何在充分的市场竞争中保持竞争优势和盈利能力，是该企业需要思考的重大经营战略选择问题。

六、现金流量表分析

（一）现金流量表比率分析

1. 偿债能力比率

因鱼跃医疗短期债务规模较小，所以偿债能力仅分析了其现金比率及经营活动净现金比率。

根据图 8－19 所示，鱼跃医疗现金比率尤其是 2021 年在行业内处于较高水平，总体来讲鱼跃医疗现金流偿债能力良好。

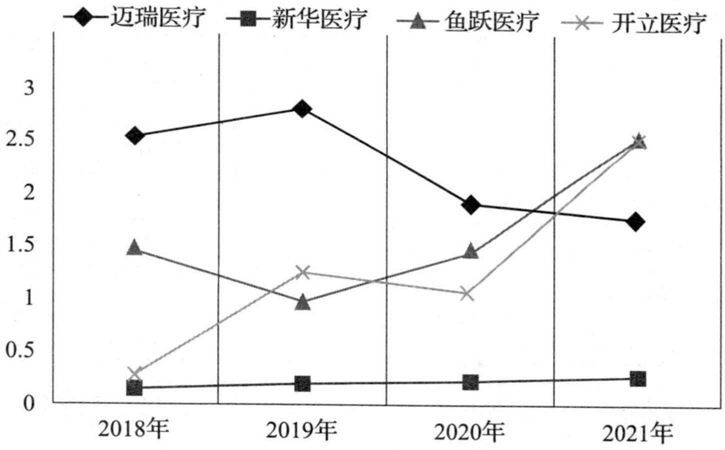

图 8－19　2018—2021 年可比公司现金比率对比图

2. 再投资比率

表 8－9 信息显示，鱼跃医疗再投资比率近两年也有大幅上升，2020 年、2021 年再投资比率均在 4 倍以上，公司经营活动现金流量较充足，足以支付其资本性支出，但也说明资本性支出稍显不足。

表 8－9　鱼跃医疗再投资比率分析表　　金额单位：亿元

项目	2020 年	2021 年
经营活动现金流量净额	28.31	12.01
资本性支出（购置固定资产）	6.79	2.84
再投资比率	4.17	4.23

（二）现金流量质量分析

1. 经营活动现金流量分析

（1）充足性分析。

由表8-10可以看出，鱼跃医疗近两年经营活动现金流量较充足，2021年其经营活动现金流量不但能够补偿其长期经营资产的摊销等非现金耗费，也能够支付当期利息和股利，2020年还有较大剩余，并且其经营活动现金流量还能够在一定程度上满足企业进一步扩大生产经营规模和对外投资的资金需求。

表8-10　鱼跃医疗经营活动现金流量充足性分析表　　单位：亿元

项目	2021年	2020年
经营活动产生的现金流量净额	12.01	28.31
资产减值准备	0.47	0.22
固定资产折旧、油气资产折耗、生产性生物资产折旧	1.65	1.43
无形资产摊销	0.23	0.18
长期待摊费用摊销	0.41	0.53
非现金耗费合计	2.76	2.36
分配股利、利润或偿付利息支付的现金	3.19	4.15
补偿非现金耗费和股利分配后的经营活动现金流量	6.06	21.8
投资活动产生的现金流量净额	−18.29	−15.58

由表8-11可知，鱼跃医疗现金及现金等价物（只有货币资金）和经营现金净需求完全能够匹配，其不受限制的货币资金能够满足经营现金净需求，进一步说明了其经营现金流量较充足，资金断流风险较小。

表8-11　鱼跃医疗现金需求分析表　　单位：亿元

项目	2021年	2020年
存货	7.23	4.79
应收（预付）款项合计	7.23	6.36
应付（预收）款项合计	14.81	16.83
经营现金净需求	−0.35	−5.68
不受限制的货币资金余额	23.89	22.69

（2）合理性分析

由表8-12可知，鱼跃医疗本期销售商品、提供劳务收到的现金相对于营业收入的规模来说稍显不足，说明本期下游客户的现金支付能力受到疫情影响有些恶化，但两者相差不大，说明问题并不是很严重，鱼跃医疗现金流入尚属顺畅，可以持续考察后续变化。

表 8－12　鱼跃医疗现金流入顺畅新分析表　　单位：亿元

项目	2021 年	2020 年
营业收入	68.94	67.26
销售商品、提供劳务收到的现金	65.80	71.26
销售商品、提供劳务收到的现金/营业收入	0.95	1.06
销售商品、提供劳务收到的现金－营业收入	－3.14	4.00
应收账款账面价值	7.84	8.16

从表 8－13 鱼跃医疗购货款支付情况来看，鱼跃医疗 2019 年、2021 年购买商品、接受劳务支付的现金均小于营业成本，有相当规模的应付账款，说明公司相对于上游供应商的议价能力较强，经营活动现金流出量较为合理，支付压力不是很大。

表 8－13　鱼跃医疗现金流出恰当性分析表　　单位：亿元

项目	2021 年	2020 年
营业成本	35.65	31.83
购买商品、接受劳务支付的现金	30.62	23.58
购买商品、接受劳务支付的现金/营业成本	0.86	0.74
购买商品、接受劳务支付的现金－营业成本	－5.03	－8.25
应付账款	13.32	13.95
存货账面价值	7.23	4.79

2. 投资活动现金流量分析

（1）投资活动现金流结构。

从鱼跃医疗投资活动现金流结构可知，鱼跃医疗投资活动以闲置资金投资理财产品为主，同时有部分构建固定资产支出，偶尔涉及股权并购投资为公司带来部分投资收益，同时鱼跃医疗投资活动已连续 3 年为负值，这说明公司生产经营及对外投资规模仍在不断扩张，这也符合公司高速发展的现阶段特点及战略目标。

（2）对内投资分析。

由表 8－14 可以发现，鱼跃医疗处置固定资产等收回的现金净额远远小于其购建固定资产等支付的现金净额，说明鱼跃医疗经营长期资产呈扩张趋势。但在投资活动引起的现金流量中占比很小，说明对外扩张和整合优化是公司发展的主战场和主要渠道。

表8-14 鱼跃医疗对内投资分析表 单位：亿元

项目	2021年	2020年
处置固定资产、无形资产和其他长期资产收回的现金	0.007	0.01
投资活动现金流入小计	91.33	68.38
对内投资流入占比	很小，可忽略不计	
购建固定资产、无形资产和其他长期资产支付的现金净额	2.84	6.79
投资活动现金流出小计	109.62	83.96
对内投资流出占比	占比很小	占比很小

（3）对外投资分析。

根据公司年报，鱼跃医疗对外投资分析如表8-15所示。

表8-15 鱼跃医疗对外投资分析表 金额单位：亿元

项目	2021年	2020年
收回投资收到的现金	85.43	65.81
取得投资收益收到的现金	0.95	1.32
对外投资活动现金流入小计	86.38	67.13
投资活动现金流入小计	91.33	68.38
对外投资流入占比	94.58%	98.17%
对外投资支付的现金	103.49	76.54
投资活动现金流出小计	109.62	83.96
对外投资流出占比	94.41%	91.16%
对外投资支付的现金—收回投资收到的现金	18.06	10.73

根据表8-15，可以发现鱼跃医疗对外投资整体现金流量较大，是投资活动现金流量的主体，但由于取得投资收益收到的现金规模相对较小，利润表中的投资收益也只有1.16亿元和1.27亿元（2020年），说明对外投资的实质性贡献不大。两年均呈现出“大进大出”的情况，说明公司在对外投资对象上不断地在进行调整和优化，总体来看，两年均表现出对外投资现金流出量大于现金流入量的情况，说明鱼跃医疗在对外扩张和布局上整体来说在不断追加投入，但扩张效果有待进

一步考察。

（4）闲置资金投资分析。

根据表 8－16 及年报信息，鱼跃医疗近两年收到与其他投资活动有关的现金主要有定期存款利息及远期结售汇保证金，支付与其他投资活动有关的现金也为购买远期结售汇保证金或定期存款，说明公司积极利用闲置资金进行短期投资，一定程度提高了货币资金的盈利性，且由于公司境外业务较多，外汇合约保证金等也有利于降低公司经营过程中的汇率风险；同时也暴露出了鱼跃医疗较为保守的投资策略，几乎没有什么长期性、高收益性项目投资。

表 8－16　鱼跃医疗闲置资金投资分析表　　金额单位：亿元

项目	2021 年	2020 年
收到其他与投资活动有关的现金	4.95	0
投资活动现金流入小计	91.33	68.38
闲置资金投资流入占比	很小	—
支付其他与投资活动有关的现金	0.1	0.5
投资活动现金流出小计	109.62	83.96
闲置资金投资流出占比	很小	很小

3. 筹资活动现金流量分析

根据公司年报，鱼跃医疗筹资活动现金流量分析如表 8－17 所示。

表 8－17　鱼跃医疗筹资活动现金流量分析表　　单位：亿元

项目	2021 年	2020 年
吸收投资收到的现金	1.49	0.02
取得借款收到的现金	14.92	19.30
筹资活动现金流入小计	20.98	19.32
偿还借款支付的现金	6.54	14.87
分配股利、利润或偿付利息支付的现金	3.19	4.15
筹资活动现金流出小计	13.23	23.86
筹资活动产生的现金流量净额	7.75	−4.54

由表 8－17 可知，鱼跃医疗在 2021 年进行了增资扩股，同时取得了一定规模的借款，说明公司的外部融资环境较好，尤其是与当地政府和银行的关系较为融洽。公司货币资金存量较为充足，经营活动产生现金净流量的能力较强，虽然对外投资扩张需要资金支持，但公司将相当规模的资金用于二级市场投资，存在一

定的不良融资行为（有借钱炒股的现象）。

同时结合年报信息可知，2021年公司回购部分股票作为库存股用于员工持股激励计划，公司有一定的分配股利支出（每10股送现金红利3元），可见公司在有经营压力的同时，很注重员工激励和投资者回报（维持和改善市场形象，迈瑞医疗本年度每10股分现金红利35元）。

4. 影响现金流量变化的主要因素

公司发展阶段：由于鱼跃医疗处于细分行业龙头地位且尚处于成长期（主要通过对外并购实现扩张），与迈瑞医疗的发展战略有明显不同（对内扩大产能和加大研发投入）。

公司对供应商及客户的管理能力较好，销售回款及购买支付均较顺畅，经营活动现金流量能够与公司营收及利润相匹配。

七、合并财务报表分析

（一）企业控制性投资的资产规模扩张效果

根据鱼跃医疗2021年年报信息，其母公司资产总额为120.83亿元，合并财务报表资产总额为119.98亿元，两者差额为0.85亿元。结合表8-18数据可知，公司是用34.73亿元的控制性投资资产撬动了子公司资产－0.85亿元。这意味着公司用34.73亿元资产达到了能够控制33.88亿元（34.73－0.85）的扩张效果，控制性投资的资产扩张效果好不好一目了然，这可能与大部分子公司为全资子公司也有一定关系（子公司名单见年报）。当然，鱼跃医疗控制性投资的资产扩张效果系数计算也就没有意义了，说明公司的扩张效果远没有达到投资并购的目的，应进一步整合资源，增强其资产扩张效果。由于分属不同领域，在品牌和技术方面都难以产生较大的协同效应，这在今后的并购中应该加以重点考虑。

表8-18 鱼跃医疗对外控制性投资分析表 单位：亿元

项目	合并数 (1)	母公司数 (2)	企业控制性投资占用资源的基本规模 (3)=(2)-(1)
长期股权投资	2.19	36.92	34.73
其他应收款（不包括应收股利和应收利息）	0.35	0.07	不适用
预付款项	0.42	0.19	不适用
其他流动资产	0.39	0.05	不适用
其他非流动资产	0.88	0.78	不适用
合计	2.19	36.92	34.73

从理论上讲，在产品的采购方面，鱼跃医疗通过并购可以增加集采体量，加强对原材料供应商的议价能力，充分发挥上市公司在资源配置方面的调度优势；在产品的生产方面，通过并购可以产生规模效应，通过技术共享和生产能力共享实现降本增效；在产品的销售方面，鱼跃医疗并购后获得的新产品，诸如手术器械、消毒剂等，可以与原有的呼吸机、制氧机等优势产品进行组合销售，提升自己在医院等医疗卫生场所的竞争力，发挥品牌优势，实现销售渠道共享，进一步提升营销能力。但由于在并购发生前，被并购企业或多或少地存在一些管理方面的问题，尤其是上械集团和六六视觉，管理经营不善问题比较突出，使得企业利润不断下滑，甚至陷入亏损状态。完成并购之后，鱼跃医疗重组被并购企业的管理层，进一步提高其管理能力，但目前来看，被并购企业的亏损尚未完全弥补，并购绩效有待进一步观察。

（二）控制性投资的扩张效益分析

母公司利润表显示，本期取得投资收益 8.68 亿元，相对于其自身 9.61 亿元的核心利润来说，各占半壁江山，但根据成本法的核算特点可知，这 8.68 亿元不是子公司赚取的收益规模，而是子公司通过现金分红“上供”给母公司的礼物，要想得知子公司的经营效益，需要考察合并财务报表和母公司财务报表的核心利润之差。从前面的计算可知，合并核心利润为 16.17 亿元，因此在不考虑母子公司之间的内部关联交易的情况下（大多数母子公司分属不同的业务板块，并不是简单的上下游关系），子公司的核心利润可以简单地估算为 6.56 亿元，这样看来，子公司通过大比例现金分红保证母公司有足够的可分配利润的迹象较为明显，子公司的业绩并不是很理想是母公司控制性投资达不到预期效果的直接原因。从这一点上说，控制性投资在产生了 11.13 亿元商誉的情况下，所并购的子公司的业绩远不及预期。并购效果不够理想，子公司自身的经营业绩不强，并购后的协同效应也没有发挥出来。也许这正是公司截至目前估值偏低的一个很重要的原因。到底该走外延式的发展道路，还是通过研发投入走内涵式的发展道路，这是公司很重要的一项投资战略选择，决定着今后的发展走势。

（三）企业的资金管理模式

企业资金的集权或分权管理模式可通过母公司财务报表与合并财务报表的相关项目有所体现，如表 8－19 和表 8－20 所示。

表 8－19 信息显示，鱼跃医疗在母子公司资金管理模式上采用了集权管理模式下的资金相对分散管理模式，母公司在对子公司直接投资之外并没有通过其他应

收款和预付款项等向子公司提供资金支持，然而却要求各子公司通过大比例现金分红将大部分的货币资金交回母公司，子公司缺乏资金自主权是否影响其经营的积极性，进而影响其经营业绩，我们不得而知。

表 8-19　鱼跃医疗资金管理模式分析表（1）　　单位：亿元

项目	合并	母公司	差额的含义
其他应收款（不包括应收股利和应收利息）	0.35	0.07	母公司对子公司的资金支持并不明显
预付款项	0.42	0.19	母公司对子公司的资金支持并不明显
货币资金	23.94	21.73	母公司拥有货币资金的较大规模，集权管理色彩较为明显，这一点通过子公司大比例现金分红也可以体现出来

表 8-20 信息显示，鱼跃医疗母公司汇集子公司资金主要是通过其他应付款科目，其汇集的资金规模约 3.67 亿元，也就是说子公司除了通过现金分红的方式交回 8.68 亿元外，还通过其他应付款向母公司提供了 3.67 亿元的借款，可见鱼跃医疗母公司集权管理资金的模式非常明显，将子公司货币资金汇集到母公司统一使用，这么多家子公司手中只留有 2.21 亿元的资金。

表 8-20　鱼跃医疗资金管理模式分析表（2）　　单位：亿元

项目	合并数 (1)	母公司数 (2)	母公司所汇集的资金基本规模 (3) = (2) − (1)
预收款项	0	0	不适用
其他应付款（不包括应收股利和应收利息）	2.15	5.82	3.67
其他流动负债	1.15	0.92	不适用
其他非流动负债	0	0	不适用
合计	2.15	5.82	3.67

（四）母子公司之间的业务联系

反应母子公司之间业务联系的内容主要体现在母公司利润表及合并利润表中，如表 8-21 所示。

表 8-21　鱼跃医疗母子公司业务联系分析表　　单位：亿元

项目	母公司财务报表	合并财务报表
营业收入	50.67	68.94
营业成本	30.58	35.65
税金及附加	0.40	0.66
销售费用	4.78	9.45

续表

项目	母公司财务报表	合并财务报表
管理费用	2.02	3.89
研发费用	3.46	4.26
利息费用	0.29	0.30
其他收益	0.47	1.05
核心利润	9.61	15.78

由表 8－21 中信息可以看出，营业收入中母公司占到 73.5%，毛利率为 39.65%，合并财务报表的毛利率达 48.29%，说明子公司各项产品面对市场的盈利空间更大一些，各子公司的盈利能力更好才是，但其销售费用发生水平相对更高一些，而研发费用主要发生在母公司，说明子公司产品的技术含量也许并不高，高毛利率也许主要是通过各种营销手段来实现的（不排除销售返利的情况）；而子公司管理费用相对经营规模来说并不低，说明运营效率也许存在问题，这些都会影响子公司最终的盈利能力。虽然集团整体采取了资金集权管控模式，主要由母公司负责对外融资，进而承担绝大部分的融资成本，但由于规模不大，并未对各自的盈利能力产生实质性影响。

（五）母子公司获利能力及费用发生比较

由于鱼跃医疗母子公司存在一致对外模式，因此更适用于获利能力及费用发生的比较分析，如表 8－22 所示。

表 8－22　鱼跃医疗母子公司获利能力及费用发生分析表

金额单位：亿元

项目	合并财务报表	母公司财务报表
营业收入	68.94	50.67
营业成本	35.65	30.58
毛利	33.29	20.09
毛利率	48.29%	39.65%
销售费用	9.45	4.78
销售费用率	13.71%	9.43%
管理费用	3.89	2.02
管理费用率	5.64%	3.99%
研发费用	4.26	3.46
研发费用率	6.18%	6.83%

由表8-22可知，母公司毛利率相较于合并毛利率较低，说明子公司整体毛利率水平高于母公司；而合并销售费用率、管理费用率均高于母公司，说明母公司在集团内其产品的市场竞争力和管理效率相对较强，但研发费用率要略低于合并财务报表，说明母公司要么研发投入相对较小，要么母公司产品的技术门槛相对更低，或者技术业内领先，更新迭代压力比较小。整体上来说，整个集团对销售方面投入较大，而研发投入相对较少。

（六）集团现金流转及投融资状况

由年报信息可知，合并财务报表中经营活动现金流量净额为12.01亿元、投资活动现金流量净额为－18.29亿元、筹资活动现金流量净额为7.75亿元；而母公司财务报表中经营活动现金流量净额为2.23亿元、投资活动现金流量净额为－3.99亿元、筹资活动现金流量净额为6.28亿元。

在经营活动方面，子公司6.17亿元的核心利润带来了约9.78亿元的现金净流量，而母公司9.61亿元的核心利润只带来了2.23亿元的现金净流量，说明子公司的业务吸金能力比较强（这应该与对公对私在结算模式上的差异有关）。

在投资活动方面，当期母子公司都有一定程度的固定资产产能扩大方面的投入，其中母公司为1.27亿元，子公司为1.57亿元（2.84－1.27），但相对存量来说，扩充的规模并不算大。无论是母公司还是子公司当期对外投资均呈现出“大进大出”的情况，说明在对外投资领域上进行了一定程度的优化和整合，合并财务报表新增投资103亿元，收回投资85亿元；而母公司财务报表新增投资107亿元，收回投资91亿元；母公司的新增投资中绝大部分是对联营公司的投资，只有4亿元左右是收购子公司的投资（新增6家子公司），而母公司所处置的投资也基本上是对联营公司的投资，只有6亿元是对子公司的处置（优阅光学）。

在筹资活动方面，当期母公司（上市公司）增资扩股1.49亿元，取得长期借款14.92亿元，偿还到期债务6.42亿元，分配现金股利及支付利息3.19亿元。

八、公司财务状况整体质量评价

（一）财务状况整体评价

（1）盈利能力。在行业中尤其是在几个核心业务上尚有一定的竞争地位和竞争优势，在毛利率和几个盈利能力指标上能够得以体现，但受到疫情影响，盈利能力有所下降，获现率也受到一定程度的负面影响。

（2）偿债能力。公司在举债方面较为保守，资产负债率不高，当然也与自身创造现金能力较强和投资的现金需求不大有直接关系。整体来看，融资环境较好，偿债能力较强，且有借钱炒股的情况发生。

（3）营运能力。各项资产的运转基本正常，营运能力指标在行业中处于中等或较高水平。

（二）发展战略选择

整个集团来看，基本上属于经营主导型，但有相当数量资产闲置或利用效率不高（大量资金用于炒股，但炒股效益不好），影响了整体的资产报酬率。进一步加大自身经营活动的研发投入，继续寻找优质并购对象是未来提升企业竞争力和盈利能力的关键。

在发展中偏重对外扩张并购方式，但整体来看，并购效果并不理想，不排除个别并购对象呈现亏损局面。要进一步加大对子公司的整合力度，提高协同效应（由于分属不同领域，在品牌和技术方面都难以产生较大的协同效应，这在今后的并购中应加以重点考虑）。

（三）管理方面存在的问题

（1）过于重视销售环节的投入，对研发投入稍显不足，长此以往，是否会影响产品的市场竞争力值得关注，或者产品的技术门槛不高，未来是否有潜在的竞争威胁也需要进一步考察。

（2）资金采取集权化管理，子公司大力度分红，实则是将经营活动产生的现金净流量上交给母公司（子公司经营活动产生现金流量净额 9.78 亿元，通过现金分红分给母公司达 7.52 亿元：母公司的投资收益 8.68 亿元－合并财务报表投资收益 1.16 亿元，分给少数股东的尚未计算在内），还有 3.66 亿元通过其他应收款交回母公司，长此以往，会不会影响各子公司的工作积极性有待进一步考察，但至少会导致创新和盈利的动力不足。

九、前景预测（请读者自行预测）

第 4 节　教材关键术语和思考题参考答案

一、关键术语解释

1. 财务状况：是指通过资产状况、债务风险状况、资本投入与积累状况、盈利状况以及现金流转状况等方面所揭示的企业基本财务状态。由于盈利状况和现金流转状况都会通过特定项目最终影响资产负债状况，因而通过资产负债表所揭示的资产、负债和所有者权益状况是企业财务状况的综合体现。概括起来说，财务状况可以从财务角度反映企业经营活动的健康状况，它是企业战略实施的财务后果，是企业内在价值的决定因素，是企业持续经营的基本保障。

2. 财务状况质量：是指公司财务状况符合既定标准或目标的程度，揭示公司在资本结构状况、资产状况、盈利状况和现金流量状况等方面的质量表现。企业不同层面或者不同部门所开展的各种经济活动和管理活动均会最终反映到企业财务状况的某些方面，这便使我们通过分析企业财务状况质量来帮助投资者和债权人识别企业的“质地”、判断企业质量的“好坏”成为可能。具体地说，企业财务状况质量可以分为资本结构质量、资产质量、利润质量和现金流量质量四个维度，通过项目质量、结构质量和整体质量三个层面来加以考察。

二、思考题参考答案

1. 评价企业财务状况的财务比率主要有哪些？这些比率反映了企业财务状况的哪些方面？

用来评价企业财务状况的财务比率主要有：（1）偿债能力比率，包括流动比率、速动比率、杠杆比率、利息保障倍数等，用以反映企业偿还到期债务的能力；（2）盈利能力比率，包括毛利率、核心利润率、销售净利率、股东权益报酬率、资产报酬率、每股收益等，用以反映企业获取利润的能力；（3）营运能力比率，包括商业债权周转率（应该考察应收票据与应收账款合在一起的回收期）、存货周转率、流动资产周转率、固定资产周转率、总资产周转率、经营资产周转率、商业债务（应付票据与应付账款之和）平均付账期等，用以反映企业利用资金的效率。

2. 本书所选择的财务报表分析路径和框架是怎样的？你认同这一选择的理由吗？

本书认为，财务报表分析的起点应该是企业的背景分析，通过了解企业的基本情况、所处的行业、商业模式、生产经营特点、产权性质、股权结构、高管信息和企业自身对经营活动及经营战略的表述等方面信息，为报表分析提供一些有用的“具体场景”素材，为深入解读财务报表数据奠定必要的基础。此外，由于报表数据经过一套专门的会计程序加工而成，难免受到会计估计判断的人为因素、会计政策选择的主观性、信息披露的充分性等众多因素的影响，因此在进行财务分析之前，有必要设计一个会计分析环节，以确保财务信息的质量。在接下来的财务分析过程中，建议首先进行系统的财务比率分析，虽然不应就此直接得出分析结论，但它通常能够为发现问题、进行更为深入的质量分析提供非常有价值的线索和依据。随后，可以逐步开展报表主要项目的质量分析，分析的结果作为财务比率分析的有力补充。在此基础上，再对报表中各类要素的结构和整体质量以及企业财务状况的整体质量进行系统分析，并进一步对企业未来的发展前景做出预测和研判。

这一财务报表分析的基本分析路径，摆脱了传统的“就报表论报表”的分析局限，它将财务比率分析法与项目质量分析法以及整体质量分析相互结合，通过定性分析对定量分析加以补充，体现了共性分析与个性分析的协调统一。在分析中，我们进一步丰富了分析素材，即充分利用企业对外披露的有关经营环境与业务场景等方面的信息资料，对财务数据背后的业务动因加以具体诠释，尽量做到“业财融合”；进一步拓宽了分析视野，在分析中注重考察企业战略的选择和实施后果，强调有战略支撑的持续发展是企业保持良好财务状况的重要体现；进一步加深了分析层次，在分析中全面评价报表中各类要素的具体项目质量和整体质量，强调实现高质量发展是企业保持良好财务状况的关键所在。

至于读者认不认同这一选择，请自由发挥并阐述理由。

3. 怎样对企业财务状况质量进行综合分析？

（1）对企业的经营背景进行分析。企业所处的行业、生产经营特点以及企业在行业中的地位，会在很大程度上决定企业的资产结构、收入的确认方式、销售政策、议价能力、费用结构、盈利模式以及现金流量特征等诸多方面，这些都是我们在评价企业财务状况时必须考虑的具体业务场景因素，因此，对企业经营环境的熟悉有助于我们找出财务数据背后的业务动因，更加准确地判断分析结果；通过了解企业自身的战略表述，可以将财务报表分析结果与其进行对比，进而评价企业的战略承诺与战略实施后果之间的吻合度，发现企业在战略实施和经营过程中存在的问题，有助于我们更加清晰地透视企业的管理特征和管理质量；关注企业的产权性质、股权结构、主要股东、企业的发展沿革以及高管团队基本情况等相关信息，则有助于我们更加深入地理解企业战略制定背后的公司治理特征、制度安排以及决策偏好；对企业环境保护和社会责任履行情况的了解，有助于我们更加全面地洞察企业文化、企业愿景和发展目标。

（2）对企业的财务报表进行会计分析。进行会计分析的目的是理解企业会计信息处理的原则与方法，了解会计政策的灵活性，评价企业会计处理反映经济业务的真实程度，尽可能消除报表分析的“噪声”，为提高财务报表分析结论的可靠性奠定基础。由于对财务报表展开会计分析以及识别相应的报表粉饰等内容并不是本书的研究重点，因而本书在进行财务报表分析之前，主要是基于财务报告中注册会计师出具的审计报告的类型和措辞，对企业财务报表的会计质量做出整体判断，而不再开展单独的会计分析。

（3）对企业的财务报表进行全面的财务分析。在通过系统的财务比率的计算和分析，对企业的财务状况进行初步判断（即利用报表项目之间的逻辑关系，简单揭示企业财务状况在某些方面的外在特征）之后，可以采用项目质量分析法做进一步的深入而具体的分析。其中，对负债项目进行质量分析，有助于我们判断企业债务的实际偿还压力；对资产项目进行质量分析，有助于我们了解企业债务的实际保障程度、实际盈利基础和实际运营实力；对利润表项目的质量进行分析，有助于我们基于企业的实际业务考察企业真正的盈利区域、产品的市场竞争力、费用管控特征和管理效率，判断企业真实的业绩水平和业绩的持续性；对现金流量表项目进行质量分析，则有助于我们了解企业各项活动的获现能力、现金的各方面需求状况以及产生现金流量的持续性，这些信息对于判断企业的实际偿债能力和真实的盈利能力来说也是非常有价值的参考依据。

（4）在对报表中各类要素的结构与整体质量进行分析的过程中，建议将资本结构质量分析作为逻辑起点，采用“资本引入战略—资源配置战略—战略实施后果”的分析路径，充分强调战略选择对企业经济行为的统领和支撑作用。通常情况下（尤其是在传统经济模式下），资本引入战略决定着资本结构，资本结构揭示企业发展的资金来源及其要求权，会在相当程度上影响企业的控制权结构和治理结构，往往决定着企业的实际控制人或核心人物，他们会对企业资源配置战略的选择产生重大影响，资源配置战略的实施最终又会通过资产结构和资产质量体现出来，而利润结构和利润质量又可以揭示企业资源配置战略的实施后果，现金流量质量可以在一定程度上体现利润质量和企业实施战略的现金支撑能力。这样的分析路径可以形成一种企业战略与经济后果相联系，定量分析与定性分析相结合，治理特征、管理质量与财务质量融为一体的分析特色。当然，在实际开展分析时，项目质量分析和各要素的结构与整体质量分析可以同步进行。

（5）对企业的整体财务状况质量进行全面评价。企业财务状况质量是企业开展各种经济活动和管理活动所导致的经营状态的外在呈现，是企业适应经营环境、实施经营战略所取得的财务后果的综合体现。因此，通过上述各环节的分析，将财务比率分析与基于具体经营场景的质量分析加以融合，可以较为深入地考察隐藏在财务数字背后的具体业务动因，发现影响财务状况的管理和治理方面存在的问题，从战略层面探寻推动或制约企业发展的关键因素，有利于更加全面、深入地对企业整体的财务状况质量做出评价。

（6）对企业未来发展前景做出预测。对于经营主导型企业而言，我们可以重点关注在经营资产质量提升、核心竞争力打造以及未来市场开发等方面企业迫切需要解决的问题以及尚可挖掘的潜力，在此基础上来进一步预测企业未来的发展前景。对于投资主导型企业来说，我们可以通过重点关注控制性投资在扩张规模和扩张效益等方面存在的问题以及进一步发展的潜力，来预测企业未来的发展前景；而在具体扩张战略的选择上，是选择专业化还是多元化，是选择无关多元化还是相关多元化，都会在很大程度上决定企业未来的发展方向和发展进程。

4. 在对不同企业进行比较分析时如何认定同类企业？

一般而言，财务比率在同类企业间具有较大的可比性。但是，“同类企业”的确认则没有一个公认的标准。在实际分析中，“同类企业”往往是观念上的（即财务读者观念上所认定的）。这样，某一个财务读者所认定的两个同类企业，其他财务读者未必也认为是同类企业。同类企业可以从下列几个方面来考虑：

（1）最终产品相同。在大多数情况下，人们通常对生产同类或同系列产品的企业视为同类企业。这是因为，生产相同产品的企业从产品的生产设备基础、技术水平、加工工艺、成本构成、价格水平等方面具有较大的可比性，彼此可互为参照物。

（2）内部生产结构相同。这里的内部结构相同的企业，是指使用同样的原材料、同样的技术、同样生产方式的企业。例如，副食品加工、食品加工等类型的企业就属内部生产结构相同的企业，这是因为这些企业所用的材料、生产技术、生产方式等大体相似，只是最终产品间存在较大差异。

（3）股份特性相同。股份特性相同的企业，是指那些具有同样风险程度、同样的市盈率、同样股利保证倍数等特征的企业。股票投资者常从投资风险和投资收益方面关注企业，因而他们常将股份特性相同的企业作为同类企业。

（4）规模相近。主要是因为规模不同的企业由于自身资源的丰富程度不同，生产、管理、营销、服务等方面都会有不同。所以，在确定同类企业时规模因素是必须要考虑的。另外，在考虑规模时，不仅要考虑企业本身的规模，还要考虑进行比较的该产品的生产或经营规模。

5. 仅利用财务信息对企业财务状况质量进行分析有哪些局限性?

财务信息固然可以较为综合地反映企业的财务状况，但仅以财务信息为基础所得出的结论，还不足以作为决策的全部依据。这是因为，企业的财务状况及发展前景等诸方面的问题，有些是难以用货币来计量的。有些非财务信息对企业的信息使用者来说比财务信息更重要。例如，两个财务状况相同（从报表信息看）的同类企业，一个处于上升期，另一个则处于下滑期。它们只是在上升与下滑的过程中的某一时点表现为相同的财务状况。这种上升与下滑的趋势就不一定能从报表中反映出来，特别是无法从一个会计年度的报表信息中充分体现。另外，由于企业的管理战略不同，采用不同的生产、销售、研发策略，会影响费用、成本因素，可能出现财务数据在短期内相近，但在长期会产生较大差距的情况。

随着数字时代的到来，人们协作的方式、商业活动的规律、商业活动开展的逻辑、组织的架构、管理的模式等诸多方面均发生了巨大的改变。随着移动互联网的普及，在各种平台上，企业、个人自由地合作、高效地协同。会计的四大理论假设——会计主体假设、持续经营假设、会计分期假设、货币计量假设，显得越来越有失偏颇、越来越不科学。互联网时代的平台经济使企业的边界越来越模糊，哪些业务应该核算、利益应该如何分配越来越难以判断。我国中小型企业平均寿命不到3年，如果还要用“持续经营”作为假设来进行资本性支出的分摊并以此作为业绩衡量的依据，对企业非常不公平，也非常不利于投资者利益的保全。会计分期假设要求定期出财务报告，在移动互联网时代，这种频率和速度显然太慢了。

可以说，目前这套成熟的会计要素和会计报告模式设计，是基于工业时代的生产经营特点构建的，随着信息经济、知识经济的到来，越来越不能客观、全面地反映企业的资源状况和运营效率。在信息经济时代和知识经济时代，资本、有形资产固然还是重要的生产要素，但商业模式、企业家贡献、大数据这些无形的生产要素以及粉丝数量、用户黏性这些外部资源都是形成企业的核心竞争力，是保障企业发展优势的主要因素，而这些都没有被纳入会计核算和报告体系，以至于我们如果单纯地依靠财务信息，很可能会得到非常不科学的结论。因此，在对企业进行系统的财务状况质量分析时，动态的报告、价值链报告、整合式报告、各因素贡献报告等信息将越来越被需要，非财务信息在分析中所占的地位和所起的作用毋庸置疑，也将会越来越重要！

但我们也必须清醒地认识到，随着非财务信息在分析中的运用越来越广泛，财务报表分析的个性化色彩也将越来越浓，这势必会给“企业之间的比较”带来越来越大的难度。

第 5 节　教材案例讨论与分析提示

迈瑞医疗 2021 年财务报表综合分析

1. 以母公司财务数据为基础，计算迈瑞医疗 2021 年的主要财务比率，并以这些比率为基础对其财务状况做出评价。

迈瑞医疗主要财务比率计算如表 8－23 所示。

表 8－23　迈瑞医疗基本财务比率表

比率名称	计算公式	2021 年比率值
营运资本（亿元）	流动资产－流动负债	87.04
流动比率（倍）	流动资产/流动负债	2.22
速动比率（倍）	速动资产/流动负债	1.92
现金比率（倍）	货币资金/流动负债	1.11
资产负债率（%）	负债总额/资产总额×100%	26.03
资产金融负债率（%）	金融负债/资产总额×100%	0.03
权益乘数	平均资产总额/平均股东权益总额	1.37
利息保障倍数（倍）	息税前利润/利息费用	15 658
毛利率（%）	毛利/营业收入×100%	44.40
核心利润率（%）	核心利润/营业收入×100%	21.68
核心利润获现率（%）	经营活动现金净流量/核心利润×100%	97.42
销售净利率（%）	净利润/营业收入×100%	35.93
经营资产报酬率（%）	核心利润/平均经营资产×100%	45.86
总资产报酬率（%）	息税前利润/平均资产总额×100%	24.94
净资产收益率（%）	净利润/平均所有者权益×100%	32.03
商业债权周转率（次/年）	营业收入/(平均应收票据＋平均应收账款)	9.30

续表

比率名称	计算公式	2021 年比率值
存货周转率（次/年）	营业成本/平均存货	5.09
经营流动资产周转率（次/年）	营业收入/平均经营流动资产	4.39
固定资产周转率（次/年）	营业收入/平均固定资产	7.95
经营资产周转率（次/年）	营业收入/平均经营资产	1.59
总资产周转率（次/年）	营业收入/平均资产总额	0.65

公司的盈利能力指标，如毛利率、核心利润率、经营资产报酬率、总资产报酬率、净资产收益率等均保持了较高的水平，可见公司目前盈利能力较强。

公司营运能力指标，如商业债权周转率、存货周转率、经营流动资产周转率、固定资产周转率、总资产周转率也基本保持了较高水平，总体来说公司资产利用效率较高，资产管理质量较好。

公司短期偿债能力指标，流动比率、速动比率均保持在 2∶1 左右，现金比率大于 1，短期偿债能力较强，且公司债务大多为应付账款、应付职工薪酬等经营负债项目，金融负债较少，利息压力较小，因此公司短期债务偿还压力不大。

公司长期偿债能力指标，资产负债率相对不高，且公司资产金融负债率几乎为 0，长期债务几乎没有，可见公司长期偿债能力也较强，具有较大的融资潜力。

通过上述简单比率分析可以看出，迈瑞医疗目前盈利能力较强、营运能力较好，偿债压力不大，未来融资潜力较大。

2. 以母公司财务报表为基础，对企业资产的结构进行分析，对母公司（即上市公司）自身选择的资源配置战略做出评价。

迈瑞医疗 2021 年度母公司资产负债表显示，在全部资产中，典型的经营资产如应收票据、应收账款和存货占比较大，而具有投资色彩的长期股权投资（98 亿元）和其他应收款（28 亿元，合并财务报表金额为 1 亿元）等项目相对规模也不小，在资产总额（扣除货币资金项目后）中占比 48.17%。可以看出，迈瑞医疗母公司（即上市公司）资产中经营资产和投资资产几乎各占半壁江山，彰显了经营与投资并重的战略特征，在夯实主业、聚焦自身经营发展的同时，也通过适度对外扩张，进一步扩大市场占有率、提升行业竞争地位。各项主要资产均呈明显的增长趋势，与迈瑞医疗处于行业龙头地位相适应，可见其目前在加速发展自身生产经营同时，也非常注重国内国际营销拓展，在全球范围内扩大市场份额，经营与投资并重的战略较为清晰。

3. 母公司的控制性投资实现了怎样的资产扩张效果?

迈瑞医疗 2021 年年报信息显示，母公司资产总额为 341 亿元，合并财务报表资产总额为 381 亿元，控制性投资的资产扩张效果有 40 亿元，结合表 8－24 数据可知，迈瑞医疗控制性投资的资产扩张效果系数为 0.34，公司用 125 亿元的控制性资产撬动了 40 亿元的扩张效果，虽然公司资产扩张效果系数与许多优质企业相比仍较低，但作为高速发展期且经营业务较为单一的医疗器械公司，公司的扩张还是基本达到了投资并购的目的，但还可以进一步扩大资产扩张效果。

表 8－24 迈瑞医疗对外控制性投资分析表

单位：亿元

项目	合并数 (1)	母公司数 (2)	企业控制性投资占用资源的基本规模 (3)＝(2)－(1)
长期股权投资	0.26	97.54	97.28
其他应收款（不包括应收股利和应收利息）	1.26	28.42	27.16
预付款项	2.38	2.77	0.39
其他流动资产	2.18	0.50	不适用
其他非流动资产	44.30	37.63	不适用
合计（剔除了本案例中不适用的其他流动资产和其他非流动资产的项目数据）	3.90	128.73	124.83

从上述数据可以看出，母公司实质性的控制性投资达约 125 亿元，增量撬动了子公司（及孙公司，下同）的资产 40 亿元。这意味着公司用 125 亿元资产达到了能够控制 165 亿元（125＋40）的扩张效果，可见控制性投资取得了一定的扩张效果，虽然相对来说并不是很理想，但公司还是靠这种控制性投资实现了相当程度的发展。

由于其他应付款的母公司与合并财务报表数据相差不大，说明母公司占用子公司资金的现象并不明显，如表 8－25 所示。

表 8－25 其他应付款信息

单位：元

项目	合并数 (1)	母公司数 (2)	母公司数－合并数 (3)＝(2)－(1)
其他应付款	13.09	14.28	1.19

4. 基于母公司财务报表与合并财务报表中的货币资金、其他应收款与其他应付款的对应关系，对母公司与子公司之间的资金管理模式进行分析。

整个集团资金的集权或分权管理模式可通过母公司财务报表与合并财务报表

的相关项目有所体现，如表8-26所示。

表8-26 迈瑞医疗资金管理模式分析表　　单位：亿元

项目	合并	母公司	差额的含义
货币资金	153.61	79.55	子公司拥有货币资金的规模较大，分权管理色彩明显
其他应收款（不包括应收股利和应收利息）	1.26	28.42	通过这个项目母公司对子公司进行了一定规模的资金支持
预付款项	2.38	2.77	通过这个项目母公司对子公司进行资金支持的力度不明显
其他应付款	13.09	14.28	通过这个项目母公司占用子公司资金的情况不明显

表8-26信息显示，迈瑞医疗在母子公司资金管理模式上基本是采用了分权管理模式，同时母公司在对子公司直接投资之外还有通过其他应收款和预付款项等向子公司提供资金支持的情况，各子公司拥有较大规模的货币资金，具有较大的资金自主权。

5. 基于母公司财务报表与合并财务报表中的应收账款、预付款项、应付账款、营业收入、营业成本、销售费用与研发费用等项目之间的对应关系，对母公司与子公司之间的业务关系进行分析。

反映母子公司之间业务联系的内容主要体现在母公司利润表及合并利润表的相关项目中，如表8-27所示。

表8-27 迈瑞医疗母子公司业务联系分析表　　单位：亿元

项目	合并财务报表	母公司财务报表
应收账款	16.59	24.30
预付款项	2.38	2.77
应付账款	22.81	26.31
营业收入	252.70	209.37
营业成本	88.43	116.41
税金及附加	2.82	1.73
销售费用	39.99	24.12
管理费用	11.06	7.03
研发费用	25.24	16.55

由表 8-27 中的信息可以看出，应收账款项目的母公司数大于合并数，说明有一些子公司是母公司的下游客户，如一些子公司为海内外负责产品销售和市场拓展的销售公司等；预付款项、应付账款和营业成本三个项目的母公司数均大于合并数，说明子公司中也有一些公司是母公司的上游供应商，如为母公司的生产提供配套部件或半成品等；销售费用中母公司的占比较大，说明母公司是市场开发和拓展的主战场，掌握着主要的营销和直销渠道，也具有一定的品牌统一营销的特点；管理费用中母公司的占比较大，说明母公司更多地担负整个集团的管理和日常行政开支；研发费用中母公司的占比也较大些，说明母公司的研发投入和研发力度更大，但同时一些子公司也担负着研发工作，如生物技术研发、医疗电子技术创新以及加强化学发光产品及原料的核心研发能力建设、优化上下游产业链的全球化布局等。总之，迈瑞医疗母子公司之间的关系还是较为紧密的，且存在多种业务联系，当然也存在一定程度的母子公司相对独立地开展研发、生产和销售的“一致对外”型的经营状况。

6. 以合并财务报表的两项减值损失为基础，对企业合并资产的质量进行评价。

迈瑞医疗合并财务报表中信用减值损失当年在减少，甚至是冲回了 581 万元，其中，其他应收款坏账损失 13 万元，长期应收款坏账损失 73 万元，应收账款坏账损失减少 667 万元。从迈瑞医疗报表附注来看，前五大赊销客户的应收账款总额占期末余额比例仅为 7.37%，欠款规模均不大，上述因素均说明迈瑞医疗应收账款整体质量较好，坏账影响较小。由此可见，迈瑞医疗的合并资产中应收账款整体质量较高，可回收性较强。

当年计提资产减值损失总共 1.32 亿元，其中存货跌价损失 1.24 亿元，固定资产减值损失 60 万元，无形资产减值损失 0.8 万元，其他资产减值损失 684 万元，因此资产减值损失主要是由存货计提减值准备所导致，但从迈瑞医疗披露的报表附注来看，与迈瑞医疗总体存货总额相比，2021 年公司存货跌价准备金额还是相对较小的，仅部分库存商品存在减值情况，说明迈瑞医疗整体存货质量较高，各个项目保值性较好，存货市场需求向好，不存在滞销情况。

7. 以合并财务报表数据为基础，对企业经营活动和投资活动的盈利能力（包括盈利质量）进行评价。

根据迈瑞医疗 2018—2021 年年报中的合并财务报表数据及三家同行业可比公司财报数据，计算出其毛利率、销售净利率、总资产报酬率（ROA）、净资产收益率（ROE）、核心利润率、核心利润获现率、总营业费用率等，进行盈利能力比率分析。

由图8-20可看出，迈瑞医疗毛利率水平较高，在同行业可比公司间处于较高水平，公司盈利能力较好。由图8-21可看出，迈瑞医疗销售净利率在行业中处于高位，说明其营业收入带来的净利润较多，营业费用控制较高，企业经营管理水平较好。

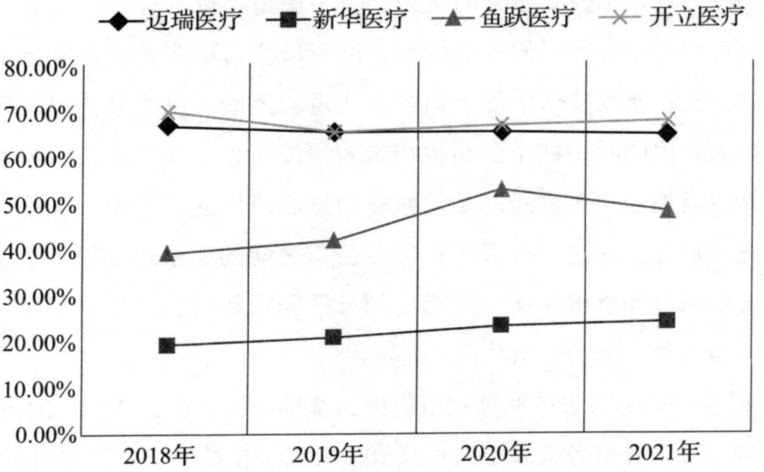

图8-20　2018—2021年毛利率分析图

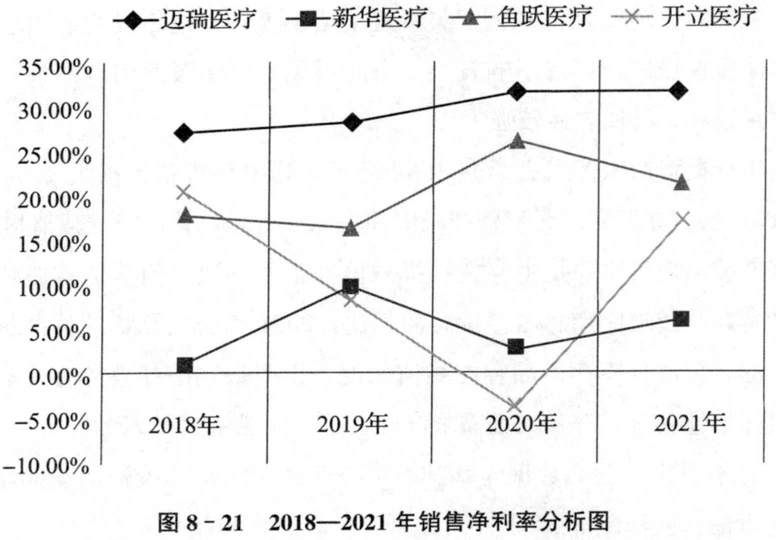

图8-21　2018—2021年销售净利率分析图

由图8-22和图8-23可看出，迈瑞医疗总资产报酬率及净资产收益率均较高，在同行业可比公司中处于较高水平，净资产收益率比总资产报酬率高，说明公司很好地利用了财务杠杆为股东创造价值，其资产管理能力也较强。不过 2019 年以来受新冠疫情影响，其净资产收益率有下降趋势。

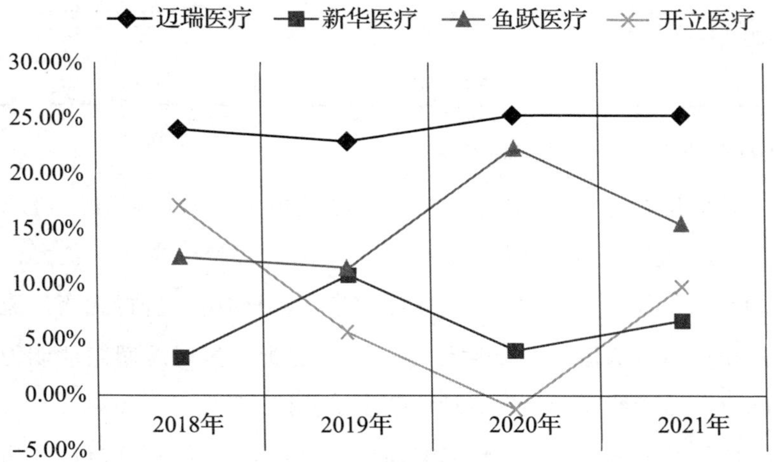

图 8-22　2018—2021 年总资产报酬率分析图

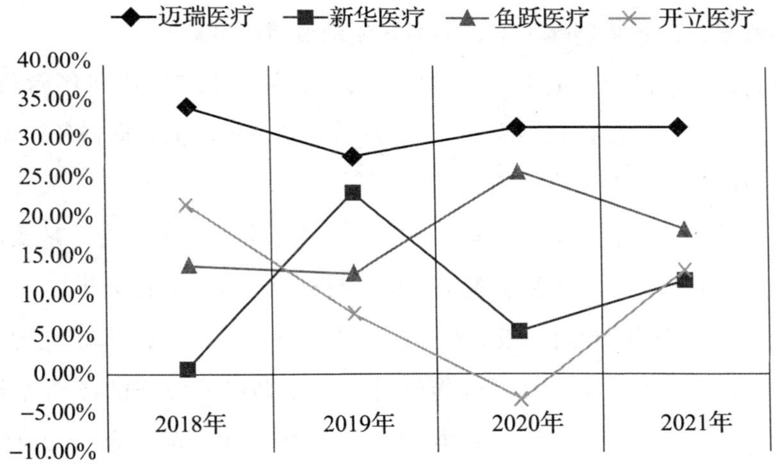

图 8-23　2018—2021 年净资产收益率分析图

由表 8-28 可以看出，迈瑞医疗的核心利润率还是经得住考验的，基本没有受到新冠疫情的影响，且一直保持在较高的水平上，并得到了不断提升；核心利润获现率总体来看也还是可以的，说明利润为公司获取的现金流量较为充足，利润质量较好，但还是有一定的提升空间；迈瑞医疗总营业费用率不断下降，说明公司对营业费用的管理能力在加强。总体来讲迈瑞医疗盈利能力较强，在行业中处于领先地位。

表 8-28 迈瑞医疗盈利能力趋势表

比率	2018 年	2019 年	2020 年	2021 年
核心利润率（%）	30.06	31.03	35.86	35.94
核心利润获现率（%）	97.6	91.90	117.64	99.08
总营业费用率（%）	37.69	35.26	30.33	30.19

8. 对企业有息负债状况进行评价。

由年报信息可知，迈瑞医疗 2021 年流动负债主要构成有应付账款 26 亿元、合同负债 13.7 亿元、应付职工薪酬 12.5 亿元、应交税费 1.9 亿元、其他应付款 14 亿元和其他流动负债 2 亿元。公司没有运用短期借款进行融资，流动负债主要为经营流动负债，负债的强制性较小，且如前所述公司短期偿债能力较强，符合公司实际生产经营情况，公司流动负债质量较好。

由年报信息可知，迈瑞医疗非流动负债主要项目有长期应付职工薪酬 14.8 亿元、预计负债 1.4 亿元和递延收益 1 亿元（政府补助金），此外还存在少量租赁负债和其他非流动负债，公司非流动负债构成较简单，也是主要由经营负债组成，且利率水平及债务强制性较低，公司非流动负债质量较好。

总之，迈瑞医疗负债中大多以应付账款、应付职工薪酬等经营负债为主，金融（有息）负债较少，几乎为 0，且整体资产负债率较低，即财务杠杆较低，债务偿还压力较小，财务风险较低。

9. 以合并现金流量表为基础，对企业现金流转情况和现金流量质量进行评价。

（1）对迈瑞医疗经营活动现金流量进行充足性和合理性分析。

由表 8-29 可以看出，迈瑞医疗近几年经营活动现金流量较为充足，且逐年提升，各年经营活动现金流量不但能够补偿其长期经营资产的摊销等非现金耗费，还能够支付当期利息和股利（其中 2020 年有较大规模的剩余），并且还有能力满足企业进一步扩大生产经营规模和对外投资的资金需求。

表 8-29

单位：亿元

项目	2018 年	2019 年	2020 年	2021 年
经营活动产生的现金流量净额	40.35	47.22	88.70	89.99
资产减值准备	0.51	1.65	1.40	1.26
固定资产折旧、油气资产折耗、生产性生物资产折旧	2.23	2.54	2.99	3.64
无形资产摊销	1.08	1.40	1.73	2.53

续表

项目	2018年	2019年	2020年	2021年
长期待摊费用摊销	0.07	0.11	0.11	0.17
非现金耗费合计	3.89	5.70	6.23	7.60
分配股利、利润或偿付利息支付的现金	9.49	12.16	18.24	30.39
补偿非现金耗费和股利分配后的经营活动现金流量	26.97	29.36	64.23	52.00
投资活动产生的现金流量净额	−6.93	−7.78	−51.91	−48.12

年报数据显示，迈瑞医疗2021年合并利润表中核心利润（包括其他收益项目）约为91亿元，其经营活动产生的现金流净额约为90亿元，核心利润获现率约为99%，由此看来2021年公司经营活动产生的现金净流量较为充足，核心利润的获现能力较好，但仍有进一步的提升空间。我们同时也注意到，2021年的营业收入较上年增长20%的情况下，经营活动现金流入中销售商品、提供劳务收到的现金仅增长了不到4%；而营业成本较上年也增加了20%的情况下，经营活动现金流出中购买商品、接受劳务支付的现金下降了5%，说明当年经营活动现金流并没有同步发生变化（有可能因账期的原因存在一定的滞后性），但经营活动现金流入和现金流出的匹配性还是可以的。公司应该在未来进一步强化与上下游的关系管理，以改善经营活动现金流量质量。

进一步从表8-30可知，迈瑞医疗历年销售商品、提供劳务收到的现金均大于营业收入的金额，应收账款余额相对较为平稳，说明迈瑞医疗的现金流入还是较为顺畅的。

表8-30 迈瑞医疗现金流入顺畅性分析表 单位：亿元

项目	2018年	2019年	2020年	2021年
营业收入	137.53	165.56	210.26	252.70
销售商品、提供劳务收到的现金	149.95	184.57	251.83	261.36
销售商品、提供劳务收到的现金/营业收入	1.09	1.11	1.20	1.03
应收账款账面价值（应收票据相对规模较小，予以忽略）	15.73	16.68	14.43	16.59

从表8-31迈瑞医疗购货款支付情况来看，迈瑞医疗除了2021年外，其他年份购买商品、接受劳务支付的现金均大于营业成本，但应付账款一直呈现明显的增长趋势，说明迈瑞医疗还可以进一步通过加强营运资金管理，充分运用自己的优势地位推迟购货款的支付，来改善自身经营活动的现金流状况。但总体而言，

迈瑞医疗并不存在太大的购货款过度支付问题，经营现金流出量较为合理。

表8-31　迈瑞医疗现金流出恰当性分析表　　金额单位：亿元

项目	2018年	2019年	2020年	2021年
营业成本	45.97	57.55	73.66	88.43
购买商品、接受劳务支付的现金	55.29	67.85	91.78	86.76
购买商品、接受劳务支付的现金/营业成本	1.20	1.18	1.25	0.98
应付账款	9.35	12.42	15.00	22.81
存货账面价值	16.99	22.65	35.41	35.65

（2）对迈瑞医疗的投资活动现金流量进行分析。

根据表8-32，从迈瑞医疗投资活动现金流结构可知，迈瑞医疗近两年的投资活动现金流入中以闲置资金投资理财产品带来的利息收入为主（见收到其他与投资活动有关的现金附注）。而在现金流出方面，近几年均通过购建固定资产等项目来持续扩大产能（每年的投入规模从不到7亿元逐渐增长到14亿元）；在2020年购买了40亿元的定期理财产品，使得随后年份有了相应规模的理财利息收入；2021年支付35亿元用于购买子公司及其他营业单位的股权，使自身经营规模及对外投资规模不断扩大，这与公司经营与投资并重的发展战略是相吻合的，从而不断提升在全球范围内的市场份额。

表8-32　迈瑞医疗投资活动现金流结构分析表　　单位：亿元

投资活动现金流入构成	2018年	2019年	2020年	2021年
对内投资现金流入	0.03	0.04	0.03	0.22
对外投资现金流入	0	0	0	0
其他现金流入	0.95 （结汇保证金）	0	0.09	1.40 （理财产品利息）
投资活动现金流出构成	**2018年**	**2019年**	**2020年**	**2021年**
对内投资现金流出	6.78	7.77	11.83	14.02
对外投资现金流出	0	0.05	0.20	35.20
其他现金流出	1.13 （结售汇交割款）	0	40.00 （定期理财产品）	0.52 （远期外汇保证金）

10. 对企业整体的财务状况质量进行评价，并对企业未来进行展望。

发展战略方面，迈瑞医疗母公司（即上市公司）资产中经营资产和投资资产几乎各占半壁江山，彰显了经营与投资并重的战略特征，在重视自身经营发展的同时，也通过适度对外扩张，进一步在全球范围内扩大市场份额、打造行业竞争地位。从整个集团来看，能够聚焦主业，坚持自我发展，各项主要经营资产均呈明显的增长趋势，并通过不断创新，夯实行业龙头地位，提升竞争力。

竞争力和盈利能力方面，迈瑞医疗作为行业龙头企业，其自身经营活动的成长性和盈利性均较强，盈利质量较好（但仍有一定的提升空间），并坚持大规模的研发投入，通过不断地技术自主创新以及改进管理效率，来进一步夯实核心竞争力。同时，公司能够通过持续地扩大产能和收购多家海内外子公司，在全球范围内不断扩大市场份额，努力增强其全球竞争优势。

现金流转状况方面，迈瑞医疗自身造血功能较为健康，核心利润带来了相对充足的经营现金流，由于公司的对内扩张和对外投资规模适度，因此没有太强烈的外部资金需求，金融负债占比较低，实际偿债压力不大，财务风险较小。

公司资产整体质量较好，可以满足公司现阶段生产经营需求，且资产的盈利性、周转性、保值性均较好，无明显不良资产占用，公司偿债能力较强。

总之，迈瑞医疗目前的财务状况质量良好，但考虑到未来长远发展规划，建议适当加大（相关）多元化发展力度。迈瑞医疗目前虽经营形势向好，但产品业务范围相对较为单一，且主要靠公司自身投建固定资产等方式，很难实现跨越式发展。鉴于公司目前较为充裕的现金存量（货币资金占总资产的 40%）和较大的融资潜力（资产金融负债率仅为 0.4%），公司完全可以进一步采用控制性投资的方式，通过扩大并购范围和投资规模来适度加大（相关）多元化发展节奏，强化上下游产业链生态建设，在聚焦主业的同时，着力寻找和培养更多的成长性业务，全面提升产品研发、市场拓展等多方面综合能力，持续完善全球范围内的业务布局，努力打造和不断夯实全球竞争力。

11. 关注迈瑞医疗在 2021 年年报披露后陆续发布的信息，对你的预测分析加以验证。

略。

图书在版编目（CIP）数据

《财务报表分析（第6版 立体化数字教材版）》案例分析与学习指导 / 钱爱民，张新民编著．-- 北京：中国人民大学出版社，2023.8
高等学校经济管理类核心课程教材
ISBN 978-7-300-31977-3

Ⅰ.①财… Ⅱ.①钱… ②张… Ⅲ.①会计报表－会计分析－高等学校－教学参考资料 Ⅳ.①F231.5

中国国家版本馆 CIP 数据核字（2023）第 136383 号

"十二五"普通高等教育本科国家级规划教材
高等学校经济管理类核心课程教材
《财务报表分析（第6版·立体化数字教材版）》案例分析与学习指导
钱爱民 张新民 编著
《Caiwu Baobiao Fenxi（Di 6 Ban·Litihua Shuzi Jiaocai Ban)》Anli Fenxi yu Xuexi Zhidao

出版发行	中国人民大学出版社		
社　　址	北京中关村大街31号	**邮政编码**	100080
电　　话	010－62511242（总编室）		010－62511770（质管部）
	010－82501766（邮购部）		010－62514148（门市部）
	010－62515195（发行公司）		010－62515275（盗版举报）
网　　址	http://www.crup.com.cn		
经　　销	新华书店		
印　　刷	北京溢漾印刷有限公司		
开　　本	787 mm×1092 mm　1/16	**版　　次**	2023年8月第1版
印　　张	18.75 插页1	**印　　次**	2025年1月第4次印刷
字　　数	338 000	**定　　价**	45.00元

中国人民大学出版社　管理分社

教师教学服务说明

中国人民大学出版社管理分社以出版工商管理和公共管理类精品图书为宗旨。为更好地服务一线教师，我们着力建设了一批数字化、立体化的网络教学资源。教师可以通过以下方式获得免费下载教学资源的权限：

★ 在中国人民大学出版社网站 www.crup.com.cn 进行注册，注册后进入“会员中心”，在左侧点击“我的教师认证”，填写相关信息，提交后等待审核。我们将在一个工作日内为您开通相关资源的下载权限。

★ 如您急需教学资源或需要其他帮助，请加入教师 QQ 群或在工作时间与我们联络。

中国人民大学出版社　管理分社

教师 QQ 群： 648333426（工商管理）　114970332（财会）　648117133（公共管理）
教师群仅限教师加入，入群请备注（学校+姓名）

联系电话： 010-62515735，62515987，62515782，82501048，62514760

电子邮箱： glcbfs@crup.com.cn

通讯地址： 北京市海淀区中关村大街甲 59 号文化大厦 1501 室（100872）

管理书社　　人大社财会　　公共管理与政治学悦读坊